高等教育“十四五”经管类精品教材

State Assets Administration

国有资产管理

认知、实践与对策

第二版

黄炜 著

上海财经大学出版社

图书在版编目(CIP)数据

国有资产管理:认知、实践与对策/黄炜著. —2 版. —上海:上海财经大学出版社,2022.9

(高等教育"十四五"经管类精品教材)

ISBN 978-7-5642-3969-5/F·3969

Ⅰ.①国… Ⅱ.①黄… Ⅲ.①国有资产管理-中国-高等学校-教材 Ⅳ.①F123.7

中国版本图书馆 CIP 数据核字(2022)第 039835 号

□ 策划编辑 台啸天
□ 责任编辑 台啸天
□ 封面设计 贺加贝

国有资产管理

认知、实践与对策

(第二版)

黄 炜 著

上海财经大学出版社出版发行
(上海市中山北一路 369 号 邮编 200083)
网 址:http://www.sufep.com
电子邮箱:webmaster @ sufep.com
全国新华书店经销
上海华教印务有限公司印刷装订
2022 年 9 月第 2 版 2025 年 2 月第 3 次印刷

710mm×1000mm 1/16 20 印张 326 千字
印数:5 301—6 300 定价:49.00 元

前　言

国有资产管理是一个非常重要的研究和实践领域，虽然研究者不少，但开设相关课程的院校并不多，设置相关专业的院校，作者也未曾听说。因此，国资管理仍是一个需要大力发展的教研领域。作者在该课程的教学过程中发现，讲好这门课或写好该课程的教材，需实现以下五个方面的目标或解决相关的问题。

第一，避免过多地进行理论阐述，避免使学生易产生枯燥感和厌倦感，在教学中需加强实践方面的论述，适当地增加案例教学。即使阐述理论时也应做到贴近现实，言简意赅，不宜大段大段地进行理论阐述，尤其在大专、本科教学阶段更要深入浅出地教学。

第二，使教学内容紧贴时代背景、当前情况和最新政策。对那些已经成为历史的情况，不必花太多的笔墨分析，而应更多地把注意力放到当前的时代背景上，着重考虑当前的问题。应该在党中央和国务院以往的政策基础上，多关注并努力实践党的十八大、十九大的会议精神以及党中央和国务院的最新政策。

第三，在本领域，关于某些问题会有一些截然不同的观点，需要进行梳理和分析。作者也会在本书中就某些方面提出不同的观点，供读者参考。

第四，这门课的名字听上去可能会使一部分学生产生抵触或畏难情绪，例如可能觉得这门课比较枯燥。为此，讲授这门课或撰写该课程的教材，应注重趣味性，可以在理论阐述和案例分析等方面，选择生动有趣的材料授课。国有企业应向民营、外资企业学习；反之，国有企业的规范、严格的管理、先进的理念也是后者需要学习的。学生学此课时不要以为它只与政治、行政关联，实际上此课程的内容很丰富，并与市场经济、国内外大势紧密关联。

第五，讲课往往会面对不同层次、不同需求的学生，教材的读者更是类别繁多,需求不一。只关注趣味性、简单易学、内容精简等方面是不够的,还要有相当的理论论述深度。有些教材的案例很丰富,但理论论述单薄,这是不合适的。这又要求教师和教材的作者全面、深入、系统地研究国资管理问题,不避艰深、枯燥、繁杂的资料,深入国资管理一线调查、研究、实践,自身学有所得后,方能高屋建瓴地传授给学生。这也是教师和教材的作者自身提升的重要途径。不但需有深度,还需生动论述,言之有物,避免枯燥无味,方能吸引读者。生动的一个体现是与实践紧密结合,能有效地指导实践,纸上谈兵无法吸引读者的兴趣。

作者撰写本教材的一个重要目的就是达到上述目的或解决上述问题。作者基于教学实践和广泛深入的学习、研究,在反复修订中,摒弃了本领域常见但不太符合当前情况以及不太符合未来发展目标和趋势的观点;对诸多重要概念,例如广义与狭义的国有资产、国有资本及其他重要论述,坚持长期的考证与研究,持续地修订与完善;基于多方的求证,通过谨慎细致地撰写,使本书体现我国国有资产管理的最新状况、理念和政策。为读者学习和研究国有资产管理的有关问题提供参考,也希望激发更多读者关注国有资产的管理领域。

本书首先介绍分析了国有资产的重要概念、我国国资的概况及相关数据、国有资产的功能,阐述了我国国有资产管理体制的重要方面,例如论述国有资产行政管理体制的八项重要内容。

继而用几章篇幅深入地分析了国有资产的产权管理、投资管理、经营管理、收益管理,事业行政单位的国资管理,国有资源的资产管理。在这几章中,作者尤其深入地分析了国有资产的产权管理、混合所有制的改革、国有资产的境外经营、经营性国有资产流失的分析等经营性国有资产管理的重要方面。作者从实践的角度比第一版更深入地论述了事业行政单位的国资管理。作者也用很大篇幅较全面和深入地分析了国有资源资产的管理。

本书的最后几章还较详细地介绍和分析了亚洲和欧美地区具有代表性的国家的国资管理的经验,以及我国的国资管理的政策。通过对比、分析,作者提炼了国外的国资管理的经验给予我国的启发。

完善我国的现代国有企业体制是我国国资国企改革的重要内容,因此作者也使用了较多的笔墨,深入分析了公司经营与治理的重要理念与原则,乃至一些具体的做法,并在多处分析了作为改革开放排头兵的上海的国资国企改革的创新实践。这些论述散见于多个章节。

与其他类似的书相比，本书具有以下特色。

本书减少了论述国有资产管理历史情况的篇幅，更聚焦于当前的情况和问题，聚焦于未来发展的趋势和对策。

本书不停留于“知”，进一步向“行”进发，探索可行、有效的解决方案与实践；撰写的目的超越让读者认识学习的对象（其性质、关系等），帮他们进一步了解学习对象的功能、与其他事物的相互作用等。作者在本书中把更多精力放到“行”上。

上述写作思想与风格还使本书产生另一个重要特点，许多章节甚至小节的内容各自成篇。作者也已基于这些章节、小节，凝练、拓展出若干篇论文并发表于一些学术期刊。2.3、10.3、10.4 节凸显了这一情况，作者已发表的若干篇论文就起源于这三节，节尾均有标引。

作者基于自己这几年在国资国企管理领域的持续学习与研究，梳理、更正了在其他不少论文或书籍中普遍存在的过时的、不恰当的观点和说法（参见附录），确保本书中关于国资管理政策的论述体现了中央的最新政策与精神，并适当把自己发表的一些最新研究成果有机地融入本书中。

作者注重用辩证思想及相关案例论述同一事物的对立面，或者用不同甚至相反的视角分析同一事物。对同一问题或事项，如果现实中有不同甚至相反的观念与实践，作者将分别介绍并分析之。例如，关于中管企业垄断经营的辩证认识，国资监管大格局的利弊，实事求是地、辩证地看待竞争中立，国有控股权与股权制衡，国企高管薪酬认知与管理，国企独董认知与管理。

作者遵循撰写规范，明确标引引用内容，使相关数据和观点言之有据。作者也为本书中有关的事实和数据标明了发生的时间（很多都是近两三年的最新数据），以利于读者掌握清晰的时间脉络。

为了消除和避免读者关于当前国资国企管理状况的误解，为了让读者了解此领域的当前状况，作者基本上采用近两三年的数据，论述近两三年的事实和问题。除非需要进行较长期的比较，或者需要让读者了解更早一些的背景，作者才采用较早的数据，阐述较早的事实。在使用大量数据论证或阐述有关问题时，作者对收集的数据多方求证、仔细甄别，甚至进行许多计算以验证，确保本书采用的数据是比较可靠的。

本书采用短段落形式，方便读者阅读、理解并能快速抓住段落重点（作者撰写、修订时，也容易发现欠妥之处——此方法供其他作者参考）；文字精练乃至惜字如金。

本书很好地做到前后呼应并保持风格统一。作者在很多地方标明“参见……”和前后呼应、对照、佐证的章节和小节编号及项目编号等，仅“参见”标引就达 130 多处，使本书中的理论、分析、案例或事实、数据、知识点等，更细密、精致地结成一个庞大的、有机联系的、系统的知识网络。这一写作风格方便读者串联前后文，更好地理解有关论述，达到更系统、全面、深刻的认识。以上特点是基于作者三年多来反复如绣花般地修订、充实、完善书稿，方始实现的。

本书内容均经作者数年授课的检验及其后的仔细修订和增补。第二版比第一版增加了近两倍的内容。作者在撰写新增内容时更注重时效性、现实性、趣味性；对许多重要的现实问题，采用层层递进或抽丝剥茧的写法，以求说清、说透、说全面，并提供可行的对策与思路（例如，关于国有资产管理中的管资产、管人与管事，经营性国有资产流失的分析，混合所有制的改革）；更注重理论、原则、法规论述的深度和广度；以及弥补第一版薄弱的论述部分。

第二版比第一版更有论著的写作风格和内涵。作者也修订了第一版的若干内容，包括：调整部分内容的位置及结构，使其逻辑性更强；验证、查找并修订数据；更新一些较旧的观点；等等。

第二版的出版一度遇到非常大的困难，第一版责任编辑（也是第二版责任编辑）、上海财经大学出版社的台啸天老师给予了极大支持，使第二版能顺利与广大读者见面。我心中充满感恩！如果说本书能带给广大读者有益的东西，那么这不仅是作者辛勤耕耘的结果，同样也是台啸天老师无私帮助的结果。由于作者的学识有限，书中难免会有瑕疵，敬请读者批评指正，作者邮箱：huangwei0630@163.com。与本书配套的授课录音网址是 https://www.ximalaya.com/shangye/49330315，或在喜马拉雅网站搜索“国有资产管理黄炜”进入该音频分享站点。

黄　炜

2022 年 5 月于上海工程技术大学管理学院

目 录

第1章　国有资产及其有关概念

国有资产(state assets)是属于国家的一切财产和财产权利的总称[①],社会公共资产的一部分也属于国有资产(参见1.2.1小节第三段)。

1.1　广义国有资产

广义国有资产与国有财产或国家财产同义,指依法由国家拥有的一切财产,既包括增值型(或称经营类)国有财产,又包括非增值型(或称非经营类)国有财产。行政事业单位里的少量财产也有被合法用于经营的,即发生了"非转经"的过程,这一部分财产也是经营类国有财产。

相对于国有财产和国家财产这两个名称,"国有资产"在经济、法学界更常用。从法学角度看,国有资产指国家拥有的各种财产、物资、债权、知识产权等有形财产和无形财产,这些财产属全民所有。国家代表全民,它是形成国有资产的投资者或股东。

广义国有资产的类别包括:国家在企业的投资及其收益等经营类资产,国家向行政、事业单位拨款形成的非经营类资产。

① 国有资产管理课程不仅研究国有资产方面的问题,也研究宏观经济和微观经济方面的问题,还研究公司法、破产法、国有资产管理法等法律问题,并且必须在国际经济、政治的大环境中研究与实践。

拓展内容

使用正确的分类逻辑

尽管绝大多数教材、专著、论文等文献的作者对广义的国有资产分类时还加上国家依法拥有的土地、森林、河流、矿藏等资源资产(习惯分法),但遵循上段中的分类标准(即国有资产与社会经济活动的关系),只能分成经营类与非经营类国有资产,正如本节第一段那样分类,而不应多出资源资产这一类。

多出的资源资产这一类,是因为人们在对广义的国有资产分类时,无意地引入了其他分类标准,这就违背了分类规则,错误地同时使用两个以上的分类标准分类。① 一次或在一个层级分类,只能使用同一个标准,尽管多次分类时可以分别使用不同的分类标准。实际上可把资源类资产按利用情况划分到经营类和非经营类资产中,见后面第四段中的分析。

(一次)分类的一个关键是,分类标准须清晰、唯一,不可模棱两可。分类是否科学、正确,还有两个判断标准:分出的各类是否具有排斥性或不重叠性,例如各公司类或业务类所处的行业或领域无重叠;分类结果是否具有饱和性,即各类的总和就是被分类对象(集合全体),如果不是集合全体,须补齐疏漏的类别。

从逻辑角度看,如果分类结果难以相提并论或对立,往往说明这个分类是错误的。例如有人这样分类:国有投资公司、商业竞争性国有企业、商业支柱性国有企业和公益类国有企业。它们就难以相提并论。竞争性与支柱性并不对立,所以不能形成不同的类别,况且在一次分类中或者说同一层级分类中,不能再这样细分。

还有,国有投资公司与商业类国有企业不对立,国有投资公司可能也是商业类公司;与公益类国有企业也不对立,国有投资公司也可能是公益类的。况且“国有”是基于产权归属分类的类别,商业类、公益类是基于经营领域分类的类别,所以它们也不能形成不同类别。各种文献中,类似上述这样的错误分类

① 所以说很多人并非在分类,而是使用计算机、生物等学科的聚类方法——它无须统一、唯一的分类标准,而是把单一属性或若干属性相同或相近的人或事物分为若干类别。甚至在聚类前不提供分类标准,而是根据分析或计算结果,得到聚类结果。

情况比较普遍。错误的源头是分类标准、分类逻辑不清晰。

资源资产的分类归属如下。

如果政府把资源资产(例如土地、河段)划拨给行政、事业单位,并且接受单位把这些资源资产用于非经营类业务,那么这一部分资源资产就属于非经营类资产。未被开发利用的资源类资产也属于非经营类资产,例如,虽被探明储量但尚未被开采出来、躺在地下的原油、铁矿等。如果政府把矿产、油田、山林等资源资产划拨或出售给企业,企业又把这些资源资产用于经营活动,那么这一部分资源资产就属于经营性资产。

在管理体制中,可根据实际需要,把经营类与非经营类的资源资产统一授予资源资产的管理部门来管理。

实际上资源类国有资产就是生产资料,理应被纳入市场轨道与商品范畴,即使对行政、事业单位使用的资源类资产也应如此管理。参见7.2节开头的“西方发达国家可资借鉴的做法”部分。我国目前应当提高资源类国有资产的商品化程度,完善资源类国有资产开发利用的市场机制,并使用市场机制与法律法规的规范、保障相关的活动。

在我国,国有资产主要通过以下几个渠道形成。

第一,国家以各种形式投资形成的资产,包括国家投入国有企业、中外合作企业及其他企业,用于经营的资本金及其权益;国家向行政、事业单位拨入经费形成的资产。

第二,国家接受馈赠形成的资产,包括公民个人赠与我国的财产。

第三,国家凭借权力取得的财产,包括依法没收的财产,依法宣布为国有的城镇土地、矿藏、海洋、水流以及森林、荒山等,依法赎买的财产①,依法征收和征用的土地,依法认定和接收的无主财产②和无人继承的财产③等。

---

① 典型的情况是,解放初公私合营时,政府从私人手中购买的财产。

② 不是所有的无主财产都属于国家,须依法认定。常见的归国家拥有的无主财产,例如:各地挖出的乌木;在自家院里挖到的文物——如果该户人家不能说明祖上在文物所处时代即居住此地的话。

③ 例如孤老遗产的归属:未留遗嘱则归公,这是通行规则;但也可个案处理,例如一直照顾孤老的人可继承部分遗产,例如存款,但不能指望继承全部财产,例如想继承房产,法院很可能不会支持这种诉求。

第四，凡在我国境内所有明确的各项财产，除法律另有规定属于其他主体的，也属于国有资产。

国有资产的其他分类方法：按存在形态划分，有固定资产、流动资产、无形资产、其他资产（仍然是习惯分类结果）；中央国有资产、地方国有资产；按国民经济部门划分；境内国有资产、境外国有资产。

1.2 狭义国有资产

知识点

资产、资本和资金

企业资产是企业用于生产经营，为投资者带来未来经济利益的经济资源，其数据出现在资产负债表的左侧，由企业拥有。法人财产权就是企业对其控制的资产拥有的所有权。

资本是企业购置（从事生产经营活动需要的）资产的资金来源，是投资者的投入，其数据出现在资产负债表的右侧。资本分债务资本和权益资本（对应着债务融资和权益融资），分别由债权人和公司所有者（/股东）拥有，企业对这些资本没有所有权。有时也可把权益资本称作自有资本。

广义上，资金与资产的概念是一致的，但资金概念的外延小一些，例如特指货币资金或营运资金。

1.2.1 国有资产的重要概念

（1）狭义的国有资产

狭义的国有资产就是经营类国有资产，指国家作为出资者在企业中依法拥有的股份（/产权）及其权益。在提“国有资产管理改革”等讲法之前用“国有资产”这个名词是合适的，都是国家拥有，国家使用，国家经营，国家管理；而现在用资本这个术语更准确，可把国有资本与企业法人财产更清楚地区分开来①。

---

① 后面第五段将进一步论述此点。

拓展内容

陈清泰(2019)认为,实际上在我国,经营性国有资产总体上分两类。第一类是信达、华融等资产管理公司和中投、汇金等投资控股公司经营管理的全国社保基金。这些资本化和证券化的国有资产受较强的财务约束;此类国资管理中是股权关系,行政关系弱;在市场中运作资本或资产。第二类是国资委系统管理的国有资产①,也就是本小节论述的国有资产,或者说是本书论述的重点对象。

实际上,陈清泰的分类不严谨,因为也可以把他说的第一类经营性国有资产按其特点拓展为包括金融类国有资产。更重要的是,社保基金、养老基金、保险基金,这些实质上并非国有资本,至少并非整体都是国有资本,而是社会资本。因为它们包含私人资本,也就是居民和各种私人组织缴纳的资本金;公共组织(含政府组织)缴纳的资本金仍属于公有资本。

第二类经营性国有资产及其管理的弱点包括:当前,与政府仍有较强的捆绑关系;法律和财务意义方面的国有产权委托代理关系尚未完全建立,政府对国有企业干预强、财务约束弱(尽管有预算管理);国有产权流动性差,国有资产有进有退的调整和功能转换难度大,资本效率低。即第二类经营性国有资产与市场经济有诸多矛盾,因此是当前国资国企改革的重点对象。

经营性国有资产包括:企业(包括国有企业和非国有企业)中的国有资产;为获取利润,把行政事业单位占有、使用的非经营性资产通过各种形式转作经营的资产;国有资源中被投入生产经营的部分。

狭义的国有资产概念是经济学中的资本概念(或会计学中的所有者

① 兰有金.国企混改新时代[M].北京:中信出版集团,2019.

权益)，而非会计学中的资产概念。① 狭义的国有资产即国有资本，包括国家(作为出资者)投入企业的资本，及其形成的资本公积金、盈余公积金和未分配利润等，②参见 3.1 节。对国有独资企业而言，企业的国有资产就是该企业的所有者权益③，即净资产；对国家控股或参股的股份制企业而言，企业的国有资产是该企业的所有者权益中的国家资本或国有资本。实践中，"国有资本"这个名称正被越来越多地使用，但对非经营类的仍用资产称呼。

所有者权益是投资者对企业净资产的所有权，在股份制企业又称股东权益——包含所有者/投资者按其出资额的比例分享企业利润的权利。所有者权益在数值上等于企业资产减去负债。关于所有者权益参见"公司资产负债表"的第二页。把资产放在此表的第一页，把所有者权益放在第二页，这也在形式上说明必须分开法人财产权和产权(有时称所有权或股权)。

案例

表 1—1　　某公司资产负债表 1　　单位：元

资　产	2012/12/31	2011/12/31
流动资产：		
货币资金	6 568 342.81	5 668 870.34
应收票据	517 891.28	165 900.00
应收账款	23 469 173.09	18 714 825.00
预付款项	3 517 040.62	7 357 101.03
其他应收款	3 005 132.85	2 903 761.10
存货	33 194 801.91	20 179 903.63

① 参见"公司资产负债表"(稍后案例中的表 1—1)，其第一页的数据是企业资产(会计学中的资产)数据。企业资产(=流动资产+非流动资产)的数值往往比所有者权益或资本的数值大很多，因为资产包括了负债——负债也是经营的资产。

② 会计学中的资本概念指企业从投资者(包括国有投资者和其他投资者)那里得到的全部货币、其他资产，加上留归企业的全部利润。

③ 是国家作为出资者在企业中依法拥有的资本及其权益。

续表

资　产	2012/12/31	2011/12/31
流动资产合计	70 272 382.56	54 990 361.10
非流动资产：		
固定资产原价	26 797 477.82	24 187 255.39
减：累计折旧	10 665 487.95	9 110 504.77
固定资产净值	16 131 989.87	15 076 750.62
减：固定资产减值准备	—	—
固定资产净额	16 131 989.87	15 076 750.62
在建工程	6 222 571.00	2 100 000.00
工程物资	—	385 623.93
无形资产	24 500.00	28 000.00
长期待摊费用(递延资产)	30 000.00	36 000.00
递延所得税	1 009 525.85	1 092 309.77
非流动资产合计	23 418 586.72	18 718 684.32
资产总计	93 690 969.28	73 709 045.42

表 1—2　　某公司资产负债表 2　　单位：元

负债和所有者权益	2012/12/31	2011/12/31
流动负债：		
短期借款	10 000 000.00	10 000 000.00
应付账款	28 180 905.02	9 978 692.01
预收账款	23 709 239.83	25 962 226.43
应交税费	1 605 123.51	1 870 438.17
应付股利	574 979.15	574 979.15
其他应付款	10 209 455.33	7 206 738.79
流动负债合计	74 279 702.84	55 593 074.55
非流动负债：		
预计负债	774 299.60	164 904.50

续表

负债和所有者权益	2012/12/31	2011/12/31
递延收益	598 572.97	799 649.10
非流动负债合计	1 372 872.57	964 553.60
负债合计	75 652 575.41	56 557 628.15
所有者权益：		
实收资本(股本)	6 500 000.00	6 500 000.00
资本公积	—	—
盈余公积	6 384 435.61	6 384 435.61
未分配利润	5 153 958.26	4 266 981.66
所有者权益合计	18 038 393.87	17 151 417.27
负债和所有者权益总计	93 690 969.28	73 709 045.42

注：表1—1与表1—2中的总计数值相同。

案例分析

我们容易理解表1—1中的流动资产和非流动资产都是企业的资产。而表1—2下的注说明了，表1—1与表1—2中的总计数值(两张表中的最后一行数值)相同——从数值角度看，企业负债也是企业的资产，或者说它是企业债权人的权益。

如何理解负债也是企业的资产？在一定程度上，企业的债权人和拥有者的角色是相近的(例如都对企业拥有某种权益)，地位是相近的，对企业的作用(为企业融资，监管企业等)甚至各自的动机(希望企业获得较好发展，希望企业能为社会做贡献，希望从企业获益等)也是相近的。所以债权人和拥有者的财富或权益都是企业的财富或价值。此结论和上段对债权人权益或负债含义的阐述，解释了为什么负债也是企业的资产，同时也解释了上述两张表的总计值为何是相同的。

(2)法人财产权

出资者把现金、实物、无形资产投入某公司后形成资本，出资者在获得股权或所有者权益后，即失去了对其投入该公司的资产的所有权和支配权；该公司拥有了支配这些资产的权利，即法人财产权。换一个角度看，就是公司发行定向或非定向股票，用以购买投资者的资产。我国《公司法》(2018 年 10 月颁布、施行的修订版)的第三条规定："公司是企业法人，有独立的法人财产，享有法人财产权。公司以其全部的财产对公司的债务承担责任"。

法人财产整体地属于企业法人，不受各股东支配，股东不能抽逃投资，抽逃投资是违法行为，除非股东退股。国家对退股也有规定，退股行为受到制约，这也是为了保障企业的正常经营。如果股东不兼任企业中的管理职位，他们就不能经营、管理或直接影响、干预企业。正因为公司对它的一切财产享有独立和完全的支配权，它才成为这些财产的实际主人。这保障了法人财产的完整性、独立性和稳定性，有利于有效利用法人财产，有利于公司的经营和发展。

国有资产拥有者——国家或各级政府(代表国家)，在投资活动中与其他投资主体的地位基本上是一样的，所以国有资产拥有者及其代理者也要遵循上述法律规定，参见 2.1.2 小节第(1)部分第一段的脚注。我国从 20 世纪 90 年代开始进行的政企分开改革的目的之一，就是要求政府不要过多地直接干预国有企业经营，其他目的包括减少寻租和贪污腐败等不良、低效的情况。这同样有利于国有企业的经营和发展。

投资者只是他们的出资(/投入资本)的原始所有者和企业的名义所有者。他们无权支配公司名下的现实财产，因为他们享有的已经不是这些现实财产的产权，而是公司运用这些财产创造的收益(即预期的未来财产)的产权，这就是所有者权益或股权。也就是说，投资者在把他们的现实财产支配权让渡给公司法人后，他们便得到一种由原始所有权转换而来的股权。股权包括重大决策权、资产受益权和选择管理者(董事、监事、高级经理)的权利。参见2.1.7小节的第(1)部分。

进一步的分析

从另一个角度看,党的十九大报告明确提出改革国有资本授权经营体制,此轮国有资本授权经营体制改革的思路是由管资产到管资本,增加授权——由国有资本投资、运营公司持股,推动国有资产的资本化,以增强国有资产的流动性,提高国有资产的配置效率。国有企业将不再过多地受行政约束,而能依法自主经营。

过去的承包、授权经营的两权分离模式不足以把企业推向市场,所有权与经营权简单的分离并不能产生企业作为法人必需的产权基础。所有权在其部分权能被分离出去后,仍然直接附着于企业的现实财产,因此始终存在对这些财产"谁说了算"的问题。而政企分开、产权与法人财产权分开则较彻底地解决了上述的问题。

如果公司经营者经营、管理得不好,导致公司亏损甚至破产,股东们只能追究经营者的责任,以及想办法挽救公司,并不能把公司的资产拿回去。这时候其实常常无法界定哪些资产属于这个股东,哪些资产属于那个股东。

例如,若干股东向企业投入现金,这些现金被用于购买了一些设备,或者用于建造厂房,那么哪些设备属于这个股东,哪些设备属于那个股东,厂房的哪一部分属于这个股东,哪一部分属于那个股东?

企业法人财产是一个整体,无法被有效分割给股东们。并且公司破产后其财产应该先被用于支付破产程序费用和公益债务,然后支付员工工资、保险费等,向政府支付相关费用(例如税和其他保险费),以及偿还债务,而不是先补偿股东的损失。只有在所有债权人的债权均获清偿后才能把剩余资产分配给股东或所有者。

为何这样安排呢?因为公司破产的责任不仅须由经营者承担,也应该由股东承担——股东选择经营者时是不是犯了决策错误?股东们在为公司做其他重大决策时是否犯了错误?股东们有没有切实承担起监督责任?所以股东,尤其(股东)董事,需要有洞察力和敏锐的感觉,及时发现企业经营管理中的潜在问题,及时警告或替换经营管理者,及时采取其他措施,避免公司遭受重大的损失。

(3)现代企业体制里的基本产权关系

①股东拥有企业资产的所有权(注意,不是经营权或使用权,股东是公司的名义所有者,企业资产由企业法人独立拥有),通过股息获得收益。持有优先股(参见 1.2.2 小节第四段)的股东对企业没有经营决策表决权,但可获得优先股股息。可把部分国有股份转化成优先股——减少政府对企业的干预,在(国有)股份公司实现股权制衡,也能使国有股东获得更大的经济利益,不过,需要国家调控的产业或企业往往不适用此策略。普通股股东拥有企业经营决策表决权,这一权利实际上是部分占有、使用权的表现形式。普通股股东不但可以依据资本所有权获得普通股股息收入,还可获得部分红利收入,这是由于普通股股东参与决策、经营管理的缘故。

②董事会对公司法人财产拥有部分占有、使用权,表现为经营方案制定权。董事依据劳动获得基本工资,还凭借其经营方案制定的能力,以无形资产所有者的身份,以年薪形式参与红利分配。

③监事会拥有监督管理权。监事凭借劳动获得基本工资,还凭借监督管理能力,以无形资产所有者的身份,以年薪形式参与红利分配。

④经理[①]拥有经营、执行权。经理凭借劳动获得基本工资,还凭借管理才能,以无形资产所有者的身份,以年薪形式参与红利分配。

股东收益中的股息,董事、监事和经理的红利都来自企业的利润,所以企业利润最大化不仅是企业追求的目标,也应该是这四个产权主体追求的目标。[②]不过这并不意味着这四个主体没有利益冲突,他们之间很可能产生委托－代理矛盾,某一方侵犯别的主体的利益。

① 董事、监事和经理不一定是股东,例如独立董事、监事。

② 对国有企业,还应深入探索“四会一层”(党委会、股东会、董事会、监事会、经理层)的中国现代国有企业治理结构。

1.2.2 国有企业及相关术语

国有企业的术语有：国有企业（state/government-owned enterprise）、公有企业、国有公司（state-owned company）、联邦公司、政府企业（government enterprise/corporation）、国营企业（state enterprise）、国有化企业（nationalized industry）。

国家赞助企业（state/government-sponsored enterprise）：私人拥有、基本上由私人投资的企业，由联邦政府特许设立，服从联邦政府某种形式的监督与管理，政府也给予一定的资金和信用支持。

还有国资企业（state-funded enterprise），例如国家参股公司、国家优先股公司、国家特殊管理股公司，即国家投资了，但在企业股东中不居于控制地位，或者国家享有某些特殊的权利。①

在国家参股企业中，政府常常起融资或监督作用。在2008年国际金融危机中，美国联邦政府救市（例如向陷于困境的公司投资）时，为了降低自身的风险，就要求成为那些陷于困境的投资银行、银行和实体企业的优先股股东。特殊管理股的一种形式是“金股”，例如，英国政府拥有某些国有企业的“金股”，有一票否决权。参见10.4.3小节第（1）部分第②项第五条中新希望集团董事长刘永好的一票否决权。

经济合作发展组织对国有企业的定义是：国家占有全部、多数所有权或重要的少数所有权（例如相对控股或上段中的“金股”），由国家掌握控制权的企业。此定义比较符合当前我国国有企业的现实情况。

也可以把国有企业界定为由国家及其出资代表者掌握实际控制权的企业，国有企业的全民所有性质是政治意义方面的，而非经济产权意义方面的（戴锦，2016）。② 但戴锦的观点也不完全正确，见本小节最后一段的分析。

或者把国有企业简单地定义为政府（拥有或控制的）企业，在我国，此处的政府指各级政府，在其他一些国家，此处的政府指联邦政府。我国国有资产的

---

① 检索文献时还可以使用国有控股企业、国家参股企业、国家出资企业、联邦企业（federal government corporation）等术语及其外文译名作为关键词。相关的术语还有 central government property 等。

② 戴锦. 国有企业的性质[M]. 北京：经济科学出版社，2016.

管理体制强调，国家统一拥有国有资产，地方各级政府分级代表国家行使所有权。所以地方政府控制的企业也是国有企业，在一些西方国家则不然。

一般而言，提供公共产品和服务的公共企业（不排除也有少数民间公共企业——可能由私人资本、民营企业资本或外国资本支持）是国有企业，但国有企业不一定都是公共企业，例如商业类国有企业就不是。公众公司是股东比较多的股份公司，比较典型的是上市公司，所以不能说民营公司（私人或私人机构控制或经营管理的公司）都是私人公司。

随着各级人大监管国资国企的力度增强（这是党中央要求的，例如各级政府必须向同级人大汇报国资国企经营管理情况）、手段增多，今后国有企业的全民所有性质也能在经济产权方面更多地体现。中央政府多次把国有资本（收益）的一小部分划转到社保基金的措施也体现了相同的意义。并且这里说的全民所有并非过去的全民所有制企业的含义，这里指全体人民对国有企业（可能是混合所有制企业）拥有产权，后者指国有独资企业。

1.2.3　国有资产的历史数据与比较

20 世纪 80 年代国有资产总量平均每年递增 14.5%；90 年代国有资产呈快速递增态势，年递增率达 17.9%。

截至 1996 年年底，我国国有企业资产总额已达到 65 894.6 亿元，其中经营性国有资产是 49 938.9 亿元，占 75.8%。截至 1998 年年底，我国国有企业资产总额达 82 211 亿元，国有企业资产总额在社会总资产中的比重是 52.9%，其中经营性国有资产是 62 405 亿元。

截至 2001 年年底，我国国有企业总资产和净资产分别是 16.67 万亿元（其中经营性资产占 2/3）和 6.14 万亿元。[①] 财政部的数据显示，2004 年 12 月末，全国国有及国有控股企业（即国有企业）的总资产和净资产分别是 22.3 万亿元和 7.5 万亿元。

截至 2006 年年末，我国国有及国有控股的非金融类（根据经营活动，把经营类国有资产分成金融类与非金融类）企业的总资产和净资产分别达到 29 万

---

① 2001 年国有企业统计资料[R]. 中国会计年鉴，2002(1).

亿元和12.2万亿元。2002～2012年,全国国资系统监管企业实现年营业收入由8.53万亿元增加至38.48万亿元,年均增长16.26%;上缴税金由6 960.4亿元增加至28 308亿元,年均增长15.06%;实现利润由3 786.3亿元增加至20 334亿元,年均增长18.3%。

截至2012年年末,全国国资系统监管企业的资产总额达79.47万亿元。但也有令人不乐观的数据。2012年国企净资产收益率仅为6%,剔除前10名利润大户和政府补贴外,该项数值降为2.59%。国有资本的运营效率和收益率低,暴露出企业自身以及管理体制存在的缺陷。[①]

2003～2013年的10年间,全国国有及国有控股企业(不含金融类企业)营业收入从10.73万亿元增长到46.44万亿元,年均增长15.78%;上缴税金从8 361.6亿元增长到3.68万亿元,年均增长15.98%;利润总额从3 202.3亿元增长到2.41万亿元,年均增长22.34%。截至2013年年末,全国国有企业资产总额是104.1万亿元,同比增长16.3%,其中中央企业48.6万亿元,地方国有企业55.5万亿元,所有者权益[②]合计37万亿元。2013年,中央企业的营业收入是27.6万亿元,地方国企19.5万亿元;中央企业的利润额是1.67万亿元,地方国企7397.7亿元;全国国企的净利润是1.9万亿元。2013年全国国企共上交税费[③] 3.8万亿元,其中中央企业上交2.7万亿元,地方国企1.1万亿元(数据经四舍五入)。[④]

2014年年末,全国国有企业(不包括国有金融类企业)资产总额是102万亿

① 刘玉平.国有资产管理(第三版)[M].北京:中国人民大学出版社,2016.

② 所有者权益指企业资产扣除负债后由所有者享有的剩余权益,包括实收资本(或股本)、资本公积、盈余公积和未分配利润。

③ 分两部分上交,即以税和费的形式上交。税款一般是由国家通过预算统一支出,用于社会公共需要,除极少数情况外,一般不实行专款专用;而收费多用于满足收费单位(例如上级单位)本身业务支出的需要,专款专用。

④ 人民网,http://finance.people.com.cn/n/2014/0122/c1004－24189748.html,2014－1－22.中研网,http://www.chinairn.com/news/20140729/091949686.shtml,2014－7－29.数据来自财政部。该报告所指国有企业不包含金融国企,包括94个中央部门下属企业、国务院国资委监管的113家企业、财政部监管的5家企业和36个省(自治区、直辖市、计划单列市)的地方国有及国有控股企业。截至2011年年底,全国登记在册的国有金融企业共计2 789户,对应的国有金融资产总额近5万亿元。这组数据显示央企的营业收入等绩效更好,央企的规模效应、技术水平等都是其绩效更好的可能原因,央企的垄断也是可能的原因。

元，同比增长 12.1%；负债总额 66.6 万亿元，同比增长 12.2%；所有者权益合计是 35.6 万亿元，同比增长 11.8%。全年创造的产值约占全国 GDP 的 40%，应交税金占全国税收的 36.5%。国有企业数量占中国的《财富》全球 500 强企业数量的 90%，占中国 500 强的近 60%。①

有时候收集到的数据，可能其文字说明不清楚，例如，统计口径不明确，就需要我们分析、推算，确定数据的统计口径等属性。下面的一组数据也是我国国有及国有控股的非金融类企业的数据。我们以 2006 年年末的总资产 29 万亿元为例（前面的数据，统计口径是非金融类），将之按年均增长率 16.7%（下一组数据末尾提到的增长率）计算，到 2015 年年底计算值为 116.4 万亿元，比较接近下一组数据中的 119.2 万亿元这个数值。

虽然这两个值相差一点，但也是可以理解的。因为下一组数据中提到的年均增长率是 2005 到 2015 年之间的年均增长率，作者以前面数据中 2006 年的总资产额为起点（不同的时间区间，年均增长率往往也不一样），按上述年均增长率计算 2015 年年底的总资产额，自然会有一点出入。

截至 2015 年年底，全国国有企业资产总额 119.2 万亿元，所有者权益 40.14 万亿元，分别是 2012 年的 1.5 倍和 1.4 倍。其中中管企业资产总额 64.25 万亿元，所有者权益 15.9 万亿元，均为 2012 年相应数据的 1.3 倍。2005～2015 年期间，全国国有企业资产总额和所有者权益年均增长分别是 16.7% 和 14.2%。2015 年年营业收入 45.47 万亿元，年利润总额 2.3 万亿元，分别比 2005 年的数据年均增长 12.3%和 9%。②③

关于 2016 年的数据，参见 1.3.2 小节第（4）部分第②项。关于 2017 年的数据，参见 1.3.2 小节第（4）部分第③项。2017 年年底，国有金融企业资产总额 241 万亿元，负债总额 217.3 万亿元；全国行政事业单位资产总额 30.0 万亿元，

---

① 这两个比例表明：在最高端企业中，国企有绝对优势；在稍低一层级的企业中，国企仍占优势，但已不是压倒性的优势，民企也颇有竞争力。

② 肖亚庆：截至 2015 年底全国国有企业资产总额达 119.2 万亿元[OL]. 人民网－中国人大新闻网，2016－6－30，http://npc.people.com.cn/n1/2016/0630/c14576－28513295.html.

③ 凤凰财经，http://finance.ifeng.com/a/20160701/14548372_0.shtml，2016－7－1. 援引人民日报，2016－7－1（第 3 版）.

负债总额 9.5 万亿元。[①] 关于 2018 年的数据，参见 1.3.2 小节第(4)部分第④项。

从宏观角度看，我国的国有资产不断增值，发展形势良好。

1.2.4 国有资产其他方面的数据和情况

(1)2017 年的数据

金融企业国有资产 国有金融企业资产总额 241 万亿元，负债总额 217.3 万亿元。全国金融企业在境外机构的资产规模是 18.1 万亿元。2017 年中管国有金融企业平均增值率为 110.8%。2013 年至 2017 年，中管国有金融企业营业收入由 4.3 万亿元增至 5.8 万亿元，归属母公司的净利润从 1.2 万亿元增至 1.4 万亿元。

行政事业类国有资产 中央行政事业单位的资产总额 4.2 万亿元，负债总额 0.9 万亿元，净资产 3.3 万亿元。其中，行政单位的资产总额 0.7 万亿元，事业单位的资产总额 3.5 万亿元。地方行政事业单位的资产总额 25.7 万亿元，负债总额 8.6 万亿元，净资产 17.1 万亿元。其中，行政单位的资产总额 8.2 万亿元，事业单位的资产总额 17.5 万亿元。

国有自然资源资产：2017 年，全国国有土地面积 5.05 亿公顷，内水和领海面积 38 万平方公里，天然气剩余技术可采储量 5.5 万亿立方米。(https://baijiahao.baidu.com/s? id=1615175629931933805&wfr=spider&for=pc，2018—10—24)

(2)2018 年的数据

全国国有金融企业资产总额 264.3 万亿元，负债总额 237.8 万亿元，形成国有资产 17.2 万亿元。全国行政事业类国有资产总额 33.5 万亿元，负债总额 9.9 万亿元，净资产 23.6 万亿元。其中，行政单位资产总额 10.1 万亿元，事业单位资产总额 23.4 万亿元。

---

① 每经网，http://www.nbd.com.cn/articles/2018—10—24/1265939.html，2018—10—24. 财新网，http://companies.caixin.com/2018—10—24/101338569.html，2018—10—24，《国务院关于 2017 年度金融企业国有资产的专项报告》。

全国国有土地总面积 50 552.7 万公顷，国有森林面积 8 436.6 万公顷，全国水资源总量 27 462.5 亿立方米，内水和领海面积 38 万平方公里。（数据来源：http://www.chinanews.com/cj/2019/10－23/8987609.shtml）。

鉴于我国企业和个人的积累有限，我国政府不仅需为社会提供纯公共物品（例如国防、治安），而且需提供相当部分的准公共物品（例如教育、公园、公路）乃至私人物品。也就是说，西方资本主义国家的政府提供已不多的、已主要由市场主体提供的商品和劳务，在我国未来的较长时期，仍需要政府提供，也就需要相应的政府投资和支持。因此政府投资和国有经济在我国还需要保持一定的规模和水平。即使许多资本主义国家亦非实施纯粹的市场经济，它们也有计划经济成分。在公共财政领域，无论行使哪一项职能都不能缺少国有资产这一工具，它也是调节宏观经济的重要工具。1.3 节将从国有资产功能的角度进一步阐述国有资产存在的必要性。

1.3　国有资产的功能

我国经过社会经济转型后，由单一的计划经济变成社会主义市场经济国家，不过我国政府仍会适当、适时地调控社会经济的运行。

这一做法并非仅因为我国是社会主义国家，而是社会经济发展的需要，大多数资本主义国家（包括美、英等国）都会不同程度地调控本国的社会经济，其中日本（尽管日本的国企极少，但日本政府会有力调控、协调民营企业的运营，例如，大藏省有效协调各民营企业的国际化经营与竞争，在国际上形成日本企业的强大竞争力）、韩国、印度、新加坡、法国、德国、意大利、俄罗斯等国调控的程度比较高，例如德国实行“社会市场经济”体制。

一般而言，一个国家的中央集权程度越高，政府对社会经济的调控力度就越大。在社会经济调控中，国有资产运营是各国政府的重要工具。类似我国在改革开放之初对市场经济持有的犹豫、担心甚至恐惧的态度，资本主义国家对国有化、计划经济甚至行业政策也抱犹豫甚至恐惧的态度。然而自由主义经济理论不能帮助克服西方经济大萧条的危机，再经过第二次世界大战的战时经济，资本主义国家才不再把国有化、计划经济看成社会主义，也认识到政府干预经济的必要性甚至在某些阶段的关键性。

同样的，市场经济也不是资本主义的发明和专利，完全可以被社会主义国家采用，而且市场经济在我国远古时代就已相当发达，更不用说宋朝、明朝时期，不能完全算是舶来品（尽管我国从西方市场经济体制中学到了很多新东西），参见 10.4.1 小节第(6)部分的第一个脚注。

1.3.1　宏观调控国民经济

借助国有资产可维持国民经济的控制力（指政府的控制力），宏观调控国民经济。党的十五大提出，今后应该由国有企业控制的行业主要有四大类：涉及国家安全的、自然垄断的、提供公共产品和服务的、支柱产业和高新技术产业。这是因为，基于国有企业改革的政策工具论，党中央和国务院认为，在这些行业，国有企业能比其他政策工具（民企也是政府的政策工具）更有效地实现保障国家经济安全、增强我国的国际竞争力和保持宏观经济稳定运行等公共政策目标。目前中管企业基本上集中于这四大领域。参见 10.3 节“中管企业的垄断……”的第二个脚注。

涉及国家安全的行业包括国防安全、战略储备、经济安全、信息安全等行业。自然垄断的行业随着科技水平的提高、经济体制改革的深化以及社会环境的改变，有可能成为非垄断行业。例如，在通信网络方面，随着科技水平的提高，电信公司一家独大的局面变成多家竞争的局面。在数据传输网络（即俗称上网服务）方面，也由电信公司一家提供服务的情况，变成电信（公司 ADSL）、有线通公司（同轴电缆网络和光纤网络）、移动公司（无线网络）、

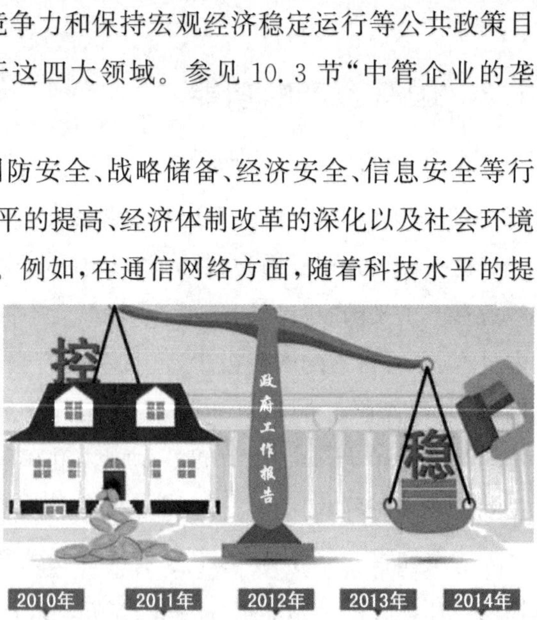

联通公司(无线网络)等几家提供服务,展开竞争的情况。还有电力、航空甚至军工领域也引入竞争、引入市场化运行的机制。

2013 年 11 月,党的十八届三中全会通过的《中共中央关于全面深化改革若干重大问题的决定》指出:“国有资本投资运营要服务于国家战略目标,更多投向关系国家安全、国民经济命脉的重要行业和关键领域,重点提供公共服务、发展前瞻性战略性产业、保护生态环境、支持科技进步、保障国家安全。”①“划转部分国有资本充实社会保障基金。完善国有资本经营预算制度,提高国有资本收益上缴公共财政比例,二〇二〇年提到百分之三十(参见 6.1 节的数据),更多用于保障和改善民生。”这进一步明确了国有经济、国有资本的定位和功能。

虽然西方国家的国企收益上缴比例也不低,甚至更高,但在大部分西方国家,国有企业非常少,国有经济比重非常低,尤其经营性国有资产更少(公益类国有资产相对较多),大部分是民营企业、私人资本。而民营企业和私人企业没有义务和责任实现社会二次分配。这反衬了我国国有资产在调控国民经济方面的可贵之处。

划转部分国有资本充实社会保障基金,是国有资本财政的间接分红模式。社会保障是一个突破口,教育、医疗卫生、社会管理、环保、公共安全等领域也需要更多的支出,国有资本财政预算可以配合公共财政预算,进一步满足这些领域的资金需求。

这种划转其实就是把第二类经营性国有资产的一小部分划转到陈清泰(2019)说的第一类(参见 1.2.1 小节第二段)中,无论从实现国有资产的政策功能(例如实现保障和改善民生的公共目标),还是从实现国有资产的收益功能(例如社保基金的经营管理机构也能使国有资产保值增值)的角度看,两类资产的利益在这种划转中并不矛盾。

新加坡在经济发展起来后,就向教育领域大量地投资,保证了该国的发展后劲。我国也正越来越重视上上段讲的这些领域的资金需求的优先级,使公共财政和国有资本财政分配更多地向这些领域倾斜,这体现了我国政府尊重全体人民——国有资产终极所有者的利益,重视国民个体发展,参见表 1—3。在我

① 此提法与本小节第一段中十五大的提法在很大程度上是一致的。

国，国有资产的权益实际上确实是全体人民共享。

表 1－3　　2010～2017 年国有资本经营预算收支情况　　单位：亿元

年度	国资预算收入			国资预算支出			
	利润收入	分红收入	其他收入	资本性支出	费用和其他支出	转社保基金	转公共财政
2010	420	1	0	295	135	5	10
2011	788.35	6.04	50	706.11	57.45	55	40
2012	823	1	20	744.72	55.25	25.1	50
2013	1 000.8	0.2	10	929.78	141.99	11.34	0
2014	1 414.9	1.1	10	1 150.83	232.78	10.42	184
2015	1 440	100	10	536	903.5	11.36	230
2016	1 290	0	110	408.35	1 130.41	12.47	246
2017	1 170	100	0	326.65	805.04	29.34	257

数据来源：财政部网站。

(1)国有资产的宏观调控作用体现在两个方面

①通过调节国有资产的总量，逆向调节国民经济的运行，以达到熨平经济周期的目的。使国家经济平稳地运行，既不要太快，也不要太慢，国内生产总值增长率更不能像过山车一样大起大落。例如，经济萎缩时可增加政府采购或政府投资，也就是用增加公共财产的办法刺激消费、刺激经济的增长；经济过热时可减少政府采购或政府投资，以减少消费、减缓经济的增长。

②通过乘数效应，增加国有资产投资可以带动更多的社会资本投入。例如2008 年下半年，我国政府启动四万亿元投资来刺激经济发展，其中政府投入的只是小头。

(2)使用国有资产进行宏观调控时的注意事项

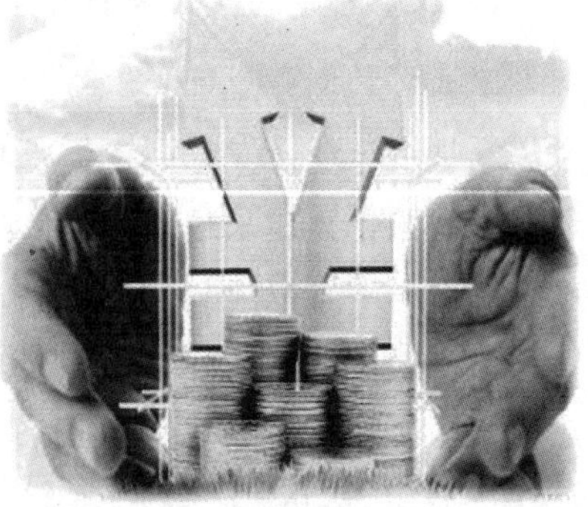

①如果想让国有资产成为宏观调控的杠杆，它就必须有增有减、有进有退；只进不退或有增无减只是单向调节。前面第(1)部分第①项提到的增减只是国有资产增量的幅度增大或减小，国有资产总量仍

是增加；而这里的增减，指国有资产的总量可能增加也可能减少。

在国家经济运行过程中，也需要国资的退出或进入操作。20 世纪 90 年代，我国国有企业经营困难，债务负担重，政府不得不选择使诸多中小国有企业退出经营，因而出现了大规模的“国退民进”。2001 年后国企经营状况逐渐好转；2008 年国际金融危机爆发，国有、民营企业都遭遇困境，尤其民营企业投资乏力，此时只有政府强有力的引领，才能恢复全社会的投资信心，使国家走出困境。在这样的背景下我国又出现了“国进民退”的现象。

②只要规范管理，适当出售部分国有资产不仅不会造成国有资产的流失，反而会促进国有资产的保值、增值，因为国有资产的保值、增值只有在资本的运动过程中才能实现。

③根据马克思主义经济学原理，国有资本的出售与国有资本的投入一样，是正常的；关键在于出售价格是否合理，而出售价格是否合理又取决于出售价格的形成过程是否科学、规范、合法。

④一般而言，只要国有资本/产出售依法经过审批、资产评估和公开竞价，其价格就会比较公道，不会出现国有资产的流失；而且如果该国有企业（出售其国资的国企）的效益好，国有资本的运行效率高，出售价格就会高于出资时的原始价格或账面价格，实现国有资本的增值。

⑤对上市公司，可利用股市减持其国有股；对非上市公司，则允许该公司出售包括国家划拨的土地使用权在内的资产，把获得的收入用于结构（产品结构、业务结构、行业中定位）调整和企业发展。

案例

出让国有控股权

1994 年 4 月上海建材集团将持有的上海凌光 1 200 万股国有股（占上海凌光总股本的 35.5%）协议转让给珠海恒通公司，拉开了我国上市公司国有控股权协议转让的序幕。此次交易在国有资产的盘活和优化方面产生了积极的效应（2000 年 8 月以后，由于减持国有股、补充社保基金的政策背景，财政部基本暂停向非国有企业协议转让国有控股权的审核工作）

2002年8月方向光电国有股权协议转让获财政部批复,从而成为2000年8月暂停向非国有企业协议转让国有股的审核后,首家获准向非国有企业协议转让国有股的公司。此后上市公司国有控股权的协议转让案例便频频发生。

2001年,通过增量分配及股权认购,TCL管理团队和员工的持股比例高达42%,其中管理团队占25%。2004年1月TCL集团在深圳证券交易所上市,管理团队和员工持股比例合计达25.24%,超过了原第一大股东惠州市政府的持股比例。

2004年,为了摆脱经营困境,深发展的四大国有股东——深圳市投资管理公司、深圳国际信托投资有限公司、深圳市城市建设开发(集团)有限公司和深圳市劳动和社会保障局,分别把各自持有的深发展国有股权,合计348 103 305股(占深发展总股份的17.89%),转让给新桥投资。新桥投资成为深发展的第一大股东,深发展也成为我国第一家外资控股银行。

上海家化每年上缴的收益是4 000万元,2011年上海市国资委以51亿元整体出售了该企业。家化行业是一般竞争行业,国有企业应逐渐减少在其中的投资。按年4 000万元的上交收益计算,要收约128年方能收到51亿元。政府提前拿到这笔巨款,可投入基础设施建设或其他需掌控、引领的行业。

案例简析

前面几个案例表明,国有(控)股权合理、有效地流动与转让,对解决国企困境、激发国企活力、使国有资产保值增值、优化社会资源配置、促进国民经济发展是有利的。即使在有的情况中,国有资本完全或大部分退出一些国有公司,这些公司转制为民企或外企,只要符合政策、有利于社会的发展,仍值得肯定与鼓励(参见10.4.3小节第(3)部分)。

(3)有学者建议,可把国有资产分成三类,实行三种管理模式

①作为政府的宏观调控工具的国有资产,由政府直接管理,例如财政部的一些工作。

②政府为使国有资产保值、增值而直接投资形成的国有资产,对此应遵循

有限政企分开的原则，由政府的国资管理机构以经济手段（这里指相对于行政手段而言）行使所有权管理职能——以出资者的身份管理。

③对大型国有控股公司和企业集团对外投资形成的资产，国资管理机构应按《公司法》的要求，不直接行使所有权职能，而由这些控股公司和企业集团以出资者的身份行使出资者的权利，国资管理机构间接管理这部分国有资产。①

从国有资产对国民经济的宏观调控作用可见，政府（包括其他国家的政府）投资创办国有企业并非仅为利润，也是为了实现一定的政策目标。因此国企改革绝不能只是搞私有化，而应使国有企业保持其基本政治属性和政策功能；政资分开、政企分开后，政府股东也需比普通私人股东关心更多的方面，例如社会利益。

政府如果仅为了利润，完全可以使国有企业少之又少，让更多的民营企业经营，然后向民营企业征税获得财政收入，并且不用承担投资、开办国有企业的风险。（我国）政府之所以没有这样做，正是因为国有企业还是政府的有效公共政策工具。主要由于此原因，俄罗斯政府把一些大型民营石油公司再度国有化。一些资本主义国家的国有企业很少，主要是因为它们的政府更相信私有化的力量。但是看到中国在各领域的发展、超越，它们也正在悄悄学习中国的做法、模仿中国的制度，对此，西方的一些学者也承认，例如德国《商报》前主编加博尔·施泰因加特。

（4）当前国资国企的一些实际不利情况（状态、地位、比重等）

2003～2007年，公益领域的国有资本增长较快，但2008年以后该领域国有资本的增长基本上与经济总量的增长同步。

得益于举国体制和垄断等因素，国有资本在航空航天、高铁、核电等少数领域发挥了引领作用，但在其他大多数新兴领域，国有资本的规模小，国企的数量少，技术力量弱。以创业板上市公司为例，2014年年末，国有创业板上市公司的资产约为190亿元，仅占我国创业板上市企业总资产的3.19%。② 而创业板企业是我国最活跃的高科技企业群体，这表明国有资本在战略新兴领域的布局不

① 魏敏.转型期地方国有资产管理体制创新对策思考[J].三江论坛，2014(6).

② 项安波.国有企业经营绩效评估与比较[R].2015.

足,未充分发挥引领的功能。

一些新成长的行业,如通信设备制造行业,对国有企业和非国有企业而言都是“蓝海”,但非国有企业更具有冒险精神和创新精神,从而占据主导地位。国有企业由于传统的企业文化和防止国资流失、实现国资保值增值的压力,因而风险容忍度较低,在人力资源管理制度、待遇等方面,国有企业对创新、创业型人才的吸引力常常不如非国有企业的。因而国有企业在新兴产业常常处于较被动、弱势的状态。

以国企主营收入占所在行业内规模以上企业[①]总体主营收入的比重衡量,国企主营收比重超过30%的行业由1999年的23个减少为2014年的12个。[②] 国有经济比重也降至30%以下。[③④] 上市公司2016年年报显示:沪深两个股市中,国企属性的上市公司是1 049家,参见2.1.4小节第(1)部分的“国务院国资委以外的中央监管部门与非国资委监管的央企”部分的第一段,占两个证券市场上市公司总户数的32.64%。参见2.2.5小节第(1)部分中的“相关资料”、5.3节倒数第三段和10.3.2小节中“关于国有经济垄断的数据”部分的最后一段。

1.3.2 我国国有企业的重要作用

国有企业是国有资产的重要组成部分,或者说是重要载体,谈国有资产的功能,就不能不谈国有企业的作用。可是国有企业却常常给普通群众留下不好的印象——“腐败”“效率低”[⑤]这些标签常常被贴在国有企业身上。这些说法有一定的片面性甚至是偏激的。

---

① 一般以年产量作为企业规模的标准,国家对不同行业都制订了规模标准,达到标准的企业被称为规模以上企业。规模以上企业也分若干类,如特大型企业、大型企业、中型企业、小型企业等。国家统计时,一般只对规模以上企业作全数统计,对达不到规模的企业,采用抽样、利用行政资料、推算等方法统计。

② 方艳.国有企业改革新路[M].北京:中国财政经济出版社,2017.

③ 朱珍.国有资本财政:历史考察与未来走向[M].北京:经济科学出版社,2017.

④ 也许政府不愿把目前国有经济比重较低的情况公布,所以在网上较难找到相关数据,尤其近几年的国有经济比重数据。

⑤ 不过说效率低也是有依据的。国家统计局的数据显示:2014年规模以上工业企业中,国企以1.33元的资产产生1元的营业收入,而私企以0.53元的资产产生1元的营业收入,外企以0.77元的资产产生1元的营业收入。这一情况除了与企业的经营效率有关,也可能与其他因素相关,如产业分布。国家统计局的数据还显示,1998~2013年,相较于私企和外企,国企的总资产报酬率和净资产收益率也最低。(马俊,张文魁,张永伟,袁东明,等.国企改革路线图探析[M].北京:中国发展出版社,2016.)

实际上国有企业能克服私人投资者的逐利性和盲目性，是社会公平正义、共同富裕的经济基础。国有企业是我国经济体系的核心，是区分中国社会主义市场经济与西方资本主义国家私有制市场经济的关键结构特征。国有企业体现全民福祉，能集中力量办大事，是推进我国现代化、保障人民共同利益的重要力量。2017 年习近平总书记视察徐工集团时强调，国有企业是中国特色社会主义的重要物质基础和政治基础，是中国特色社会主义经济的顶梁柱。

国际社会中也有不少肯定中国国有企业的声音，许多人承认中国国有企业是高效的、有强大竞争力的，承认其绩效并不低于资本主义国家跨国企业。此情况与上一脚注中说的情况似乎是矛盾的，原因如下：一部分国有企业，特别是我国的跨国公司的经营效率是比较高的，所以得到国际社会的肯定。诺贝尔经济学奖获得者约瑟夫·E. 斯蒂格利茨指出，认为私有企业一定比国有企业有效率的说法存在简单逻辑推理的错误；盲目迷信私有化等新自由主义的主张被美国经济学家保罗·克鲁格曼称为“市场原教旨主义”。中国的国有企业使外国的垄断企业感到威胁，一些别有用心的人便炮制出各种旨在诱骗中国政府大规模私有化国有企业的建议，以便外国的垄断企业集团浑水摸鱼，买入中国的国有企业的股份，甚至获得(间接)控制权。我们不能被他们牵着鼻子走。

(1)国有企业在我国经济中有三大作用

①关键领域的“定海神针”

以大豆贸易为例，加入世界贸易组织前，中国是全球第三大大豆生产国，每年生产大豆 1 500 万吨左右。加入世界贸易组织后，中国放开了杂粮市场(这是世贸规则要求的)，于是国际市场中的大豆蜂拥而入。美国的大豆由于价格低、出油率高，很快把我国国产大豆打得“溃不成军”，在中国的“粮仓”东北，很多种大豆的农民都纷纷改种其他农作物。2004 年，美国农业部配合大宗产品市场操纵大豆价格，大豆价格巨幅震荡(美国在打价格战)，美国的企业把中国的很多榨油企业打败。到 2006 年，中国的压榨油市场基本被外国企业控制。

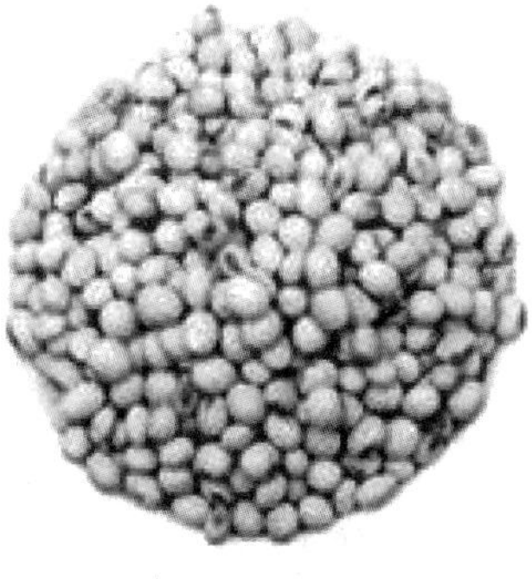

美国企业控制中国的大豆、榨油产业后就开始“剪羊毛”。“剪羊毛”是西方资本主义发达国家剥

削其他国家的惯用手段，不仅在实业领域，在金融领域亦如此。从 2007 年开始，美国大豆价格一路飙升，从 500 元/吨，最高涨到 2008 年 7 月的 1 650 元/吨，导致我国的猪肉价格迅速飙升到二十几元一斤。[①] 豆油也从 5 000 元/吨飙升到 15 000 元/吨。

中国政府于是派“国家队”进场。2008 年 3 月中粮集团有限公司、中国储备粮管理集团有限公司等国有公司开始收购储备大豆，与外国的跨国公司展开拉锯战。同年 8 月美国爆发次贷危机，虚高的大豆价格暴跌，外国的跨国公司损失惨重，因为它们可能是在较高价位收购的——不管期货也罢现货也罢。中国“国家队”则开始抄底，大量购买大豆作为国家的战略储备，仅 2008 年就买了 700 多万吨。以后每年只要大豆价格下降，中粮集团等国有企业就大量买进；一旦外国公司炒作大豆价格，中粮集团等国有企业就动用储备“砸盘”——通过期货交易抑制价格大幅上涨。

中国的大豆战略储备有多少？这是国家机密。所以虽然中国大豆产业被外国公司击溃（这也是加入世贸后无奈的结果之一，因为必须向别国开放许多市场，而开放就会产生国际竞争，竞争的结果是优胜劣汰），但外国公司再也不敢炒作大豆价格，因为中国“砸盘”会使他们巨亏。而中国是在低价时大量收购储备的，因此有条件、有底气低价抛售“砸盘”。可见，中国的应对战略是高明的，在国际期货市场的操作也是有实效的，很好地保护了我国的利益，保障了我国大豆市场的安全。

②在公共领域提供普惠性的公共产品

国有企业兼具营利法人和公益法人的特点，是实现共同富裕的社会主义目标的重要保障。中国铁路客运“白菜价”、地铁“白菜价”、城市公交“白菜价”、农村水电气网络“白菜价”……[②]这些显示了我国政府通过国有企业给予基础公共产品运营的补贴，这些补贴既有来自政府的支付，也有来自国有企业的贡献。

---

① 2019 年又涨到此价格，除了与猪瘟有关，也与中美贸易战有关——我国制裁美国大豆出口商，减少从美国进口大豆，饲料及其来源减少，生猪存栏数自然减少。

② 高等教育也是白菜价。例如美国的四年大学，仅学费就约 20 万美元，还没算书本、吃喝、住宿、保险费用等。中国的大学学费一般是 5 000 元/年，住宿 1 000 元/年，吃饭也不贵，因为政府给予学校食堂补贴。这涉及事业单位的国有资产的作用。

这些补贴客观上对外国资本进入中国市场形成了较高的门槛。

③对外投资中体现国家意志的资本力量

在对外投资中，国有企业也是主导力量，拓宽了我国的国际生存空间。与民间资本以利益为主的导向不同，国有企业对外投资往往都带着政治任务，体现国家的战略意志。因为背后的国家力量，我国国有企业在与西方企业的竞争中往往也有较大的优势，例如中石油、中石化等能源企业，还有高端装备制造企业（如高铁建设等企业）。

霍马茨（Hormats，2011）在倡导美式竞争中立原则时讲的两点看上去比较客观：中国是否需要国有企业是与他国无关的中国内部事务，但中国国有企业如何参与国际市场，是否遵循公平竞争要求，却是与各国贸易伙伴相关的。具体见下文"知识点"的分析。

知识点

竞争中立/竞争中性

竞争中立一般专指国有企业与非国有企业之间的竞争关系。20世纪90年代，澳大利亚在其《竞争原则协定》《联邦竞争中立政策声明》中说明了竞争中立的概念：公共部门的商业行为不得因其国家所有权的特殊性而享受私人部门不能享受的竞争优势。竞争中立并非排斥国有企业，其关注的是政府行为对国有企业和非国有企业公平竞争的影响。

竞争中立要求淡化商业类国有企业的国家所有制色彩，不因其国有身份而给予变相补贴、资源倾斜和政策优惠；避免政府对国有企业不当干预，保障国企的自主经营权。政府要秉持中立态度，保证政策中性，确保各类企业之间的公平竞争。[①]

2012年经合组织发表《竞争中性：维持国有企业与私有企业公平竞争的环境》，并提出：第一，精简国有企业运作形式，使国有企业与私有企业面临相同的法律约束；第二，核算特定职能的成本，建立成本分摊机制、提高透明度；第三，

① 马俊，张文魁，张永伟，袁东明，等.国企改革路线图探析[M].北京：中国发展出版社，2016.

要求竞争领域的商业化国有企业必须获得与业内企业相当的回报率；第四，对政府规定必须承担的公共政策职责必须给予足够、透明的补偿，并确保补偿机制的问责性；第五，坚持税收中立，使国有企业与私有企业面对相同的税收待遇；第六，坚持监管中立，监管环境及监管执行不应对不同所有制企业有任何的歧视；第七是坚持债务中立，避免国有企业获得优于私有企业的信贷条件或来自政府的直接补贴；第八，坚持政府采购中立，确保采购政策与程序具有竞争性、非歧视性和透明度。

我国现有的一些法律和政策文件体现了竞争中立的思想，例如《反不正当竞争法》第7条，《行政许可法》第13条和第15条，《反垄断法》第5章，以及党中央和国务院的一些政策文件。[①] 当然，要更好地实现竞争中立，还需要制定竞争中立法律。

国有企业承担国家公共政策的目标，是国有企业的使命与社会责任，但应与一般商业行为清晰地区分开来。政府应当对国有企业承担的特殊责任进行清晰的成本和收入核算，按法律条款或劳务合同充分补偿，而非通过其他渠道给予政策扶植和财政补贴，更不能因补偿而扭曲市场，避免国有企业在市场竞争中获得不正当的优势。

不过类似我国这样的发展中国家和经济转型国家，其政府有责任、有必要支持发展本国的国有企业，而西方国家已经经过了这一历程，正如环境保护和生态保护领域的情况那样。西方国家不能享受过有关政策便利后，就禁止别的国家享受，以达到遏制其他国家获得发展机会的目的。所以对竞争中立原则我国应努力做好平衡。

关于竞争中立，西方国家实际上是利用制定国际规则的便利和联盟的力量遏制中国和其他发展中国家。因为它们各自的国有企业数量都远少于我国的，其各自的国有经济规模基本上都小于我国的，其国有经济对国家的影响也没有我国的大，所以遵循竞争中立原则使它们受到的负面影响也远小于我国受到的负面影响。本专题分析之前的一段中我们提到霍马茨在2011年的观点，而美

① 李翃楠. 国企改革——公平竞争视角下国有企业改革法律问题研究[M]. 上海：复旦大学出版社，2017.

国就是在 2011 年年底公布其竞争中立的概念，其核心是更新和调整现有国际经济规则。

经合组织国家提出“竞争中性”，主要是基于对国有企业两方面的担忧。一方面担心，位于垄断行业或得到政府补贴的国有企业，通过滥用定价权或交叉补贴等反竞争行为获得相对于私有企业的竞争优势（其实，民企也能获得政府补贴，甚至是巨额补贴，包括在西方资本主义国家①）。另一方面担心，别国政府通过税收、融资、补贴等方面的扶持政策，帮助该国的国有企业进入本国市场竞争；或别国政府为保护本国国有企业，在市场准入或政府采购方面设置障碍，限制他国企业参与竞争。

(2)国企有助于保持我国经济的独立性，防范西方国家的经济侵略

在经济全球化背景下，经济竞争加剧，一些西方国家更会用经济手段动摇竞争对手国家的经济基础，进而使竞争对手国家的社会和政权动荡，南非、埃及、巴西等国都遭受过或正遭受着这些挫折。这些西方国家常常把经济渗透、思想文化渗透和军事干预夹杂在一起，在经济合作中输出意识形态，提出政治条件，最终目的是干预、控制和剥削竞争对手的国家政权与经济、资源等。对伊拉克、利比亚、叙利亚等国进行赤裸裸的军事打击，意图控制（用这些挨打的中东、北非国家的话说，是抢劫）它们的石油资源，就更不必谈了。

国家经济强大是主权独立的重要基础，经济衰微时自然有求于他国，此时经济、政治乃至军事的独立性都将被削弱。因此在经济全球化的背景下，我国国有企业作为社会主义制度的基础和保障的意义就更加突出。

在 2018 年 10 月全国国有企业党的建设工作会议中，习近平同志指出：国有企业是中国特色社会主义的重要物质基础和政治基础，是我们党执政兴国的重要支柱和依靠力量。我们在加深了解国有企业后，就能改变关于国有企业的一些偏见，给予国有企业更客观公正乃至较高的评价。作者亦常常从学生那里得到类似的反馈，即改变偏见的反馈。国有企业是我国先进生产力、国家综合

① 美剧《纸牌屋》第三季中，前副检察长邓巴在总统候选人竞选演讲中就提到沃尔玛的例子。此外，2020 年 4 月，在极端严峻的疫情中，美国总统特朗普要求哈佛大学（私立大学）退回政府给予的补贴。

实力和国际竞争力的代表，行业影响力强，并且国有企业的经营效率也在日益改善。我们应正确认识和评价我国国有企业的作用。

(3)国有企业是政府的有力政策工具

上述内容也表明，在一些领域，使用国有企业这一政策工具，实施国家战略的执行成本低于依赖私人企业的执行成本。这一点也是普京主政时代的俄罗斯以及其他一些国家的经验总结，例如俄罗斯政府把一些大型民营石油公司重新国有化。

在一些领域，国有企业作为政府的政策工具，其执行成本是比较低的，可从两个视角理解此点。

第一，国有企业愿意、也必须遵从政府的安排，政府节约了与企业协商的成本，减少了政府因被企业要挟而承担的成本，政府无须支付高额的报酬以使国有企业执行有关政策。这是从政府的视角看，执行成本是比较低的。反之则如2008年国际金融危机期间，美国财政部在救市时与民营储蓄银行、投资银行协调时就有这方面的教训，参见第5章开头的“他山之石，可以攻玉——美国的教训”部分的论述。再如20世纪90年代俄罗斯经济转轨初期，其政府在石油、天然气领域与民营企业的合作也有这方面的教训。相对于民营企业，国有企业能大大减少这些成本，政府与国有企业合作时也更顺利。

第二，政府为国有企业提供相关补贴，还有无偿划拨矿产资源、土地、资金等及优惠、扶持政策，这些都是帮助国有企业以较低的成本执行有关的政策。在这些领域，民营企业、外资企业以及其他潜在的政策工具(说政策工具，是相对于政府而言，民企等也可成为政府的政策工具，只是其执行成本可能比国企的高)是做不到低成本执行、往往也不愿意做的。

上文是从一般性的角度论述的，即从各国的国有企业作为政策工具的情况这个角度论述的，这些同样表明了我国国有企业作为政府的有力政策工具的重要作用。

(4)近几年我国国有企业运营的数据

作者列举我国国有企业运营的一些数据，以说明其健康发展的状况，并佐证前述观点，即国有企业是我国国民经济的支柱等观点。参见1.2.3小节的数据。

①2015 年 1～12 月全国国有及国有控股企业(此处简称国有企业[①])经济运行的情况

全国国有及国有控股企业的经济运行稳中向好，部分指标出现回暖迹象，但下行压力依然较大。国有企业的利润同比降幅继续收窄。

国有企业的营业总收入 454 704.1 亿元，同比下降 5.4%，其中：中管企业 271 694 亿元，同比下降 7.5%；地方国有企业 183 010.1 亿元，同比下降 2.3%。国有企业的利润总额 23 027.5 亿元，同比下降 6.7%，其中：中管企业 16 148.9 亿元，同比下降 5.6%；地方国有企业 6 878.6 亿元，同比下降 9.1%。

12 月末全国国有企业(不含金融企业)的资产总额是 1 192 048.8 亿元，同比增长 16.4%；负债总额 790 670.6 亿元，同比增长 18.5%；所有者权益合计 401 378.2 亿元，同比增长 12.6%。中管企业的负债总额 436 702.3 亿元，同比增长 23.8%；所有者权益 205 789.4 亿元，同比增长 12.3%。地方国有企业的资产总额 549 557 亿元，同比增长 12.7%；负债总额 353 968.3 亿元，同比增长 12.5%；所有者权益 195 588.8 亿元，同比增长 12.9%[资产总额＝负债＋所有者权益，1.2.1 小节第(1)部分已论述过]。

交通、化工和机械等行业实现利润同比增幅较大；煤炭、石油、建材和石化等行业实现利润同比降幅较大；钢铁和有色金属行业继续亏损。[②]

②2016 年 1～12 月全国国有及国有控股企业的经济运行情况

全国国有及国有控股企业的经济运行趋稳向好。国有企业的收入和实现利润继续保持稳步增长，国有企业的收入增幅有所提高，利润增幅略有下降。国有企业的营业总收入 458 978 亿元，同比增长 2.6%，其中：中管企业 276 783.6 亿元，同比增长 2%；地方国有企业 182 194.4 亿元，同比增长 3.5%。

国有企业的利润总额 23 157.8 亿元，同比增长 1.7%，其中：中管企业

① 包括中管企业和 36 个省(自治区、直辖市、计划单列市)的地方国有及国有控股企业，不含国有金融类企业。

注：中管企业就是中央企业，现在有些文献这样称呼之。作者赞成这样称呼，因为中央企业这个名称似乎暗示这些企业是中央级的，但不应该对企业分行政级别，大小企业都是平等的。中管企业表示这些企业是中央政府管辖的，主要是国务院国资委管辖。

② 2015 年 1～12 月全国国有及国有控股企业经济运行情况[OL]. 网易财经频道，http://money.163.com/16/0126/09/BE8BH5PV00253B0H.html，2016－1－26(数据来源：财政部网站).

15 259.1 亿元，同比下降 4.7%；地方国有企业 7 898.7 亿元，同比增长 16.9%。

12 月末国有企业的资产总额 1 317 174.5 亿元，同比增长 9.7%；负债总额 870 377.3 亿元，同比增长 10%；所有者权益合计 446 797.2 亿元，同比增长 9.2%。中管企业的资产总额 694 788.7 亿元，同比增长 7.7%；负债总额 476 526 亿元，同比增长 8.2%；所有者权益合计 218 262.7 亿元，同比增长 6.6%。地方国有企业的资产总额 622 385.8 亿元，同比增长 12%；负债总额 393 851.3 亿元，同比增长 12.1%；所有者权益合计 228 534.5 亿元，同比增长 11.7%。

建材、交通和施工房地产等行业实现利润同比增幅较大；石油、纺织、烟草和石化等行业实现利润同比降幅较大；钢铁、化工、有色等行业亏损。[①]

③2017 年 1～12 月全国国有及国有控股企业的经济运行情况

国有企业的营业总收入 522 014.9 亿元，同比增长 13.6%，其中：中管企业 308 178.6 亿元，同比增长 12.5%；地方国有企业 213 836.3 亿元，同比增长 15.2%。国有企业的利润总额 28 985.9 亿元，同比增长 23.5%，其中：中管企业 17 757.2 亿元，同比增长 16%；地方国有企业 11 228.7 亿元，同比增长 37.6%。上交税费总额 3.7 万亿元，同比增长 11.5%，其中，中管企业上交税费总额 2.2 万亿元，同比增长 5.5%。

12 月末全国国有企业的资产总额 183.5 万亿元，其中：中管企业的资产总额 76.2 万亿元，地方国有企业的资产总额 107.3 万亿元。全国国有企业境外的总资产 16.7 万亿元。

钢铁、有色等上一年同期亏损的行业持续保持盈利；煤炭、交通、石油石化

① 2016 年 1～12 月全国国有及国有控股企业经济运行情况[OL]. 中国水泥网，http://www.ccement.com/news/content/8855000589941.html，2017－2－15（数据来源：财政部资产管理司）.

等行业的利润同比增幅较大；电力等行业的利润同比降幅较大。①

④2018 年 1～12 月全国国有及国有控股企业的经济运行情况

国有企业的营业总收入是 587 500.7 亿元（当年我国 GDP 是 90.03 万亿元），同比增长 10.0%，其中：中管企业 338 781.8 亿元，同比增长 9.8%；地方国有企业 248 718.9 亿元，同比增长 10.4%。国有企业的利润总额是 33 877.7 亿元，同比增长 12.9%，其中：中管企业 20 399.1 亿元，同比增长 12.7%；地方国有企业 13 478.6 亿元，同比增长 13.2%。

12 月末国有企业的资产总额是 1 787 482.9 亿元，同比增长 8.4%；负债总额是 1156 474.8 亿元，同比增长 8.1%；所有者权益合计是 631 008.1 亿元，同比增长 9.0%。中管企业的资产总额是 803 391.7 亿元，同比增长 6.7%；负债总额是 543 908.6 亿元，同比增长 6.3%；所有者权益合计是 259 483.1 亿元，同比增长 7.5%。地方国有企业的资产总额是 984 091.2 亿元，同比增长 9.8%；负债总额是 612 566.2 亿元，同比增长 9.6%；所有者权益合计是 371 525.0 亿元，同比增长 10.1%。

石油石化、钢铁等行业的利润同比大幅增长，均高于收入增长幅度。②

不过《国务院关于 2018 年度国有资产管理情况的综合报告》中的数据与上述有差别，如下所示。

2018 年全国国有企业（不含金融企业）的资产总额是 210.4 万亿元（2017 年全国国企的资产总额 183.5 万亿），负债总额是 135.0 万亿元，国有资本权益总额是 58.7 万亿元。其中，中管国有企业的资产总额是 80.8 万亿元、负债总额是 54.7 万亿元，平均资产负债率是 67.7%；地方国有企业的资产总额是

---

①　2017 年 1～12 月全国国有及国有控股企业经济运行情况[OL]. 搜狐财经，http://www.sohu.com/a/218419667_498925，2018－1－23（数据来源：财政部网站）.

新浪财经，http://finance.sina.com.cn/roll/2018－10－28/doc－ihnaivxp5640782.shtml，2018－10－28（援引《经济观察报》）.

《国务院关于 2017 年度国有资产管理情况的综合报告》和《国务院关于 2017 年度金融企业国有资产的专项报告》全口径、全覆盖地摸清了国有资产家底，报告了各类国有资产的基本情况。

上述三年的营收和利润数据也得到下述文献的印证：薛贵. 新时期完善国有资产管理体制的探析[J]. 财政科学，2018(4).

②　中央人民政府网站，http://www.gov.cn/shuju/2019－01/22/content_5360098.htm，2019－1－22.

129.6 万亿元、负债总额是 80.3 万亿元，平均资产负债率是 62.0％。

2018 年全国国有金融企业的资产总额是 264.3 万亿元，负债总额是 237.8 万亿元，形成国有资产 17.2 万亿元。2018 年全国行政事业类国有资产总额是 33.5 万亿元，负债总额是 9.9 万亿元，净资产是 23.6 万亿元。其中，行政单位的资产总额是 10.1 万亿元，事业单位的资产总额是 23.4 万亿元。概要数据如表 1—4 所示。

表 1—4　　国有企业经营情况表　　单位：亿元

	2014 年	2015 年	2016 年	2017 年	2018 年
营业总收入	480 636	454 704	458 978	522 014	587 500
营业总成本	466 605	445 196	449 885	507 003	570 431
利润总额	24 765	23 027	23 157	28 985	33 877
应交税金	37 860	38 598	38 076	42 345	46 089

数据来源：中华人民共和国财政部。

2018 年全国国有土地总面积是 50 552.7 万公顷，国有森林面积是 8 436.6 万公顷，全国水资源总量是 27 462.5 亿立方米。

⑤2019 年 1～12 月全国国有及国有控股企业的经济运行情况

国有企业的营业总收入是 625 520.5 亿元，同比增长 6.9％，其中：中管企业 358 993.8 亿元，同比增长 6.0％；地方国有企业 266 526.7 亿元，同比增长 8.2％。国有企业的利润总额是 35 961.0 亿元，同比增长 4.7％，其中：中管企业 22 652.7 亿元，同比增长 8.7％；地方国有企业 13 308.3 亿元，同比下降 1.5％。

国有企业的税后净利润是 26 318.4 亿元，同比增长 5.2％，归属于母公司所有者的净利润 15 496.0 亿元。其中，中管企业 16 539.9 亿元，同比增长 10.4％，归属于母公司所有者的净利润是 9 644.2 亿元；地方国有企业 9 778.5 亿元，同比下降 2.7％，归属于母公司所有者的净利润是 5 851.9 亿元。

12 月末，国有企业的资产负债率是 63.9％，下降 0.2 个百分点，其中：中管企业 67.0%，下降 0.4 个百分点；地方国有企业 61.6%，增长 0.1 个百分点。①

⑥2020 年 1～12 月全国国有及国有控股企业的经济运行情况

营业总收入是 632 867.7 亿元（当年 GDP 是 101.598 6 万亿元，总营收占全国经济总量的比例是 62.29%），同比增长 2.1%，其中：中管企业 353 285.6 亿元，同比下降 1.9%；地方国有企业 279 582.1 亿元，同比增长 7.5%。利润总额是 34 222.7 亿元，同比下降 4.5%，其中：中管企业 21 557.3 亿元，同比下降 5.0%；地方国有企业 12 665.4 亿元，同比下降 3.6%。税后净利润是 24 761.7 亿元，同比下降 5.6%，其中：中管企业的税后净利润是 15 718.0 亿元，同比下降 5.6%；地方国有企业的税后净利润是 9 043.7 亿元，同比下降 5.5%。应交税费是 46 111.3 亿元，同比增长 0.2%，其中：中管企业 32 088.5 亿元，同比下降 0.8%；地方国有企业 14 022.8 亿元，同比增长 2.4%。12 月末，国有企业的资产负债率是 64.0%，较上年同期提高 0.2 个百分点。（中国特钢企业协会不锈钢分会网站，"经济要闻"栏，http://www.cssc.org.cn/page90?article_id=3411）

本部分不再列举更早的相关经济数据。基于 2015～2020 年五年的数据，横向比较同年度数据的结果显示，地方国有企业的发展指标（即增长指标，而非绩效指标）值总体优于中管企业的。

（5）国有企业其他方面的数据和情况

①我国全球 500 强企业的情况

2004 年中国企业进入《财富》全球 500 强的只有 14 家，其中进入前 50 名的仅有一家，即排名第 46 的国家电网有限公司。

2015 年进入《财富》全球 500 强的 106 家中国企业中，84 家是国有企业，其中三家进入前十名，分别是位居第二的中国石化公司、第四的中国石油公司、第七的国家电网有限公司。

2016 年发布的全球 500 强企业中，我国入围企业 110 家，其中国企 83 家。

2017 年我国有 115 家企业进入全球 500 强，其中国有企业占七成以上。

① 2019 年 1～12 月全国国有及国有控股企业经济运行情况[OL].新浪财经，http://finance.sina.com.cn/wm/2020-01-21/doc-iihnzhha3967904.shtml，2020-1-21.（数据来源：财政部资产管理司）

2018 年我国有 120 家企业进入全球 500 强，其中国有企业 83 家。[1] 2019 年我国有 129 家（超过美国的 121 家）企业进入全球 500 强，其中国有企业 90 家。2021 年，中国共有 143 家公司上榜，美国共计 122 家。

表 1—5　　部分国家和地区的世界 500 强企业数（1990～2018 年）

	1990 年	1996 年	2000 年	2005 年	2010 年	2013 年	2014 年	2015 年	2016 年	2017 年	2018 年
美国	164	153	179	177	140	132	128	128	129	132	126
日本	111	141	108	81	71	68	57	54	50	51	52
英国	43	32	38	35	30	26	27	28	21	15	17
德国	30	40	37	36	37	32	28	28	28	26	23
法国	30	42	37	39	39	32	31	31	27	24	27
中国	1	2	11	18	54	95	100	106	110	115	120

注：2019～2021 年，中国的世界 500 强企业数都超过美国的。

表 1—6　　中国世界 500 强企业数分解数据（1990～2018 年）

	1990 年	1996 年	2000 年	2005 年	2010 年	2013 年	2014 年	2015 年	2016 年	2017 年	2018 年
大陆	1	2	9	15	43	70	92	93	97	109	111
国企	1	2	9	15	41	66	83	87	85	88	84
央企	1	2	9	15	40	44	47	47	50	48	48

注："中国"一行的数据包括本表中"大陆"一行的数据，"大陆"一行的数据包括"国企"一行的数据，依此类推。

表 1—6 的 2018 年一列中，在来自中国的 111 家企业中（含中国香港企业，不包括中国台湾企业），国有及国有控股企业 84 家，中管企业 48 家。中管企业中，国家电网、中石化和中石油分别排在排行榜的第二、第三和第四位。这一组数据也表明我国国有企业在增强我国国际竞争力方面的贡献。纵观 1990 年至 2018 年的数据，国有企业在我国抢占世界 500 强排名中都起了至关重要的作用。由此也可见我国国有企业在国际上的强大竞争力。

②国务院国资委、国家税务总局的数据显示：2018 年中国 500 强企业中，国

① 国资委网页，http://www.sasac.gov.cn/n2588025/n2588164/n4437287/c9279024/content.html

有企业数量占 52.6%，其纳税额则达到 80.91%。国有企业也是推动国家重要政策和发展战略最主要和最有力的执行者。国资委的数据显示，过去 5 年中，中管企业（即央企）共参与了 3 120 个覆盖基础设施建设、能源资源开发、国际产能合作以及产业园区建设等方面的"一带一路"建设项目，在已开工和计划开工的基础设施项目中，中管企业承担的项目数量占比达 60%，合同额占比近 80%（戴德梁行，2019）。①

③财政部企业司 2014 年 7 月公布了 2013 年全国国有企业财务决算情况。2013 年全国独立核算的国有法人企业 15.5 万户。到 2013 年年末，全国国有企业的职工人数是 3 698.4 万人，其中中管企业有 1 762.9 万人，地方国有企业有 1 935.5 万人。国家统计局的数据显示：2017 年，全国共有 325 800 家国有控股企业，6 064 万名员工。2018 年期末，全国国有企业从业人员约 4 000 万人，国有企业总资产规模约 178.7 万亿元，净资产约 63.1 万亿元，年营业总收入约 58.75 万亿元[参见本小节第（4）部分第④项]，年净利润约 2.5 万亿元，年应交税金约 4.6 万亿元。

截至 2016 年 3 月，全国 106 家中管企业基本上都实行了公司制、股份制。2016 年 102（年末户数）户中管企业累计实现利润总额 1.53 万亿元，上交税费总额 2.1 万亿元，盈利企业达 96 家，总体运营超出预期。

1.4　国有资产管理概述

（1）国有资产管理的主要工作

国有资产管理的主要工作包括国有资产产权管理、国有资产投资管理、国有资产收益管理、经营类国有资产管理、非经营类国有资

① 尽管国有企业、国有资产在我国举足轻重，尤其在高端企业中更是如此，但开设国资国企管理课程的高校并不多，根据一些出版社的反馈以及其他渠道的信息，可以下此结论。这值得思考，作者在前言第一段也提及此点。

产管理、资源类国有资产管理、涉外国有资产管理和国有资产处置。产权管理是首要的管理工作，是其他管理工作的基础和依据。投资是保值、增值的手段。国有企业退出某个行业、出售某个业务，国有企业合资、合营以及破产涉及的国有资产处置。

(2)国有资产管理的总体目标

在政治目标方面，为国家履行政治职能提供物质基础，促进社会主义生产关系不断完善；在社会目标方面，促进社会进步、社会安定和社会公平；在经济建设目标方面，促进资源有效配置和经济成长；在宏观经济调控目标方面，促进物价稳定、充分就业和国际收支平衡。

(3)国有资产管理的具体目标

国有产权管理的目标包括：确立产权制度；建立企业法人财产制度；高效配置资源；实现国有资产保值增值。

国有资产投资管理的目标包括：奠定国民经济的物质、技术基础；调整产业结构；增加财政收入①。

国有资产收益分配管理的目标包括：合理确定国有资产收益在国家和企业间的分配比例；确保国有资产所有者获得投资收益，占有、使用者获得红利收益；②合理使用企业留利（企业留利的所有权仍属于国家）。

国有资产处置管理的目标包括：转让国有资产或授权某些组织经营国有资产；建立竞争机制；提高资产质量。

国有资产清产核资管理的目标：清查资产；界定产权；重估资产价值；促进国有资产合理流动；为加强国有资产的管理提供决策依据。

国有资产评估管理的目标包括：为依法征税提供可靠的依据；为确定产权、保护投资者的合法权益提供依据；为考核国有企业的经营业绩提供依据。

以上主要是管理经营类国有资产的具体目标。

管理行政事业单位国有资产的目标包括：确保国有资产所有者的权益，促进国有资产的合理配置和有效使用；实行制度化管理；实行预算管理。

---

① 财政收入主要来自国家税收和国家投资收益。

② 参见 1.2.1 小节第(3)部分“现代企业体制里的基本产权关系”，在该小节的最后位置。

管理资源类国有资产的目标包括：维护国有资源的国家所有权；实现国有资源的产业化；有序地开发资源。[①]

(4)可用于国有资产管理的法律、法规和制度

基本法律、法规有：《中华人民共和国企业国有资产法》[②]《中华人民共和国全民所有制工业企业法》《中华人民共和国企业破产法》，还有《合同法》《物权法》《民法通则》等。

针对企业的不同组织形式，可用于企业国有资产管理的法律、法规有：《中华人民共和国公司法》《中华人民共和国中外合资经营企业法》《中华人民共和国中外合作经营企业法》

行政法规有：国有资产运行主体法、国有资产基础管理法、国有资产投资管理法、国有资产占用管理法、国有资产收益管理法、国有资产转让管理法

实施细则方面的具体条例和规章制度有：《企业国有资产产权登记管理办法实施细则》《全民所有制工业企业[③]转换经营机制条例》《企业绩效评价操作细则(修订)》《国有资本保值增值结果计算与确认办法》《企业国有资产监督管理暂行条例》(国务院颁布，于 2003 年 5 月 27 日施行，于 2011 年 1 月 28 日修订)《国有企业清产核资办法》《企业国有产权转让管理暂行办法》《国有资产评估管理办法》(国务院颁布，于 1991 年 11 月 16 日起施行)《上市公司国有股权监督管理办法》(国资委、财政部、证监会于 2018 年 5 月联合颁布)等。

---

① 李松森，孙哲，孙晓峰. 国有资产管理(第三版)[M]. 大连：东北财经大学出版社，2016.

② 2008 年 10 月通过，2009 年 5 月 1 日实施。

③ 以前被称作国营企业。

第2章　我国国有资产管理体制

国有资产管理体制是一个很庞大的体系，其核心内容是：在国有资产管理过程中，从终极所有者到最终的受托代理者之间，关于责任、权力和利益的划分体系和制度安排。

建立国有资产管理体制的原则

第一，遵循中央政府和地方政府分别代表国家履行出资者职责的原则。

第二，明确各级政府管理的企业国有资产的范围和对其管理的企业国有资产享有的所有者权益。随着企业的国有资产迅速增长和国企改革不断深入，中央政府作为唯一的出资者难以有效管理企业的国有资产，而且假如以中央政府作为唯一的出资者，这也会削弱地方政府监管企业国有资产的积极性。

第三，发挥中央和地方政府有效监管国有资产的积极性。尤其注意使地方政府发挥主观能动性，让它们八仙过海，各显神通，搞活地方经济。

2.1　国有资产管理体制的内容

国有资产配置和运营效率的高低，主要取决于国有资产管理体制的优化程度。遵循“国家所有(统一拥有)，分级行使出资人职责”的管理原则，这是党的十六大(于2002年召开)提出的。原话是：“建立中央政府和地方政府分别代表(注：地方政府从国有资本管理者转变成出资者代表，国有资本委托代理链条缩短)国家履行出资人职责，(注：各级政府)享有所有者权益，权利、义务和责任相统一，管资产和管人、管事相结合的国有资产管理体制。”“中央政府和省、市

(地)两级地方政府设立国有资产管理机构。"国务院通过《企业国有资产监督管理暂行条例》授权中央与地方政府行使国有资产所有者代表的职责。

地方政府在坚持"国家所有"的前提下，享有完整的出资者权益，能自行决定其管辖资产的拍卖、转让等事宜，拥有国有产权中的大部分利益。这样能发挥中央和地方两方面的积极性。中央政府和地方政府分别设立国有资产监督管理委员会。参见 2.2 节最后三段。

上述产权安排有法规、制度保障，不必担心地方政府"霸占"着国有资产，不听中央统一安排。2019 年 6 月安徽省国资委将其持有的马钢集团 51%的股份无偿地划转给中国宝武钢铁集团有限公司；2020 年 8 月山西省国有资本运营有限公司无偿地把太原钢铁(集团)51%的股份划给中国宝武集团。这些都是央地企业间的资产流动。

党的十六大确立的国有资产管理体制改革方案并没有提出国有资产"分级所有"，因此地方政府不可能彻底、完全地行使产权，所以在中央和地方政府之间必须确定产权行使边界。

有学者建议，中央政府对国有资产只需保留两方面的权利。第一，最终处置权：制定法律法规，必要时有权统一配置资源(例如新加坡这些资本主义国家的政府也保留类似权力)，依法调整出资关系(我国现有体制本就如此)，合理调整国务院、省级、市(地)级政府行使出资者职责的范围。第二，引导规范权：包括确定国有资本控制范围的权限，确定国有股转让、出售①的规则和程序的权限，规定国有股转让、出售收入的使用方法的权限，以及对各级出资者代表履行出资者职责、执行国资监管法律法规进行监管的权限。②

接下来，2.1.1 至 2.1.6 小节论述国有资产行政管理体制的 8 项重要内容。

2.1.1　我国国有资产管理主体的四个层级

第一层是国有资产是国家所有，即全民所有，国务院代表国家行使国有资产所有权。国务院下辖国资委、财政部、发改委、自然资源部(前身是国土部)、

① 出售是以取得现金为目的；转让不一定是为了取得现金，可以作为投资、捐赠等。

② 魏敏. 转型期地方国有资产管理体制创新对策思考[J]. 三江论坛，2014(6).

水利部等部委，这些部委分别是某一领域的国有资产的所有者代表，但国务院并不拥有全部国有资产的所有权（参见 2.1.4 小节第（1）部分、8.2.1 小节中的“知识点”部分和 10.3 节“关于中央企业的垄断……”第一段）。

讨论

要不要改变国资委的机构归属？

在其他许多国家也由政府行使国有资产所有权，因为目前这是最佳的方法——政府的执行资源丰富，执行效率较高。再加上目前国有资产管理的工作仍然很繁琐、艰难——我国国资管理尚处在以管企业为主向以管资本为主转变的路途中，授权经营体制改革也在路上，等等，所以一些研究者以前就提出的关于在人大常委会中设立国有资产委员会的建议尚不可行。

我国各级政府的主要领导本就是相应级别的人大选举产生的，又何必花费大量的资源，在人大另设一个类似国资委的机构呢？不过，未来条件成熟时，把现有的国资委（政府中的特设机构，特设属性并未使国资委独立于政府系统）转到同级人大系统由人大领导，倒是有其优点。使国资监督管理部门独立于行政系统，直接向人民代议机构与立法机关负责，可减少行政干预，进而传递到国有公司。

不过，如果这样改革的话，由于国资委脱离了政府体系，政府部门间原有的协调、合作效果会被削弱。如何弥补、如何在人大与政府间加强国资管理方面的协作，需要思考与规划。

还有一个重要事项，由于各级政府是国有资产出资者代表（按当前的法律规定），国资委转到人大系统后，就只能行使国资监管职能，出资者代表的身份仍留给政府。理由见 2.1.2 小节第（1）部分第二段至该部分结尾。未来，如果国资委真的离开政府系统，各级政府不可再另设一个机构代行国资委的管理职能，这样，政府只能按产权运作原则做股东，不能再过多地干预国有公司的具体经营管理。

当前，人民代表大会可以以其立法权和审议、询问、质询等方式监督国有资产的运行——包括国有资本经营预算的审议、批准和执行，政府机构的有关执法情况，等等。我国于 2017 年 12 月实施党中央《关于建立国务院向全国人大常委会报告国有资产管理情况制度的意见》[①]，以加强全国人大监督国有资产管理。实行代理、授权做法，形成"全国人大－国务院－国务院国资委、地方政府(－地方国资委)－(国有资本投资/运营公司、控股公司－)国有企业或其他国家出资企业"的委托代理链条。

第二层是各省、自治区、直辖市、计划单列市[②]人民政府。各级地方政府也须参照落实上段中的《意见》。

第三层是地级市、自治州人民政府。

第四层是县级(市)人民政府。[③]

2.1.2　国有资产监督管理委员会的主要职责

(1)根据国务院或同级政府的授权，依照《中华人民共和国公司法》《企业国有资产法》等法律和行政法规，履行出资者职责，监管中管企业或地方国有企业(当前已包含金融类企业)的国有资产，加强国有资产的管理工作。履行国有资本出资者职责的具体实现形式是，各级国资委向其管理职责范围内、有国有资本的公司委派出资者代表，他们经股东大会选举可进入董事会、监事会[④]。

刘继鹏(2016)等专家认为，应改变国资委一身两任的状况，使国资委专职于国资监管，把股东的身份赋予国有资本投资、运营公司或国有控股、集团公

---

① 这是十九大后中央深化改革领导小组通过的第一个文件。

② 计划单列市有：深圳(一线城市)、大连、青岛、厦门、宁波。为何计划单列市市政府被放在第二层？因为计划单列市是副省级城市(与省会城市同级)，却享有省级的经济管理权(例如计划单列市的收支由中央财政与计划单列市财政分配，而无须上缴省级财政)，地位仅次于直辖市。

③ 乡镇级政府下辖或管理的企业是集体企业，虽然也属公有制企业，但不是国企；街道企业、村办企业亦如此。

④ 参见 2.3.1 小节第(1)部分第一段的进一步阐述。这一规定意味着，国资委直接为混合所有制或股权多元化国企制定经营战略等行为是不合适的，应该还权于国企董事会和经理团队。参见 1.2.1 小节第(2)部分关于股东与投资资产关系的论述。

司。[①] 漆思剑(2019)也支持上述观点。[②] 国资委既做出资者代表,又做国资监管者,则它及其下辖企业就会在国有资本保值增值目标、企业利益与国家宏观目标、社会利益之间摇摆,从积极的角度看则是平衡。这里也涉及同级发改委的分权与授权(予国企)。国资委,尤其国务院国资委,不要扮演类似新加坡淡马锡的角色,而要做管若干个淡马锡(即平台公司或国有控股公司)的国资监管者。这样也可降低关联交易的可能,减少被西方国家及其公司指责的可能性。

淡马锡的一级下属企业有四十多个,涉及的行业也比较有限,而目前国务院国资委管理的中管企业仍有 90 多家,涉及的行业数量[见 2.1.4 小节第(1)部分第一段]远超淡马锡涉及的行业数量,国务院国资委做这么多中管企业的出资者,效果并不会好。不少专家都提出了类似的观点。

当前国资委直接持股,但其行政机构公共利益属性决定了它并不能享受股份增值收益,这导致施加于国资委的激励不足,很难保证其做一个尽职的、出色的出资者。还有,持股机构需要专业人才,需要市场化招聘,而国资委工作人员的行政任命制并不符合上述要求。对比一下新加坡淡马锡控股公司的经营管理人才(全球招聘的高学历、高端国际化人才)与我国一些国有资本投资经营公司的人才,更能发现这一点。

这些都表明了国资委不宜做持股机构。参见 2.3.2 小节第二、五段与 5.2.3 小节的第二个案例(山西省的做法)。但并非国有资本投资、运营公司持股就没有不足,例如,相对于国资委这样的政府机构,上述公司有可能形成“内部人控制”或出现其他不公行为,损害国家和人民的利益。在这种情况中,更需要国资委加强监管。应该认识到,政资分开、政企分开后,由国有企业法人持股,企业法人股东可能比政府股东更积极、到位;但也可能出现企业法人没有政府机构法人那样尽职、公正、目光长远。所以怎么强调国资委的监管作用都不过分、过时。

之所以国有资本除了需要出资者监管(就像自然人出资者监管那样),还需要国家监管机构额外的监管,是因为国有资本出资者的人格化不充分,不像自

① 刘继鹏. 凤凰涅槃——刘继鹏论国资改革[M]. 北京:东方出版社,2016.

② 漆思剑. 否定之否定:国资委监管职能之未来回归[J]. 江西社会科学,2019(1).

然人出资者(尤其大股东)那样监管到位。由专门的监管机构强化经营类国有资本监管也是许多国家通行的做法。

(2)监督企业的国有资产保值增值的情况。建立和完善国有资产保值增值指标体系,制订考核标准,通过统计、稽核,监管企业的国有资产保值增值的情况,负责被监管企业的工资分配管理工作,制定被监管企业负责人的收入分配政策并组织实施。

(3)指导、推进国有企业改革和重组,推进国有企业的现代公司体制建设,(推进其)完善公司治理(结构)①,推动国有经济布局和结构的战略调整。

(4)通过法定程序,任免、考核被监管企业的负责人并根据其经营业绩奖惩,建立符合社会主义市场经济体制和现代公司体制要求的选人、用人机制,完善经营者激励和约束制度。

注:上述奖惩机制和“经营业绩”的提法并不合理。如果考核经理,可用此指标,但应由董事会考核(即使在国有独资公司也应如此);如果考核董事,不应以经营业绩为指标,因为董事并不负责经营事项。可用执行股东会决议的效果与效率、决策效果与效率(注意战略决策效果的滞后时间往往很长)、战略制定能力、监管经理的效果等指标考核董事(会)。

(5)负责组织被监管企业上交国有资本收益,参与制定国有资本的经营预算有关的管理制度和办法,按照有关规定,负责国有资本的经营预决算编制和执行等工作。

(6)按照出资者职责,负责督促检查被监管企业贯彻落实国家安全生产政策及有关法律法规、标准等工作。

(7)(国务院国资委)负责企业国有资产的基础管理,起草国有资产管理的法律法规草案,制定有关规章、制度,依法指导和监督地方国有资产管理工作。

(8)承办国务院或地方政府交办的其他事项。

上述 8 项条款引自国务院国资委网站中的“机构概况”,有补充或修改,以适合其他级别国资委的情况,文字也有修订。(引用日期:2019 年 11 月 2 日)

---

① 关于完善公司治理,参见 2.1.7 小节第(2)部分。另外,当前应重点探索国企党建与具有中国特色的现代国有企业体制的有效结合。

十六大对国务院国资委的定位是：国务院任命（/下辖）的非政府序列的特设机构（仍然是行政机构）。各级国资委履行其职责的法律依据是：根据同级政府的授权，依照《公司法》《企业国有资产法》等法律和行政法规履行职责。

虽然当前有不少专家、学者呼吁对国资委去行政化，但上述内容表明，各级国资委依然承担大量的行政管理工作。目前这也是客观需要，否则这些管理职能由哪个部门行使？难道再回到以前的多龙治水状况？参见 2.3.1 小节第（2）部分最后一段里关于去行政化的讨论。当国资委专司国资监管职能时，它具有行政属性、承担行政管理工作就不显得矛盾了。

各级国资委的职能一直在调整中（当然，并非短期、频繁地调整，而是长期、有规划地调整），这种调整未来仍将继续。《企业国有资产法》（2008 年版）第十一条规定：国务院和地方人民政府根据需要，可以授权其他部门、机构代表本级人民政府对国家出资企业履行出资人职责。参见 5.2.3 小节的第二个案例（山西省的做法）。各级国资委则根据国务院和地方人民政府的授权，代表本级人民政府履行出资者职责。

另外，我国还设置了包括各级人民代表大会及其常务委员会、各级人民政府及其财政部门、各级审计机关及社会监督在内的一整套国资监督体系。

2.1.3 国有资产管理主体之间的关系

（1）国务院与中管企业（的）国有资产（的）监督管理机构、中央行政事业单位（的）国有资产（的）监督管理机构、中央资源类国有资产监督管理机构[①]的关系是授权与被授权的关系，国务院实行分工管理的原则。即国务院授权其各职能部门分工履行国有资产监督、管理职能。

（2）中央国有资产监督管理机构（国资委、财政部等）与地方国有资产监督管理机构之间的关系是指导与被指导的关系，实行分级管理原则。地方各级分工管理国有资产的部门[②]，在中央统一政策的指导下，管理所辖范围内的国有资产。

① 分别是国务院国资委、财政部、教育部以及自然资源部等部委。

② 指管理经营类国有资产、非经营类国有资产、资源类国有资产的部门。

虽说是指导与被指导的关系，实行分级管理，但由于有“在中央统一政策的指导下”这样一个规定[1]，地方监管机构，例如，国资委，基本上失去了大胆探索改革途径的权力(此做法可实现自下而上的改革，或者说倒逼上层改革)，而是国务院国资委颁布一项政策或一份文件，地方国资委就大体上遵照前者，适当做一些本地化修订，然后颁布当地的政策或文件。参见 2.4.2 小节的第二段。

(3)各级国有资产监督管理机构与(本地区)对应级别(起码低半级)/同层次的国有资产运营机构的关系是授权与被授权的关系。

(4)各级国有资产监督管理机构对(本地区)同层次的国家出资(政府直接出资，而非国资运营机构出资)企业履行投资者职能；后者对前者(国资监管机构)履行国有资产保值增值义务[也可采用本部分后面第(5)部分的讲法，即履行公司法人义务]。

(5)国有资产运营机构对其控股和参股的国家出资企业行使股东职责；国家出资企业享有法人财产自主经营权，对股东(包括国资运营机构)履行公司法人义务。

(6)各层次国有资产运营机构之间，各层次国家出资企业之间，以及各层次的国有资产运营机构与各层次的国家出资企业之间，是独立法人之间的关系。可在它们之间建立产权交易关系，促进自由竞争、资本流动，打破地区隔离，实现国有资产优化配置。

前面的四种关系或者是行政关系或准行政关系，或者是分级管理或分地区管理，因此不能打破地区封锁；而在第(5)(6)种关系中，则提倡打破地区隔离，甚至可以考虑打破层级障碍，实现彻底的自由竞争、资本流动和国有资产优化配置。

例如，中管企业保利集团收购贵州久联集团 51％的股权，取代贵州省国资委，成为久联发展的控股股东。招商局集团增资入股辽宁港口集团。南方航空在集团层面引入广东省、广州市和深圳市的国有资本，成为拥有多元股东的央企集团。还有两家中管企业宝钢与武钢的跨地域重组，以及宝钢过去兼并上海

① 例如 2006 年，国务院国资委颁布《地方国有资产监管工作指导监督暂行办法》，要求地方国资委根据国务院国资委的文件与规定，制定具体的执行规定与准则。

的几家地方钢铁厂。

上述国资管理思想可概括为：淡化资本的区域、层级和所有制属性，实施横向联合、纵向整合（央地、省市整合）以及专业化重组以实现做大做强。

张训常、刘晔、苏巧玲（2019）采用2004～2016年地方国有上市公司的样本数据回归的结果表明：与本地国资委控股的国有企业相比，异地国资委控股的地方国有企业具有更高的资产收益率和销售收入增长率。由于本地和外地政府都难以把行政任务强加于这些国有企业①，所以，上述积极效应在一定程度上是政资分开作用的一种体现。②

2.1.4 国资委的监管范围

(1)国务院国资委的监管范围

2003年国务院国资委成立之时，它监管的中管企业有196家。经过持续重组，截至2013年3月，归属国务院国资委监管的中管企业仅115家，另有多个中央部委管辖的6 000多家国有企业（也是央企，但非国务院国资委监管），在中央层面，政府办企业现象依然严重。③ 国务院国资委监管的中管企业涉及的行业主要有军工、石油石化、钢铁、电力、机械设备制造、通信、航空运输、水运、建筑施工、投资，及商贸企业、生产经营型的科技企业等。

经过进一步重组，2016年，国务院国资委监管的央企是106家（http://money.163.com/16/0412/09/BKEL0CHL00253B0H.html）；截至2017年年底，国务院国资委监管的中管企业是98家。企业有效地重组整合，促进了产业结构的优化与企业业务的优化，产生了协同效应，提高了资源配置的效率。

刘建丽等（2018）把国资委监管的中管企业分成三类。

第一类是“公共政策性企业”。包括中国国新控股有限责任公司、中国储备粮管理集团有限公司、中国储备棉管理总公司、国家电网有限公司、南方电网有

---

① 国有公司被外地国资委控股后，本地政府不便对之强加行政任务；外地政府也不便对这些公司（非其管辖区域的公司）强加行政任务。

② 张训常，刘晔，苏巧玲．政资分开对国有企业绩效的影响——基于异地国资委控股的视角[J]．财政研究，2019(8)．

③ 在地方层面，对效益好的公司，地方政府往往仍牢牢控制；效益不好的，在以前的改革中则可能被出售给非国有企业。

限公司 5 家企业，它们服务于公共政策。

第二类是“特定功能性企业”。包括国防军工板块的 11 家企业（十大军工企业和中国商飞公司），能源板块的 11 家（三大石油公司、国家核电、中国广核集团有限公司和六大电网公司），其他功能板块的 10 家（中盐公司、华孚集团、三大电信公司以及中远集团、中国海运和三大航空公司），共 32 家。

第三类是一般商业企业。共有 78 家。

上述数据是 2013 年 3 月前后的数据，即央企总数是 115 家，与本项第一段中第二行的数据一致。[①]

从行业的视角看，国务院国资委监管的企业主要是工业企业，但从资产性质的视角看，国务院国资委也是一部分金融资产的监管者。很多工业企业开始大规模投资、经营金融业务[②]，中石油、中石化、中海油和中国国际航空公司等中央管理企业在金融业投入大笔资金。中意人寿（中石油与意大利忠利保险公司合资）、海康人寿等合资保险公司的国有股权都被记在国务院国资委的名下。国资委作为非金融国资出资者的角色正变得模糊，许多地方国资委更是正全面接管金融企业，参见稍后第(2)部分与 2.1.5 小节。

知识点

产融结合

实体企业与金融机构通过相互投资或参股等方式实现融合，使二者能充分发挥各自的优势，从而达到资源的优化配置、实现规模经济、降低交易的费用、

① 刘建丽等. 国有企业跨国投资与政府监管问题研究[M]. 北京：经济管理出版社，2018.

② 西方国家的大型企业也有这样的情况，例如通用电气公司也开展金融服务。

提高资本的运营效率，是国内外大型企业集团实现跨越式发展的重要途径。大型企业集团进军金融业的步伐加快，产融结合越来越受重视，成为企业集团发展的重要战略。[①]

国务院国资委以外的中央监管部门与非国资委监管的中管企业的相关情况如下。

截至2018年第三季度末，有218家国有控股（境内）上市公司的实际控制者分别是财政部、教育部、农村农业部、交通部等政府部门，以及新华社、人民日报社、中央广播电视总台等具有公共影响力的事业单位（基本上都属国务院系统），还有各地方财政、交通等政府部门。资产总额是139.01万亿元、所有者权益11.93万亿元、营业总收入4.99万亿元，分别占全部1 068（参见1.3.1小节的较后部分）（境内）家国有控股上市公司的75.6%、46.7%和18.65%。[②]

目前，基于主管部门，我国国有企业可分成六大类。

①国资委管理的工业、商贸、运输、科技等类型的国有企业。

②由财政部、中国人民银行、银行保险监督管理委员会、中国证券监督管理委员会（都是正部级单位）等机构管理的金融类国有企业。

③宣传部门管理的文化类国有企业。由财政部代表国务院履行其出资者职责。

④教育部门管理的校办类国有企业。例如，教育部科技发展中心及其下辖的高校科技产业化促进中心有限公司，还有教育部控股的33家上市公司。

⑤中国铁路总公司（由财政部履行出资者职责）管理的铁路类企业。

⑥中国烟草总公司、中国邮政集团公司（由财政部履行出资者职责）管理的国有企业，以及新疆建设兵团的下属国有企业。

参见8.2.1小节中的“知识点”部分、10.3节第一段和11.3.2小节“上海国有企业的分类管理”的脚注中的分类。

这六大类国有企业（含央企）具有不同的特点且由不同的主体管理，因此每

① 颉桐桐.国有企业产融结合有效性研究[D].兰州：兰州大学，2018.

② 夏凡.我国国有资产管理体制改革对策——基于“竞争中性”原则[J].商业经济研究，2019(7).

一类形成了有各自特点的管理体制。党的十九大报告提出，要完善各类国有资产管理体制，可将此理解为中央层面国有企业目前的六大类与相应的管理主体不会改变，参见2.1.5小节的最后一段。

国资委执行国家统一的财务会计制度，在这方面接受财政部监督；国资委管理的国有资产统计结果需报财政部备案；国资委起草、拟定国有资产管理法律法规，应征求财政部的意见。

还有一些正部级企业也不受国务院国资委监管——中信集团有限公司、中国投资有限责任公司(从事外汇资金投资管理业务的国有独资公司)、国家开发银行、中国铁路总公司(前文讲过，“铁总”由财政部履行出资者职责)。

(2)地方国资委的监管范围

地方国资委管理的国有资产的范围更广(源于地方政府的授权)。目前各地国资委的监管范围不尽相同，例如，北京市国资委的监管范围已超当地国有资产的95%。2010年1月，广州市政府通过《市财政局监管的国有企业分步移交市国资委管理的工作方案》，规划将全市经营性国有资产纳入国资监管机构统一监管。上海、重庆等多地把金融国有资产纳入地方国资委的监管范围。①

(3)各级国资委统一监管经营性国有资产

前面第(2)部分表明，一些地方政府已经在推进地方国资委对经营性国有资产监管全覆盖。这样做自然有其优点(例如统一监管、全盘考虑)，但也不是没有负面作用。例如，被取消对下辖单位的经营性国有资产的监管权，可能影响相关政府部门对其下辖单位的其他监管效果。一旦其他部委的经营性国有资产的监管权被转移到国务院国资委，这些部委的下辖单位在一定程度上就成为国务院国资委的下辖单位(出现多头监管)，那么，这些部委对其下辖单位的技术、业务指导效果和业务发展的导向监管效果很可能会打折扣。

但从整体看，对经营性国有资产统一监管是利大于弊。如果仍过多地考虑各部委的指导、监管效果，有可能仍停留在政企不分、政资不分的旧思维中。现在国资国企改革的大趋势就是要突破这种旧思维，国资委以管资本为主(其他监管主体也应如此，或者配合国资委达到这一效果)，使国有企业成为真正独立

① 刘玉平. 国有资产管理[M]. 北京：高等教育出版社，2015.

的市场主体，更好地参与市场竞争。

把诸多经营性国有资产集中到国资委麾下，由其监管，便于国资委代表政府统一行使出资者职能，提高国有资产的运营效率、优化整合效率、监管效率（当今以管资本为主的策略有利于国资委实现这些效果）；有利于避免行政管理部门过多地干预，能更好地发挥市场对资源配置的决定性作用。其他部委以往的指导、监管职能，应该逐渐往服务职能转换，这符合建设服务型政府的时代趋势。接下来，2.1.5 小节继续讨论“大国资委”这个话题。

2.1.5 构建国资监管大格局

庞大的金融类资产的监管改革一直备受关注。不少学者坚持应成立专门的金融国资委，统一担负管理金融风险、金融业结构调整、国有金融资产保值增值这三大任务。不过，我国的实际改革情况并未沿着这个方向发展。

2009 年 9 月，国务院国资委出台的《关于进一步加强地方国有资产监管工作的若干意见》明确表示，要对各类经营性国有资产实行集中、统一监管。[①] 同年，上海、合肥等地开始先行推进国资监管的全覆盖。上海市对市管金融企业终止委托监管，金融企业的国有资产监管关系从市金融办被调整至市国资委，党组织关系、领导班子、管理方式相应被划转或调整；仍保留金融办。从地方推进国资监管全覆盖的经验看，金融、文化领域是“最难啃的骨头”。

虽然阻力重重，国资委在推动金融、文化领域的经营性国有资产纳入地方国资委监管的方面也取得进展。2013 年年初，广西、内蒙古、昆明、沈阳等地国资委已把地方金融国有企业纳入监管范围，深圳市国资委则将文化类国有企业纳入监管范围。党的十八大以来，上海、天津、陕西、云南等 23 个地方，按照中央关于积极推进经营性国有资产集中统一监管的要求，明确由省级国资委统一对金融类企业履行出资者职责。继 4 个直辖市实现监管全覆盖后，山东、河北、江苏、宁夏等近 20 个地方的国资委的监管覆盖面超过或接近 90%。长沙、郑州、聊城等市实现了全覆盖；上海、广州等经济发达地区的大部分区县也基本实

① 虽然只是国务院国资委出台的意见，但该《意见》的出台也表明了国务院的态度。

现了经营性国有资产的集中、统一监管。[①]

上述事实也表明,国资委应以管资本为主,目标相对单一,方能实现大国资委格局。构建国资监管大格局,可以精简机构,高效、统一监管,有利于国有资本流动,有利于产业资本与金融资本的融合,减少对国资运营和国企经营的干预(类似扁平化组织结构的优点)。

但也需注意国资监管大格局隐含的弊端并克服之。例如分类管理的效果受影响;同一国资委监管的企业间的关联交易将增加,进而降低竞争性和经营效率,例如同一国资委监管的某银行向某企业贷款前进行的决策可能未遵循市场规律;妨碍国有企业的国际化发展——国外企业、政府等组织会质疑中国国有企业的公平竞争性。参见5.2.1小节“国有资产监督管理和经营体系的三层架构”。

截至2018年年末,全国省级国资委监管的工商类企业的资产额占省级工商类国有企业的资产总额的比例是90.3%。中央层面,除国资委对部分工商类企业的国有资产履行出资者职责,金融、文化等领域的企业国有资产仍由其他相关部门监管,参见2.1.4小节第(1)部分的倒数第三段。目前,国务院国资委配合财政部,开展中央党政机关和事业单位经营性国有资产的集中统一监管试点工作,充分发挥中管企业,特别是21家国有资本投资、运营公司的作用,按照市场化原则,接收、整合有关企业的国有资产。[②]

2.1.6 国有资产行政管理体制的其他方面

(1)地方国资委的角色定位问题

到2013年年初,湖南、广西、浙江等省的全部地市已单独设立国资委。作为政府直属特设机构,国资委只代表政府履行出资者职责,而不像政府职能部门那样行使经济社会公共管理的职能;根据公司法和公司治理规范,作为投资者角色的国资委也不能直接管理国有企业。

---

① 刘玉平.国有资产管理[M].北京:高等教育出版社,2015.

② 刘青山.六方面推进“大格局”“一盘棋”更好落地——专访国务院国资委政策法规局负责同志[J].国资报告,2019(8).

但不少地市国资委由直属特设机构被改为政府的职能部门，或者与其他部门合署办公，机构不独立，行政化趋势比较明显。个别地市国资委的主要工作集中于企业改制、处理信访和维护稳定（属于社会公共管理职能）方面，企业国有资产监管职责没有得到落实。①

（2）当前我国国有资产行政管理体制改革的目标

①把政府的社会经济行政管理职能与国有资产管理职能分开，即国资委只负责国有资产所有权的管理，不具有经济、社会管理的职能。②

②政事分开。国有资产管理的重大政策、规模调整和布局调整等必须由国务院决定，甚至需经人大讨论通过，这是政方面；③具体的国有资产管理事务由国资委负责，这是事方面。

《企业国有资产法》（2008 年版）的第五十三条规定：国有资产转让由履行出资者职责的机构决定；该机构决定转让全部国有资产，或者转让部分国有资产致使国家对该企业不再具有控股地位时，应当报本级人民政府批准。该规定使政府能有效监管国资国企，但又不直接干预其正常经营。

③职能分开。对存在的职能交叉问题，需根据事情的性质或程序规则，确定事权（管理权）归属、行权的程序。

（3）国有资产（行政）管理体制改革、国企改革与政府改革是相互促进的

多地的实践表明，可通过国资管理的创新带动国企改革的发展，上海在这方面的工作思路和实践就受到了中央的肯定。下面的情况亦表明了国企经营制度与国资监管体系的相互影响。

截至 2016 年年底，上海的绝大多数市管国有企业都实行了公司制、股份制；截至 2017 年 12 月 19 日，央企集团层面公司制改制方案已全部获批复，各省级国资委出资企业的改制面达 95.8%。以管企业为主的方式已不适应国企组织形式的深刻变革，同时也不适应国有企业市场化、专业化、国际化发展的要

① 刘玉平. 国有资产管理[M]. 北京：高等教育出版社，2015.

② 经济、社会管理职能由其他政府部门执行，例如由财政部、工商行政管理总局执行；国资委也不直接投资、经营。

③ 在地方也如此，例如上海文广集团的资产重组须经市党委、市政府批准。市国资委只是代表市政府管理国有资产，重大资产管理事项还需由市政府定夺，更何况宣传阵地、文化阵地的事项。

求，因此国有资产监管机构只有转向以管资本为主。

政府改革包括建设服务型政府、精简机构、精兵简政、政资分开、政企分开，向国有企业放权，聚焦、加强对国有资本的监管，等等。

2.1.7　现代企业制度

欧美资本主义国家历经上百年（有说 400 多年，非指资本主义国家的历史，而是指现代企业制度的形成历史），锤炼出现代企业制度，它凝聚了无数企业盛衰的经验教训，是人类智慧的结晶。我们应当以谦虚的态度，花大力气，系统地学好它。

现代企业制度是一个制度体系，主要包括：现代企业产权制度、现代企业组织制度、现代企业领导制度、现代企业管理制度、现代企业上市制度和现代企业监管制度等，以及在这些制度规范下处理企业与各方关系的行为规范和准则。

由于制度一般被理解为成文规范，即纸上的东西，因此作者认为，人们一般说的"现代企业制度"并非仅指纸上的规范，实际上指"现代企业体制"——这一称呼更准确、科学。为什么这么说呢？读者重新审视一下"现代企业制度"的常用语境，可能就明白了，它的常用短语是"建设/完善现代企业制度"。

不是"制定制度""设计制度"吗？为何用"建设"这个谓语？因为在人们的思想里，一般而言，"现代企业制度"实际上是指"现代企业/公司体制"——包含一系列制度、组织结构、运行机制等，所以才用"建设/完善"这个谓语。可以设计"体制"，但不能制定"体制"，而是建设或完善某个体制。

不过，作者仅在一篇文献中看到"现代企业体制"这个术语，"现代公司体制"也很少见。而现代企业制度的英文名称"modern enterprise system"就比较恰当，system 有系统、制度、体系、体制之意，也许是把英文术语翻译成中文的人选错了中文词汇。作者在本书中有时仍写"现代企业制度"，有时只是为顺应这个习惯称呼（如本小节标题），有时表示别人这样称呼，而有时它确实只指制度，例如下段中的例子。

现代企业制度的核心是企业法人财产制度、法人/公司治理制度、有限责任制度，它们既适用于私有企业/民营企业，也适用于国有企业和集体企业。建立和完善现代企业体制是国企改革的方向。

我国于 1993 年 12 月底通过了《公司法》，于 1994 年全面开展国有企业的现代企业体制建设。在现代公司中，有限责任公司和股份有限公司是典型代表。《国务院关于国有企业改革与发展工作情况的报告》显示：截至 2012 年 10 月，全国 90%以上的国有企业完成了公司制、股份制改革，中管企业的公司制、股份制改制面由 2003 年的 30.4%提高到 2011 年的 72%。

到 2016 年年底，中管企业子企业的公司制改制面超过 92%，28 个省（市、自治区）监管企业的公司制改制面达 90%（不计香港和澳门特区，也未计台湾、西藏等行政区）。[①]（新华财经北京 2019 年 9 月 19 日电）国务院国资委副主任翁杰明 9 月 18 日在国资委媒体通气会中说：中央企业集团层面和 2 600 多户全民所有制子企业全部完成公司制改制，为企业完善公司治理、建立灵活高效的市场化经营机制奠定了基础。

以下是现代企业制度的三项重要内容。

(1)法人财产制度

法人财产制度是以企业法人而非自然人[②]作为企业资产控制主体的一项企业制度。法人财产制度把企业的财产权利分解为财产终极所有权和法人财产权。

终极所有权即出资者所有权，可以表现为股权，出资者只能运用股东权利（依法、遵循公司章程）影响企业行为，而不能以出资者的个人身份支配企业财产[③]，也不能直接干预企业的经济活动。法人财产权指企业法人对其控制的资产拥有的所有权。一般而言，企业对原始资本及其衍生资本不拥有所有权，资本的所有权由投资者拥有，参见 1.2.1 小节第(2)部分与 3.1 节第(1)部分。资产在数值上等于资本、其他积累和负债之和。其他积累包括资本公积金、盈余公积金等；负债也是经营的资源。资本公积金、盈余公积金等的所有权也归属投资者。[④]

---

① 网易财经，http://money.163.com/16/0412/09/BKEL0CHL00253B0H.html.

② 保障企业正常运营，避免个人行为的危害。

③ 企业财产由企业法人即整个企业支配。

④ 中华会计网校，http://www.chinaacc.com/new/403/408/2006/1/ad6602863517160023296.htm；会计证考试网，http://www.cyedu.org/jichufudao/992.

企业对法人财产拥有独立支配的权利，即对法人财产拥有占有、使用、获得收益（企业可留存部分利润）和处置[①]的权利。法人财产制度割断了出资者与企业财产的直接联系，因而确保了企业财产的相对独立性、完整性和稳定性，这对提高企业资产的运营效率具有重要意义。

企业财产的终极所有权属于投资者，因此保护企业财产的独立性和完整性，实质上是使股东们的整体权益受法律保护，防止有战略价值和重要价值的企业资产被出售和置换，防止个别股东的个人行为损害企业整体的利益。例如，上一个脚注已提及，出售企业财产前需获得占三分之二以上股份的股东同意。法人财产制度也有效支撑了企业的健康发展，保护了企业雇员及其他利益相关方的合法权益。参见 1.2.1 小节第（2）部分，尤其其中的“进一步的分析”部分。

（2）公司治理制度/法人治理制度

本小节开头指出，需要把人们一般讲的现代企业制度拓展理解成现代企业体制，在本部分，也需要把公司治理制度拓展理解成公司治理体制。公司治理体制指公司的机构设置与制衡权力的各项制度、机制，涉及各机构权利的来源、运作和限制，界定各机构及其成员的权利、义务与责任等。

公司治理制度是现代企业制度的重要组成，公司治理结构是与现代企业制度相关的重要的组织架构。所有权性质（例如国有或私有）和结构决定了公司治理结构，它是公司所有权安排的具体化，也受政治经济制度、法律、文化传统和社会趋势的影响。人们在系统理论的指导下，安排产权关系和职权分配、限定、制衡关系，使之构成一个激励与约束的体系，这就是公司治理结构。它是现代企业制度运行的载体之一。

公司治理（功能）是随着公司所有权与经营权分离而出现的，既包括公司内部治理机制（狭义的公司治理指内部治理），也包括公司的外部治理机制，即政府、社会公众（其监督的常见形式是媒体监督）、证券市场、银行等债权方、会计师事务所等[②]中介机构、产品市场、经理市场、劳动力市场等外部主体和因素对公司经营管理活动的监督和制约。公司治理机制决定了公司运营的基本框架。

---

① 例如出售权，只要占三分之二以上的股份的股东（们）批准，企业即可出售有关法人财产。

② 还有投资银行、律师事务所等。

公司治理的核心是，在公司内外部建立良性的权力配置与制衡机制。公司治理的要旨在于明确划分股东、董事、监事和经理的权利、责任和利益，在他们之间形成制衡关系，保证公司制度的有效运行。

公司治理的目的是既保障经营管理者充分行使权力，又能有效监督和制约经营管理者（包括出资者），进而降低代理成本，提高公司绩效，提升公司价值，保护和实现投资者与其他利益相关者的利益。

公司治理结构中，法定[①]的公司权力机构（股东大会）、决策机构（董事会）、执行机构（经理团队）、监督机构（监事会），形成既相互独立、权责分明，又相互协调、相互制约的激励制衡机制——前提是公司治理结构有效地运行。有效的公司治理使出资者、经营者、生产者的积极性得以发挥，行为受到约束，利益得到保证，使出资者放心、经营者精心、生产者用心，从而促进公司的发展。

上述介绍和分析是根据西方国家的公司治理制度进行的，在我国运用时需结合我国国情作合理地调整，尤其在国有公司需结合党委会、职代会和工会的作用，其中党委（党组）的把关定向作用是很关键的作用。

以产权为主线，股东大会和董事会之间的关系是信任/委托、代表关系，董事会与经理团队之间的关系是雇佣/委托、代理关系，监事会与董事会及经理之间的关系是监督、被监督关系。

如果把一个公司比喻成一个人，则董事会就相当于公司的“大脑”，总经理就是公司的“心脏”，总经理管理的各部门是公司的“五脏六腑及肢体器官”，监事会是公司的“免疫系统”，公司治理结构是公司的“神经系统”（相对于后面的管理架构，治理结构是基于产权关系的管理核心，其管理对象/内容也是公司运营的核心），公司管理架构则是公司的“骨架”。我国的公司治理结构与国家政权结构也有一定的相似性，读者可把前者与人大、人大常委、政府的架构对照思考。

董事会的主要职责是：制定战略规划，做出重大决策；选聘、任免经理；监督、评价经理的工作；指导和提供咨询。

(3)有限责任制度

对投资人来说，他们仅以投入企业的资产（/出资额）为限，对公司债务承担

① 这样的治理制度受法律支持和保护。

有限责任；对企业法人而言，它以其全部资产为限，对公司债务承担有限责任。企业的全部资产包括所有者权益，即所有投资方的产权，如果企业亏损巨大，有可能需要将其全部财产赔偿出去，包括所有者权益。

有了有限责任制度的保护，在企业亏损或破产时，投资者和经营者不至于赔得倾家荡产，这样能保护投资者和经营者的利益和积极性（投资积极性和经营兴趣）。例如，经营者在企业破产时不需要把自己的个人财产拿出来赔偿，但如果有经营协议规定赔偿的条款，则另行执行。

2.1.8　国有资产其他方面的管理体制

（1）国有资产投资管理体制

我国现行的国有资产投资体制遵循国家统一计划、分级管理的原则。

首先，由中央政府根据国民经济和社会发展的总体情况，确定国有资产的投资总规模、投资方向和资本布局，按国民经济的发展计划，在部门[①]和地区间分配投资指标。

其次，关系国民经济全局的重大项目由国务院的经济计划综合部门[②]直接安排、管理。

再次，大中型国有资产投资项目需列入国家经济发展规划，接受国家统一调度。

最后，一般的国有资产投资项目按其隶属关系由国务院各部委或地方政府安排和管理。

（2）国有资产经营管理体制

设计国有资产经营管理体制时，需有效地隔离政府的行政管理与国有企业，防止政府过多地直接干预国有企业。

---

① 这里的部门指农业部门、工业部门和服务业部门。

② 指发改委，规划由它审批，产业归它管理。

知识点

制度、体制、机制的区别和联系

人们通常认为,制度指比较根本性的规则,例如社会基本制度、政治和经济制度,它是长期演化的结果。体制是关于组织形式的规则,如学校体制、领导体制、政治体制等,体制侧重表述制度系统。机制一般指较微观的规则,并且是可以被设计出来的。机制原指有机体的构造、功能和相互关系,被引申为市场机制、竞争机制、用人机制等,用有机体喻指一般事物,侧重描述事物内部各部分的关系。

作者认为,体制是一个较大的概念,包括了特定系统的组织结构、该系统的各项制度、系统内外的运行机制。

诺斯认为,制度是社会的博弈规则,它定义和限制了个人的决策集合;机制表述的则是博弈规则的实施。例如市场机制描述价格如何影响消费者和企业的行为集合,不同行为之间的相互影响和可能的结果。经济制度是区别不同社会形态的基本依据,它反映了经济最本质的社会特征。经济体制、经济机制本身不具有独立的社会特征,只有在它们与不同的经济制度结合时,才表现出独立的社会特征。①

2.2 我国国有资产管理体制的改革历程

国有资产管理体制改革是国企改革的前提,国企改革面临的许多深层次矛盾和问题,都需要通过国有资产管理体制改革解决。这些问题包括政企分开、政资分开、所有权与经营权分离、国资出资者到位,等等。

① 孔伟艳. 制度、体制、机制辨析[J]. 重庆社会科学,2010(2).

2.2.1　第一阶段，1949～1978 年

1949～1978 年期间是计划经济时期，我国先后采用了国有资产集中统一管理体制、以权力下放为特征的国有资产管理体制、以权力上收为特征的国有资产管理体制。

中华人民共和国成立时期由工厂管理委员会发展到对生产、行政工作实行厂长负责制，再到党委领导下的厂长（经理）制，及"文革"期间的"书记挂帅"和"党委包办"。党的八大（于 1956 年召开）之后，我国国有企业实行以党组织为核心、党领导下的厂长负责制，党政不分、政企不分混淆了国企党建重点，也阻碍了党组织在企业中的积极作用。

2.2.2　第二阶段，1978～1988 年

1978～1988 年期间是国有资产管理体制改革的准备阶段，我国采用了以放权让利为特征的国有资产管理体制，推行两权分离和承包制。具体形式包括（对国企）放权、让利、长期目标责任制合同、承包经营、租赁经营①。

1978 年 4 月，中共中央决定取消企业中的革命委员会，恢复党委领导下的厂长负责制和党委领导下的职工代表大会制。这对恢复企业正常的生产和工作秩序起了重要作用。从 1981 年起，党中央、国务院颁布若干条例，着手调整企事业单位中的党政关系，规定了党委集体领导、职工民主管理、厂长行政指挥等原则。这些条例虽然没有改变党委领导下厂长负责制的体制格局，但要求企业党组织与行政组织逐步分工，这就在克服体制弊端方面大大前进了一步，也为改革的逐步深入打下良好的基础。

1984 年 5 月，中办、国办提出："积极改革国营工业企业领导体制，实行生产经营和行政管理工作厂长（经理）负责制"。1984 年 10 月，中国共产党十二届三中全会通过《中共中央关于经济体制改革的决定》，明确"实行厂长（经理）负责制"作为经济体制改革的一项重要内容，企业中党组织"要积极支持厂长行使统

① 我国的承包、租赁经营对冲破计划经济立下大功，例如首钢就是因为实行承包制而获得大发展，年钢产量从改革之初的 180 万吨到 1994 年的 800 万吨，没有用国家一分钱。但承包制因产权不明晰只能成为历史中的过渡制度，而美国的大部分国有资产都是出租给私人企业经营，并且这种模式比较成功。

一指挥生产经营活动的职权，保证和监督党和国家各项方针政策的贯彻执行，加强企业党的思想建设和组织建设，加强对企业工会、共青团组织的领导，做好职工思想政治工作”。这些规定如今读来仍是比较客观、正确的，或者替换一些对象后，例如，用(总)经理替换厂长，仍是客观、正确的。

1987 年 10 月，党的十三大报告明确指出：“企业党组织的作用是保证监督，不再对本单位实行‘一元化’领导，而应支持厂长、经理负起全面领导责任。”1988 年 4 月，全国人大七届一次会议通过的《中华人民共和国全民所有制工业企业法》以法律形式确立了厂长在企业的中心地位。

厂长负责制的全面推行，对解决企业党组织包揽一切、党政职责不明、生产行政多头领导或无人负责等问题效果明显。但同时也出现了一些新的问题，主要是企业党组织的保证监督作用还未从理论、原则转变成具体的制度规范，缺乏可操作性，造成实际运行中厂长独断专行、党组织无力监督和无法监督的状况。① 目前，又恢复了党组织在国有企业中的领导核心与政治核心地位。

2.2.3 第三阶段，1988～2001 年

1988～2001 年期间是国有资产管理体制改革的探索阶段。在此期间，我国推行国有资产管理专门化，转换国企经营机制，搞活国有大中型企业；推行国企产权改革，建立现代企业制度。

1988 年，国务院成立国家国有资产管理局，将其归财政部管理。

我国在改革开放初期并没有资本市场(1949 年以前上海有证券交易所被关闭)。1990 年年底上海证券交易所和深圳证券交易所先后成立，标志着我国建

① 周丽莎. 中国特色现代企业治理机制——如何实现加强党的领导与完善现代企业治理相结合?［OL］. 广东省国有资本研究会，http://www.gdasc.cn/news_3077.shtml.

立了资本市场。[①] 1990年和1991年是东欧剧变、苏联解体的年份，而我国正行进在社会主义发展的快车道上。我国实际上有5个证券交易所，还包括北京证券交易所(2021年11月15日开始营业)、香港证券交易所和台北证券交易所。

我国利用资本市场促进现代企业制度的建立。资本市场形成后，国家先后把大批的国有企业改制(改成公司制)上市，打破了国有企业单一的(国有独资的)产权主体结构，为实现分散化、多元化、符合现代企业制度要求的现代股份制企业的产权结构打下了基础。

1992年7月，国务院颁布《全民所有制工业企业转换经营机制条例》，对1988年4月通过的《企业法》进一步明确化和具体化。该条例的主要内容有：企业对国家赋予其经营管理的财产享有占有、使用和依法处置的权利；这些权利包括企业生产经营决策权，产品和劳务定价权，产品销售权，物资采购权，进出口权，投资决策权，留用资金支配权，资产处置权，劳动用工权，联营、兼并权，人事管理权，工资、奖金分配权，内部机构设置权和拒绝摊派权14项权利；企业以国家授予其经营管理的财产承担民事责任。

我国从1993年开始着力建立现代企业体制(十四届三中全会正式提出)，激发国企活力。同年11月，中国共产党十四届三中全会通过了《中共中央关于建立社会主义市场经济体制若干问题的决定》。[②] 该决定指出，现代企业制度/体制有5个基本特征，如下所述。

第一，产权关系明晰。企业的所有权属于出资者(投资者和债权人)；企业拥有出资者投资形成的全部法人财产权；企业是享有民事权利、承担民事责任的法人实体。

第二，企业以其全部法人财产，依法自主经营，自负盈亏。

第三，出资者按其投入企业的资本额享有所有者权益，包括资产受益权、重大决策权等；同时以投入企业的资本额为限对企业的债务承担责任。

---

① 我国资本市场在建设之初就以电子化和无纸化交易为起点，使证券行业从繁重的人工作业中解放出来，大幅提高了效率。1990年12月19日上交所开业第一天就采用计算机交易，成为世界上第一个直接采用计算机自动撮合配对系统的交易所。电影里，纽约交易所成千交易员对着电话大吼大叫的场景在上交所不复存在，他们就是在撮合股票买卖——人工方式。参见电影《华尔街之狼》。

② 从1949年到此时，44年间，我国实行的都是计划经济。

第四，企业在国家宏观调控下，按照市场需求，自主组织生产经营，以提高经济效益、劳动生产率和实现资产保值增值为目的。

第五，企业实行权责分明、管理科学、激励和约束相结合的内部管理体制。

对上述特征还可用著名的十六字方针概况：产权清晰、权责明确、政企分开、管理科学。西方资本主义国家现代企业制度的三大特征是：边界明晰的多元产权制度、相互制衡的公司治理制度、体系科学的经营管理制度。

1993 年 12 月全国人大常委会第五次会议通过《中华人民共和国公司法》，该法详尽描述了现代企业制度，为此后的企业改革指明了方向。《公司法》把政府在国家出资企业中的角色限定为股东，解决了国家所有制与市场经济的兼容问题。我国从 1993 年开始对国有企业领导体制进入了探索“双向进入、交叉任职”的新阶段。

回顾

1988～1993 年期间，多年的经济体制改革并未使国有企业从根本上走出困境，最主要的原因是我国在改革过程中忽视了国有资产的产权管理。1998 年，全国国有企业盈亏相抵后，实现利润仅 213.7 亿元。全国集体企业盈亏相抵后是净亏损。很多公有制企业发不出工资和退休金。对此情况，不得不改革攻坚。

首先的措施是改革国有中小企业，实际上就是私有化改革，让其他所有制经济走进来。1998 年之前是“保守疗法”（与俄罗斯的“休克疗法”形成对比）①，所以国有经济的布局没有动，所有的行业中几乎都是国有企业。国有中小企业改革开始后，大量国有中小企业通过改制退出去，国有经济就以大中型企业为主了。

其次是让困难的国有企业关闭破产。我国于 1994 年开始试点国有困难企业关闭破产工作，于 1998 年在全国推开，2008 年结束。总共关掉 5 010 家大中

① 20 世纪 90 年代的俄罗斯盲目信任西方国家，敞开胸怀接受后者的政治经济社会改革方案，导致重大失误，国运进一步走衰并出现大倒退。我国则一直拒绝西方的改革方案，更拒绝西方的颜色革命，才未出现像俄罗斯那样的国家战略重大失误。邓小平等老一辈国家领导的英明与坚定为我国此后的昌盛国运打下了坚如磐石的基础。

型企业，涉及职工1 000万人。[①②]

1999年9月，十五届四中全会通过的《中共中央关于国有企业改革和发展若干重大问题的决定》，要求多数大中型国家出资企业都要建立股权多元化的公司制度，也就是把股份制作为改革方向。在实践中，中外合资和上市是大型国家出资企业吸收私人股东投资的主要方式。促进股权多元化的目的是引入制衡机制，进一步规范政府在国家出资企业里的角色，克服国有独资公司表现出的弊端，把国有独资企业改造成现代股份公司法人，及以国有股权为主、适应市场经济的现代公众公司。

2.2.4 第四阶段，2002～2012年

2002～2012年期间是我国国有资产管理体制全面改革阶段[③]（1993～2012年期间是我国市场经济体制改革时期[④]），建立了国有资产管理分级代表体制，解决了多头管理的弊端。

从2003年起，我国进入以国有大企业改革为重点的阶段，参见10.2节。当时国有大企业的体制状况有两个特点：政府的管理非常直接，政府的管理是多头的。早在2002年年末，党的十六大决定启动国有资产管理体制改革，目的就是改变上述状态。2003年，全国人民代表大会决定成立国资委，目的之一就是解决多龙治水的问题。

2.2.5 第五阶段，2013年至今

2013年至今是全面深化国有资产管理体制改革阶段。2013年11月，十八届三中全会通过了《中共中央关于全面深化改革若干重大问题的决定》，提出了全面深化国有资产管理体制改革的方针，具体如下。

（1）必须毫不动摇地巩固和发展公有制经济，坚持公有制的主体地位，发挥

① 方艳. 国有企业改革新路[M]. 北京：中国财政经济出版社，2017.

② 还有减员增效、债转股、再就业、社会保障制度建设等改革，对其中很多都是在上海先做起来，然后在全国推广。

③ 有人讲，这一阶段主要是股份制改革阶段。

④ 1992年，党的十四大正式确立“我国经济体制改革的目标是建立社会主义市场经济体制”。

国有经济的主导作用[1]，不断增强国有经济的活力、控制力、影响力。必须毫不动摇地鼓励、支持、引导非公有制经济的发展，激发非公有制经济的活力和创造力。公有与非公有经济之间主要是相互配合的关系，而不是竞争关系。

根据党的十五大文件，主导地位就是要求国有经济控制关系着国民经济命脉的重要行业和关键领域。社会主义制度的性质要求我国有效地控制国民经济的发展，并通过国有经济的控制力得以体现，反映在经济体制中，就是要求国有经济控制国民经济的命脉。还有一点也很重要，我国的土地是国有或集体所有，而土地是最重要的资源。

一些西方国家为了打压中国，常常在理论、概念方面偷梁换柱甚至“坑蒙拐骗”，例如，说中国实行的是国家资本主义。我们不要被他们忽悠得没了方向，我们建设和发展的是中国特色的社会主义与社会主义市场经济，既不是国家资本主义，也不是凯恩斯主义[2]，我国国有经济的主导地位说明了一切。许多西方人总想用他们的理论解释中国的发展与成功，甚至把中国的奇迹归功于他们的思想和理念。我们要使用好自己的话语权，中国的事情应该更多地用中国的理论、思想、传统解释，西方的那些只是作为借鉴。

如果国有经济在某些重要领域（例如通信技术、电商领域）不占主导地位，是不是要限制非国有经济在这些领域的发展呢（以突出国有经济的主导地位）？当然不能，否则不成了武大郎开店吗？为打消民营企业的顾虑，2018 年 11 月初，中央召开了高规格的民营企业家座谈会。习近平等领导与这些企业家充分交换意见，赞赏民营企业的成绩，给予他们鼓励。类似这样的座谈会并不罕见，体现了中央对民营经济的重视。

为了让国有经济在某些重要的领域占主导地位，国有资本投资、经营公司等机构应努力做好工作，国有公司也要发奋图强，争取占据主导地位，并与非国有公司形成良性竞争。实现适度的政资分开后，脱离了行政羁绊的国有资本参

---

① 我国《宪法》也明确规定了国有经济的地位：“国有经济，即社会主义全民所有制经济，是国民经济中的主导力量。”

② 西方主流经济理论认为，只有在资本主义私有制基础上才能发展市场经济，中国成功发展社会主义市场经济给了他们一个响亮的耳光。市场经济并非与私有制捆绑在一起的。新自由主义的代表人物米塞斯甚至提出：要么市场经济，要么社会主义，二者必居其一。我们难道没有理由怀疑他们抛出这些谬论的动机吗？估计他们自己在内心深处也不信这些理论。

与市场竞争，更可能提高效率、增强竞争力，获得更大收益，有助于实现缩小贫富差距、公平公正的社会主义目标——国有经济有宏观调节作用，包括关注民生、增进人民大众的福利。

相关资料

现在我国非国有资本已超过国有资本。据估算，我国国企产出在国民经济中的比重仅三分之一左右(参见本部分稍后一组数据中的中国数据)，国有及国有控股工业企业增加值占工业总增加值的比重仅四分之一左右(刘建丽，2018)。参见稍后的数据、1.3.1 小节第(4)部分、5.3 节倒数第三段 10.3.2 小节中“关于国有经济垄断的数据”部分的最后一段。

2014 年，规模以上国有和国有控股工业企业的营业收入占全部工业企业营业收入的 23.7%，但上交的税金占全部工业企业税金的 44.6%[①]——国有经济的一些指标值(例如国企数量)以及其占国民经济的比重减少了，但经营质量提升了。

在国家发改委就促进民间投资有关工作情况举行的新闻发布会中，国家发改委政研室主任、发改委新闻发言人严鹏程援引的数据显示：截至 2017 年年底，我国民营企业的数量超过 2 700 万家(2015 年全国国有企业 16.7 万家)，个体工商户超过了 6 500 万户，民营经济占 GDP 的比重超过 60%。[②]

有一组数据显示了一些国家的国有经济占国民经济的比重。

极端国有化的国家：朝鲜(97%)、古巴(93%)

高度国有化的国家：挪威(72%)、瑞典(68%)、津巴布韦(66%)、阿曼(63%)、委内瑞拉(61%)、芬兰(56%)、卢森堡(54%)、冰岛(52%)、伊朗(51%)

较高国有化的国家：沙特阿拉伯(47%)、科威特(47%)、卡塔尔(45%)、阿联酋(42%)、安哥拉(41%)、老挝(40%)、尼日利亚(38%)、文莱(38%)、印度(36%)、中国(33%)、俄罗斯(31%)、越南(31%)、法国(31%)

① 网上这方面的数据较少。

② https://baijiahao.baidu.com/s?id=1610826068978546925&wfr=spider&for=pc.

回顾历史数据，与1936年苏联的国有成分占工业经济的比重达99.97%相比，我国即使在改革开放前也不追求这样高的国有经济比重。1978年全民所有制经济比重是56%，剩余部分是集体经济（包括社队经济）。1997年，国有加集体所有制经济占比约四分之三。[①] 改革开放后，再加上大力发展民营经济与混合经济，当前国有经济的一些指标值（占总体经济的比例）降到30%左右就不可避免了。

(2)完善国有资产的管理体制，以管资本为主，加强国有资产的监管（党的十八届三中全会提出），改革国有资本的授权经营体制，组建若干国有资本运营的公司，支持有条件的国有公司改组为国有资本投资公司。以管资本为主，加强国有资产监管，突破了过去的“管资产与管人、管事相结合”的国有资产监管体制。这种突破包括两个方面：从管理转向监督，从全面监管转向重点管资本。参见2.3.2小节。

国有资本运营机构的目标是从资产经营过渡到资本经营，通过资本经营参与国有资本和国有企业的布局调整、结构调整及企业重组，通过运作国有资本，使国有资本有进有退，提高国有资本的配置效率。

(3)国有资本的投资运营要服务于国家战略目标，国有资本投资公司应更多地投向关系国家安全、国民经济命脉的重要行业和关键领域，重点提供公共服务，发展重要的前瞻性、战略性产业，保护生态环境，支持科技进步，保障国家安全。

我国当前基于社会主义市场经济的国有资产管理体制是：国家所有，分级管理；国家所有，分级行使出资人职责。这两种提法中，后一种提法更加新一些，它们分别由党的十四大、十六大报告提出。地方政府从地方国有资产的管理者转变为出资者（代表），国有资产委托代理的链条进一步缩短，也进一步降低了代理人的道德风险。

为什么只提分级行使出资者职责，而不提分级所有？因为如果在制度方面确立国有资产的地方所有权，于法无据——本来是国家统一拥有的，如何划分资产？所以只能是统一拥有。也有不少人倡议分级所有，并列举其益处。分级

① 援引大型政论电视节目《这就是中国》里的数据。

行使出资者职责和分级拥有的做法各有利弊，前者有实现举国体制等优势，参见第5章开头“我国国有资产经营目标”部分第二条的论述；也能避免“诸侯经济”，有效控制重复建设，参见3.3.2小节第(3)部分。

既然现代通信技术这么发达，现有的国家体制这么强大，又有党的统一领导，以及有我国现实的良好发展势头，为什么要变分级行使出资者职责为分级拥有呢？而且地方政府对地方国有资产拥有的权力已经很大了。参见2.1节第一、二段。

2.3 国资系统中的管资产、管人与管事

管资产指按资本管理的原则管理所有权；管人一般指国有资本所有权行使机构选派股东代表；管事主要指国有资本所有权行使机构对企业的收益分配方案、增资、修改章程、股权或资本交易方案及重大决议事项(如重大投资和举债)有股东批准权。此处的国有资产是经营性国有资产，即国有资本，所以按资本管理的原则管理资本所有权。

2.3.1 关于我国国有公司干部和人才管理的分析

(1)有机结合党管干部、党管人才的原则与市场化选人用人的机制

加强对国有企业的领导是中国共产党执政的重要任务(苏联的反面例子已说明此点[①])，因此在国有企业须坚持党管干部、党管人才的原则，这是强化党对国有企业领导的重要抓手之一。

但党管干部、党管人才应作为整体原则而非具体的管埋方法(例如很大程度上沿用党组织任命的方式)。党管干部、党管人才的原则可以融入市场化选人用人机制，或者说后者可以包含前者，例如，党组织参与市场化选人、用人并起把关作用。应使市场机制发挥基础作用，保证市场化选人、用人机制内在环节的完整性和有效执行，该机制才能有效发挥功效，因此党管干部、党管人才原

① 苏联在戈尔巴乔夫执政时期曾做过这样的尝试，把党组织与国有企业逐渐分离，把企业管理全权交给企业负责人。为此，甚至出现让清洁工担任党委书记，让他们管理基层党组织的情况，将党组织的功能弱化直至分离出去。实践证明这是错误的。

则必须适应市场化选人用人的机制。

例如除非(国有)独资公司,否则董事、监事应由股东大会选举,这是我国现行《公司法》(2018年修订版)规定的,见第三十七条及其最后一句说明;国有资本所有权行使机构仅可派出自己的产权代表参选董事与监事;总经理更应由董事会选聘,而非由国有资本所有权行使机构批准任命;其他高级经理由总经理提名、董事会审批(见第四十九条)。《企业国有资产法》(2009年版)的规定(第二十二条)与公司法的规定基本一致。

当前国企高管正职,例如,董事长、党委书记、总经理,由相应的各级党委(中央、地方党委,不是国企党委)组织部任免,许多国有公司的高管副职(例如副总经理)由相应的各级国资委党委任免,政府部门也任命董事和监事。这是由党管国有企业、党管干部的政策决定的,也是国有大股东的地位使然。

以上海为例,上海市发布的《关于完善市管企业法人治理结构加强企业领导人员分类管理的若干规定》表明:在竞争类(商业类)企业中,公司党委书记、董事长、总经理和监事会主席由市委管理;党委副书记、纪委书记由市国资委党委管理;经理班子副职成员逐步由董事会聘任和解聘。

另一方面也应理解上级部门或党组织行使上述任免权,对它们而言这是比较可靠的。组织选拔视野内的候选人与任命他们的部门或党组织,往往有着密切的关系甚至深厚的感情,他们赴任后更有意愿经营管理好公司。这符合上级部门或党组织对国有资产负有保值、增值责任的需求。

反之,市场化选聘来的职业经理尽管经营管理能力往往比较强,但就任后可能不一定尽心尽力,其中一些恶劣的甚至吃里扒外、掏空公司,等上级部门发现时,为时已晚,无法挽回较大损失,一些国有资产甚至已被转到国外。当然这种对比是相对的,不是绝对的,“体制内”被提拔到重要经营管理岗位上的干部也可能会干一些违规、违法的勾当。

另参见2.1.2小节“国有资产监督管理委员会的主要职责”的第(4)部分。

当前情况与未来发展趋势是,在国有资产管理中,应尊重市场经济规律和企业发展规律,依法落实董事会的重大决策、选人用人、薪酬分配等权力,尊重企业家精神,完善公司治理机制。应使上级党委减少对高管实行行政任命,即使不对外招聘,起码也应与内部竞聘结合起来,党组织和其他治理主体仅推荐候选人，以发挥市场机制的作用，也是发扬民主，激发广大员工参与公司管理的积极性。群众的眼睛是雪亮的，党组织和其他治理主体应充分发挥广大员工选举干部的作用。举荐职能也保障了上述治理主体的导向作用。

宝钢集团、中国节能环保集团、中国建材集团、国药集团和新兴际华集团（原总后勤部单位，集资产管理、资本运营和生产经营于一体）5 家中管企业，成为董事会选聘高级管理人员的试点企业，用市场化方法选聘总经理与副总经理。中粮集团也为其若干专业化公司从市场招聘总经理，按职业经理制度管理。由于（当前）职业经理市场供给有限，国有公司还需明确原有干部转换成职业经理的渠道与机制，作为市场化选聘的补充。

案例

央企国药集团改变干部提名中传统的统包统揽（即上级主管单位统包统揽）的做法，明确党务干部主要由集团党委书记或副书记提名，经营管理干部主要由总经理提名，财务干部主要由总会计师或财务总监提名，纪检干部主要由纪委书记提名。提名人选必须经过党委书记、总经理、专职党委副书记、纪委书记以及分管领导充分沟通后，方能在集团党委会讨论。再经过考察、公示，由党委会研究决定是否向董事会或经理团队推荐，最后由董事会或经理团队归口决定聘用与否。①

上述流程运行在国药集团公司内部，不涉及上级单位。新兴际华集团在这方面的工作也令人印象深刻。稍后第（2）部分的表 2－1 显示了一些中管企业招聘、管理、培养职业经理的措施。

如果切实让董事会负责招聘和任免高管，它就必须承担责任，例如美国有许多这方面的例子。所罗门兄弟公司的总经理在一笔生意中有违法行为，导致董事会全体辞职；美国电报电话公司和国际商业机器公司也都曾因用错了一位总经理，导致三分之一的董事辞职。

① 国务院国资委改革办. 国企改革探索与实践——中央企业集团 15 例[M]. 北京：中国经济出版社，2018.

从另一方面看，既要鼓励党组织内荐干部，也要党组织慎重对待自身的推荐行为，确保被荐对象对党、对企业忠诚可靠并且有较强的工作能力和较大的发展潜力，还要党组织对推荐工作负起长期责任，例如有力监管、帮助被推荐对象，确保他们健康发展、为企业做出贡献。

上述要求并不苛刻，即使在我国古代，大臣也要对自己的推荐行为负责，一旦出现误荐或者让皇帝和其他诸多大臣不满意了，轻则丢官罢爵，重则小命不保。

然而党管干部、党管人才原则显然不把党的领导和监管对象限于内荐干部和人才，而是领导和监管整个企业的干部、人才。在这方面没有内外之别，不应只把内荐对象看作自己人，而应一视同仁，所有的干部、人才和普通员工都是自己人。党组织对市场化选聘的职业经理和专业人才也应掌握其思想变化发展，监督他们、关爱他们、帮助他们。

本来，因为体制内外的身份差异，通过市场化选聘的干部、人才在工作方面比党组织内部举荐的干部、人才缺少“主场”优势，党组织应以上述一视同仁的原则和态度为引进的干部、人才创造良好的工作氛围和公平的竞争环境，让他们能施展拳脚，为企业建功立业，更好地实现个人价值。

(2)辩证对待国有公司内的行政级别及相关问题

应逐步取消国企高管的行政级别，应当使高官与高管不能再无阻地互换身份，这些做法能减少高管与高官们的寻租动机与行为。下段阐述的是一些现实情况。

有的政府官员工作干得不好，甚至就是犯了错误，就被上级调到或者劝说到企业任职，他们干得不好可能有道德品行方面的问题，这样的干部到企业去，就不会把企业带坏吗？有的官员自觉升迁无望，主动要求到国企任职(因为在企业获得的薪酬比在政府部门的高)，国有企业难道是这类官员发财、养老的乐土吗？如果这类官员觉得有国有企业这样一个后备去处，他们在政府岗位上的动力、才干与奋斗精神往往难以被充分激发出来。

中化集团、中粮集团、中国五矿等不少企业已取消管理人员的行政级别，把干部序列全部转变为经理类职级体系。中国华能鼓励管理人员到充分市场化的子企业任职，转成职业经理身份。以前的南车集团等企业还实施了职业经理资格认定。表 2—1 是一些国有公司对职业经理采用的管理措施。

表 2—1　　对职业经理采用的管理措施①②

主要做法	具体措施	企业例子
推进国有公司干部身份转变	取消行政级别，干部级别转变成经理职位等级 完善职业经理资格认定标准 塑造职业经理文化理念	中化集团、中国华能集团、南车集团、中粮集团、宝钢集团
完善职业经理管理体制	党管干部人才原则与董事会等权力机构的选人用人权相结合 建立党组织举荐人才上任前的备案制度	中国海油、中国电子、国投
在职业经理选任过程中融入市场化选聘	采用公开招聘和内部竞聘等公平竞争方式 建立道德、品行的考核机制	宝钢集团、东航集团、华润集团
把公司经营目标的实现与管理人员业绩相结合，落实责任追究制度	把经营管理人员的业绩与公司经营目标的实现程度匹配 实行风险押金制度	华润集团、中国铝业
实行市场化薪酬分配和激励机制	市场化对标 协议薪酬 延期兑现 股权激励、退休金激励等中长期激励计划	中粮集团、宝钢集团
职业经理队伍的培养、开发与利用	为职业经理开设系统的培训班 建立职业经理职业发展规划的通道体系	中粮集团
实行干部人才市场化退出机制	在聘任合同中设置明确的退出条款 负面清单	宝钢集团

当然，为了在体制内选拔、任用有能力的经理，弥补职业经理市场的供应不足，在实际需要时也应使高官转为高管的渠道畅通。例如，上海机场集团监事会主席莘澍钧，在进入机场集团监事会前是上海市财政局综合计划处副处长、国库处副处长。有关部门基于区域化党建条件，通过跨系统调职确保监事会主席在企业财务监督把控方面拥有丰富的经验，有效提高了机场集团监事会的工

① 余彬，孙士清，吴富春，李晔. 国有企业党管干部原则与发挥市场机制作用相结合研究[J]. 现代商贸工业，2019，40(31).

② 郭亮. 市场化选聘国企经理层和建立职业经理人制度探究[J]. 支部建设，2019(35).

作效率。

罗虎(2015)则提出对国企高管不能一味去行政化,国有企业的功能定位和属性要求国家对其进行一定程度的行政化管理。[①] 而且国务院国资委也有下述提法:"国有企业领导是我们党的干部队伍中一支重要的骨干力量,既要努力成为优秀的企业家,也要成为合格的政治家。"[②]对公益类国有企业的干部,就可参照管理公务员或事业单位干部的方式管理。不过前面"政治家"的说法欠妥。参见 2.1.2 小节倒数第三段——国资委承担的行政职能现状和关于国资委去行政化的讨论。[③]

此外,要正确对待董事会与党委的关系。

董事会在企业中的定位是战略把控、科学决策;党委(党组)的定位则是把方向、管大局、保落实。在国有企业,党委(党组)是领导核心和政治核心,董事会则是经营管理方面的决策中心。国企党委不宜处理公司的具体经营业务,也无权否决董事会决策,但有权监督董事会决策的合规性,有权监督公司的经营,在需要核查公司经营的信息时,董事会应予配合。尤其在一些党委委员(包括进入经营管理团队的委员)不擅长经营决策、不熟悉市场时,监督经营管理团队决策的合规性更成为党委行使领导权、监督权的重点。为了贯彻党管干部、党管人才的原则,党委可以也应该参与制定高管选聘方案,董事会或高级经理团队提名的高管候选人应取得党委的认可。

2.3.2 管资产、管人与管事的分离

管资产、管人与管事的"三合一":从各主管部门那里把这些权力集中起来是一个进步——在一定行业、一定部门范围内,把这些权力集中到国有资产的监督管理机构,避免"多龙治水"。现在再把管人、管事权力还给企业,这又是一个进步,实现政企分开。参见 2.2.5 小节第(2)部分。

前文多次提到政企分开和政资分开。政企分开指政府和企业的职责分开;政资分开指,政府的社会经济管理的职能与国有资产所有者的职能适当分开。

---

① 罗虎.健全中国特色的现代国有企业资产监管制度[J].学术评论,2015(5).

② 张毅.在中央企业和地方国资委负责人会议上的讲话[OL].国务院国资委网站,2014-12-22.

③ 黄炜.我国国有公司干部和人才管理分析[J].河北企业,2022(6):135-137.

下文进一步阐释政资分开的概念。

作为经济管理者，政府管理经济的职能主要是制定和执行宏观调控政策，搞好基础设施建设，创造良好的经济发展环境；培育市场体系，监督市场运行和维护平等竞争；调节社会分配和组织社会保障，控制人口增长，保护自然资源和生态环境，实现国家的经济和社会发展的目标。

作为国有资产所有者，政府对国家出资企业行使资产所有者的管理职能，即享有资产收益、做出企业重大经营决策和选择经营者的权利。在股份制公司，政府须借助董事会决策。

如果让政府直接行使国有财产权或国有资本经营权，就可能使这种行为带有行政强制性，因此必须把国有资本的经营权交给国有资本投资、运营公司。参见 2.1.2 小节第(1)部分第二段至该部分结尾。

2018 年 1 月，国务院国资委网站发布的《11 家央企 80 位领导人员职务变动》文件提到，国企总经理和副总经理不再由国资委单方面任命，而是由公司董事会提名。这表明从“管资产”向“管资本”转变——为了管资产，就会管经营，还有直接任免经营干部；而真正转成股东角色，就应减少直接干预公司的经营与运作，包括减少直接任免高管，而是把资本作为关注重点。类似我国国企改革的过程在澳大利亚等西方国家也进行过或正发生着，称为国有企业公司化改革而新加坡的淡马锡控股公司则较早达到这一良好状态。

2019 年 4 月，国务院印发《改革国有资本授权经营体制方案》，这是对十八届三中全会以后出台的有关国资国企改革政策、关于改革国有资本授权经营体制的具体化。随着深化授权经营体制改革与深入实施国有资本持有者以管资本为主的埋念，未来我国国有资产管理体制还会有大的变革。因为这涉及部门利益，作者不便具体预测，但可以预测的是，未来的管理体制更直接、扁平，委托代理链更短，并且打破了管理体制当前的某些发展趋势。

坚持政企分开、政资分开的原则是深化国有企业改革的前提和基础，也是我国参与制定国际经贸规则和全球经济治理的重要内容，必须坚决落实好。

国资国企改革须使国有企业成为经营主体，国有资本投资公司成为投资主体，政府成为监督主体，三者各司其职。例如，2013 年 12 月上海出台的国资国企改革“20 条”，要求国资监管加速从管资产与管人、管事相结合，向以管资本为主转变。上海国有企业的混合所有制改革的推进[①]和证券化率的提高，为其国资管理从以管企业为主向以管资本为主的转变提供了良好环境。近年来上海坚持以管资本为主，加强国资监管，重点抓好资本布局、资本运作、资本回报与资本安全。[②]

2.3.3 政府监管不可缺席

以管资本为主并不意味着完全否定管人、管事、管资产的相结合，国资监管机构以股东身份管资本时，不可能完全不承担管人、管事、管资产的职责，但需要围绕管资本重新界定。通过规划国有资本投资、运营、授权等方面管事，通过建设与完善董事会管人，在保证国有资本活力的同时，不能使监管缺位。可资借鉴的是，新加坡淡马锡集团不直接介入参股、控股企业的经营与决策，而是通过加强董事会建设，有效监管这些企业。

政府与资本或者政府与企业不可能、不必、也不应该百分百地分开，否则政府就成了甩手掌柜了。政府不应该只做财务投资者或战略投资者，而要成为积极的股东，监管、指引国有企业的发展。其他投资者往往也应如此，参见 10.4.3 小节第(1)部分倒数第二段中康柏公司的案例。

行政干预虽然可能有降低经济效率的弊端，但它也有控制内部人机会主义的作用。由于资本所有者不到位的问题，国内外国有企业都有不同程度的内部人控制问题。钟海燕(2017)的研究显示：与政府机构控制的上市公司相比，国有企业(集团)控制的上市公司更倾向于用自由现金流过度投资；2005～2012年，国有控股上市公司的样本数据表明，受政府干预强的国有控股上市公司的投资行为优于受内部人控制的公司的投资行为。[③]

在改革中不能走极端、一刀切。回顾我国改革开放 40 多年的历史，我国的经济建设离不开党的指引、政府的指导和产业政策的支持。有的人谈及国资国

---

① 近几年，上海 60%以上的国企都是混合所有制企业，上海国企 90%以上的利润都来自这些企业。(王雅洁.探秘第三批混改大名单：军工、油气类央企、地方科研院所入围[N].经济观察报，2018－7－20，http://m.sohu.com/a/242493049_118622.)

② 黄炜.上海推进国资国企改革中的管资本与管人解析[J].企业改革与管理，2018(9).

③ 钟海燕.政府干预、内部人控制与国有企业投资行为研究[M].北京：中国社会科学出版社，2017.

企改革时过度强调避免政府干预，一味依赖市场之无形的手，这样的观点是不科学的。一些西方经济学家也是基于类似的错误理论唱衰中国，西方的一些投资机构基于类似的错误观点做空中国，但十多年来，他们发现自己的判断是错误的。

知识链接

西方的一些经济学家和政客不仅唱衰中国，也一度长期唱衰德国。德国、瑞士等国的资本主义体制与英美等国的有一定区别。前者实行的是社会市场经济，注重平民，实行高福利，工会力量强大，国有、民营企业都实行投资者和员工共决制，被称为莱茵模式；后者强调资本至上。所以一些经济学家和政客认为德国政府早就该破产了，但恰恰相反，德国在欧洲是发展得最好的国家，而且还没有像日本的“失落的二十年”。

中国之所以没有沿着他们设想的道路陷入困境，一个重要的原因就是政府的正确引导和有力支持。用相同的理论在一定程度上也可以解释中国和印度这两个比较相似的国家，其发展水平为何有较大的差距。印度并未像西方的一些经济学家们预料的那样比中国发展得好，以及他们后来预测的会很快超越中国，尽管印度与西方国家一样，也是以私有经济为主体的资本主义国家。这里面同样有政府的干预能力和引导能力的差别。

另外，私有化并不等同于市场化，市场化也不等同于高效率。西方经济学以前也许可以解释西方国家的发展规律，但现在已不能有效解释和预测他们的发展。1998 年亚洲金融危机和 2008 年国际金融危机便是突出的明证，还有他们当前的发展困境。至于解释中国乃至东方世界的经济发展，西方经济学就更勉为其难了，一味使用它解释和预测，常常得出错误的结论，不能预测中印的发展情况就是明证。

实践证明，具有中国特色的社会主义市场经济能更好地配置社会资源，调动国有、民营企业的积极性，这才是中国迅速赶超西方国家的重要原因。中国的国资国企改革也要走独立自主的道路，尽管可以借鉴西方的经验，但无须西方人为我们设计改革道路、规划改革战略,也无须他们裁判我们的改革效果。他们的评价(包括批评),我们可以虚心接受,但改革的道路和战略的选择权必须始终掌握在我们自己的手里。

2.4 正确认识和处理涉及国有资产管理体制的一些具体事项

本节回顾一下本章前面的主要内容,尤其2.1节的一些内容,并基于前文的论述,探讨一下如何正确处理涉及我国国有资产管理体制的一些具体事项。

2.4.1 国资委、国资经营机构与国有公司之间的协调

国资委、国有资产经营机构与国有企业的关系是出资者和企业法人的关系,或者说是平等的民事主体之间的关系,不是行政隶属关系。作为国有资产所有者的政府及其履行国资所有权的部门(包括财政部门等),与其他民事主体通过契约确立双方的权利、义务关系,在这一领域它们不是国家管理者的角色,其行为属于私法[①]中平等主体的行为。国有企业不再是国家生产建设的附属物,而是自主经营、自负盈亏的法人实体。

各级国有资产管理机构或资产经营机构与国有企业分别是国有资产的所有者和经营者,都担负了使国有资产保值增值的责任。前者管理国有资产的保值、增值事项,后者管理国有资产的使用价值。前者的管理内容包括:经营国有资本,创造更多的社会财富;清产核资,掌握国有资产的价值变动情况;规范国企经营;等等。

国资委行使国有资产所有权时,主要基于股东的身份,依据《公司法》(1993年颁布,2018年第五次修订)的有关条款,行使股东的权利,并承担相应的责任。

---

① 公法以维护公共利益(公益)为主要目的,私法则以保护私人利益(私益)为主要目的。公法调整的是国家与公民之间、政府与社会之间的各种关系,主要体现为政治关系、行政关系及诉讼关系等。私法调整私人之间的民、商事关系,即平等主体之间的财产关系和人身关系。对什么是公法,什么是私法,法学家们存在众多分歧,划分标准并不完全一致。现在流行的公法与私法的划分标准主要是根据国家在法律关系中的存在与否决定的。一个法律关系,如果其中有一方是国家,就被认为由公法调节,双方都是私人当事人的,就由私法调节。由此看来,大多数法律都是公法,例如宪法、行政法、刑法、诉讼法等,而纯粹的私法是民法和国际私法。

国资委作为特设机构，代表政府履行被授权范围内（例如央企或地方国企）国有资产的管理权，按政企分开的原则，不能直接管企业，更不能直接经营国有企业。国资委（它是非政府序列的特设行政机构）可履行国有企业的出资者职责；行政部门、参公单位以及公益一类事业单位[①]不得履行企业出资者职责（为了政资分开）。

2.4.2　上下级国资委之间的协调

每一级国有资产监督管理机构分别代表本级政府行使出资者权利，对本级政府承担责任。不同级的国有资产监督管理机构的关系不是上下级的行政隶属关系，而是业务方面的指导与被指导关系。

国务院国资委具有制定有关国有资产管理制度的职能。例如最近几年，国务院国资委颁布《深化国资国企改革的若干意见（例如关于国资委以管资本为主的实施意见）》，随后，省市国资委均基于此制定本地区的实施指导意见，与中央政府保持一致。参见 2.1.3 小节第(2)部分。2.1.2 小节“国有资产监督管理委员会的主要职责”第(7)部分提到，国务院国资委还可以依法监督地方的国有资产管理。

打一个比方，地方政府与地方国资委是老板与经理的关系，而国务院国资委与地方国资委是行业协会与企业经理的关系。经理当然要为老板打好工，使企业资产保值、增值；经理也要听行业协会的招呼，尊重行业协会的意见，按行业规矩经营，否则就难以搞好经营[②]，自然也就难以为老板赚钱。所以老板也应该尊重行业协会，更要容许经理遵从行业协会。

2.4.3　建立和强化责任追究制度

对国有资产负有监督管理责任的主体必须履行其法定义务，否则将被追究

---

① 即（获得）全额拨款（的）事业单位——承担义务教育、基础科研、公共文化、公共卫生及基层的基本医疗服务等基本公益服务，不能或不宜由市场配置资源的单位或机构。

② 回到原来的话题（国务院国资委具有制定有关国有资产管理制度的职能，国务院国资委还可以依法监督地方的国有资产管理），不与时俱进，不执行国务院国资委关于国资国企改革创新的正确政策，不借鉴国务院国资委提供的关于国资国企管理的经验教训，自然难以管理好本地区的国资国企。

其行政责任、民事责任和刑事责任。国有及国有控股企业的负责人滥用职权、玩忽职守(主观方面),造成企业的国有资产损失(客观方面),应负赔偿责任,有关部门可依法给予其纪律处分;对构成犯罪的,依法追究其刑事责任。

《企业国有资产法》第七十三条规定:国有独资企业、国有独资公司、国有资本控股公司的董事、监事、高级管理人员违反本法规定,造成国有资产重大损失,被免职的,自免职之日起五年内不得担任国有独资企业、国有独资公司、国有资本控股公司的董事、监事、高级管理人员;造成国有资产特别重大损失,或者因贪污、贿赂、侵占财产、挪用财产或者破坏社会主义市场经济秩序被判处刑罚的,终身不得担任国有独资企业、国有独资公司、国有资本控股公司的董事、监事、高级管理人员。

案例

在新加坡出狱后的陈久霖改名陈九霖,回国后上任大型企业中国葛洲坝集团国际工程有限公司副总经理。与他此前供职的中国航油集团一样,新东家葛洲坝国际公司的"娘家"也是国资委。这曾引起社会各界的广泛关注和质疑。

案例分析

中国民商法学泰斗、博士生导师、清华大学法学院马俊驹教授认为陈九霖复出不违法。马教授认为:根据主权原则,新加坡法院根据其国内法对陈久霖在新加坡的行为做出的判决,并不必然在中国直接产生效力。因此,以新加坡法院做出的有罪判决为根据,认定陈九霖在中国复出任职违反法律,是不能成立的。另外,对新加坡法院对陈久霖的有罪判决本身,马教授也表示十分吃惊。

然而,从多份报道看,陈久霖在中国航油(新加坡)股份有限公司的巨亏(实际和潜在损失共计约 5.54 亿美元)和该子公司破产事件中负有重大责任。① 上述特别重大的损失是事实。按《国有资产法》,陈久霖终身不得担任国有独资或

① 正是陈久霖应负的这些责任使公众愤愤不平。

控股公司的“董监高”职位。

不过，葛洲坝集团国际工程有限公司仍聘用他，倒也体现了用人单位和有关审批部门不把人“看死”的开明心态。陈久霖经历了彼得原理论述的类似情况后，仍能发挥他的经营管理能力，也不是什么坏事，否则也是人力资源的浪费（他在违法犯罪前的卓越经营能力也是有目共睹的，见 5.4.4 小节第四段）。2020 年，作者还看到陈九霖（即陈久霖）于一两年前发表的一篇论文，在文中，他并不避讳自己曾犯过的重大错误，反而以身说法，告诫读者。看到这里，作者还是尊敬陈九霖实事求是的态度的。

2.4.4　国有资产监管方式

（1）按监管时机分类

国有资产事前、事中和事后监督的方式：事前监督包括，检查国有企业是否按国家出资者的要求运营和管理国有资产，等等；事中监督指日常的监督；事后监督指监督国有资产的经营成果。当前强调“强事后”，减少政府的直接干预。

强事后，就是加大运用检查、审计等手段，并强化问题整改和风险应对。尽可能减少事前审批事项，给企业更多的经营自主权，事前审批只被用于国有企业的特别事项，例如企业的发债审批。目前我国提倡的国资国企管理的思想是，一手推进简政放权，一手及时跟进事中、事后监管。还要加强绩效考核。

（2）按监管主体分类

①职能部门监督。人大监督、财政税务监督、审计监督（从 2018 年开始，原国有资产出资者的外派监事会[①]的监督职能也归入审计监督）。[②]

②国有资产出资者的监督。2018 年国务院国资委一份全新的国有资本监管权力和责任清单处于起草中，这意味着央企出资者的监管边界将得到准确界定；而早在三四年前，多个地方国资委就已启动出资者权责清单的研究。截至

① 截至 2018 年 5 月，国务院国资委为进一步完善财务监管，已向 22 家央企委派总会计师。

② 可资借鉴的是，印度对中央和地方大型国企实行经常审计制，频率大于每半年一次。

2018年3月底，包括天津、北京、合肥等地的地方国资委已出台相关的权责清单。①

③公司监事会的监督。监事会属于一般的公司内部法人治理结构的组成部分，由股东大会选举产生并向股东大会报告。监事会或监事行使的权力主要有：检查公司财务；监督董事、经理执行公司职务时是否违反法律、法规或公司章程；当董事或经理损害公司利益时，要求董事或经理予以纠正；提议召开临时股东会等。

国有公司内部的监督主体还有股东(大)会(指机构，不是会议，党委会、职代会的含义与此类似)、董事会、党委会、职代会、工会，经理团队也是监督主体，因为它也有自己的监督对象。

本章小结

我国国有资产管理体制的现状与发展

根据党的十六大(十六届三中全会)精神，关系国民经济命脉和国家安全的大型国有企业、基础设施和重要自然资源等，由中央政府(即国务院)代表国家履行出资者职责；其他国有资产由地方政府代表国家履行出资者职责。对新投资形成的资产，一般按谁投资、谁拥有产权、谁受益的原则划分出资者。这里的“谁”包括国家、私人、外商。参见3.1节第(1)部分。

当前我国国有资产管理体制已转向以管资本为主，强调政资分开、政企分开，推进国有企业的公司治理建设和党的建设，推进分类管理，推动有条件的国有企业整体上市或主营业务资产上市，鼓励混合所有制改革，鼓励符合条件的国有公司推进员工持股，欢迎非公有的战略投资者，支持各地设立、发展国有资本投资运营公司。

根据2017年中央经济工作会议关于国企改革的总体部署和主要任务，今后一段时期深化国企改革需着力把握好以下几点：

第一，高度重视混合所有制改革对国企改革的突破作用。

① 王雅洁.国资委权责清单要来了！出资人的监管边界在哪儿？[N].经济观察报，https://baijiahao.baidu.com/s?id=1596378963477143323&wfr=spider&for=pc，2018-3-31.

第二，充分发挥国有资产管理体制改革对国企改革的引领作用。

第三，牢牢抓住完善现代企业体制这个国企改革中的重中之重。

第四，紧密结合供给侧结构改革，加快推进国企改革和创新。

第五，切实加强党对国企改革的领导。

总体而言，国企改革、建立与完善现代国有企业体制等是市场行为，政府监管机构主要起指导和引导作用，不应参与过深，应减少由教练变成运动员，减少由咨询、辅导人员变成执行人员的现象。即使为推进改革，也应该用制定法律、出台政策的方法推进，而尽量避免用行政命令的方式推动。政府行为与市场机制有机结合，方能减少错误的决策，促进经济的发展（参见 5.3.3 小节第(3)部分）。

第3章 国有资产的产权管理

制定产权制度是管理部门与国有企业建立和完善现代企业体制的重点之一(另外两个重点是制定组织制度和管理制度)。国企产权制度建设包括:第一,处理好国家所有权与企业法人财产权的关系;第二,建立经营者权力制约机制,确保国有资产保值、增值责任的落实;第三,明确企业自负盈亏的责任;第四,在宏观层面加快产权市场建设,通过国有产权的流动和重组促进存量国有资产的优化配置。

国有资产的直接经营管理部门应定期更新国有资产的账面登记值,保证国有资产统计数值的准确性与科学性。长期不更新,账面价值与实际资产价值可能不符合,例如,实际资产发生流失,还有,实际资产价值因时间、社会形势等变化而增值或减值。诸如此类的差错造成的国有资产统计值的误差,将给各级监管部门的管理、分析、规划、投资等工作带来不利的影响。

定期根据实际情况更新国有资产的账面数值,也有利于国有资产的直接经营管理部门分析工作中的经验教训——例如,哪些原因、哪些部门导致资产流失,哪些工作欠缺导致未有效利用资产(例如有效的投资),导致其减值。总之,国有资产产权登记与统计管理工作应充分体现及时性与动态性。

3.1 国有资产的产权界定

产权指财产所有权以及与财产所有权伴生的占用权、使用权、收益权和处置权等权利的总称。

(1)国有资产产权界定原则

第一，巩固社会主义公有制、维护国有资产完整性的原则。

第二，“谁投资、谁所有、谁受益”的原则。

不能仅按企业法人登记的所有制性质[①]界定资产归属，而要追溯企业初始投资的资金来源，防止国有资产的流失。另外，改革开放以后，国有企业资本的来源呈现多元化，除了国家投入资金，企业通过权益融资[②]筹集了大量的非国有资金。对这些资金形成的资本，及其资本收益被再投入形成的资本，按照“谁投资、谁所有、谁受益”的原则确定产权的归属。

例如政府委托的投资机构投入企业的资本，这些资本的收益被受委托的机构再投入，所有这些资本的产权归政府(国家)。但是，企业把企业法人财产作为资本投入某业务，这些资本的一部分收益(即企业可以留存的收益)又被企业作为资本再投入，那么上述这些资本的产权归企业。如果上述企业是国有企业，则国有法人股及其收益均属国有资产，参见本节第(2)部分“国有资产产权界定方法两例”。

上述规则都符合“谁投资、谁所有、谁收益”的原则。注意，“谁投资”指实质性投资。例如，国有公司把法人财产投入别的公司只是形式上的投资，从社会总资本的角度看，该公司并未产生新资本，它使用的仍是国家资本及其收益，其行为是受托行为，行使的是施加于国有资本的占用、经营、处置、受益权。国家是委托者，是国有资本的拥有者，是真正的投资者。即国家未把这些资本用于支付/消费，就像个人投资者未用于消费一样，而是用于投资，从社会总资本的角度看，国家为社会新增了资本。因此上述投资形成的所有者权益(股权、法人股)属于国家。

① 例如登记信息是集体所有制，实际上是国家投资的企业。

② 权益融资和债务融资相对，指通过吸收投资融通(筹集)资金。

案例

招商银行的法人股

招商银行的改革模式是:不再保留国家股,也非强调引进国外或私人战略投资者,而是向国内大型企业出售股份。招商银行是国内第一家全部由法人持股的股份制银行,其持股法人包括招商局轮船股份公司、中国远洋运输总公司、中国海运总公司等国有大型骨干企业。招商局集团通过关联公司,处于相对控股地位。此例中,国有法人股的所有权并不属于各法人,而属于原始投资者,即国家或全体人民。这就是为什么上上段说"国有法人股及其收益均属国有资产"。

招商银行多年的快速、稳定、持续的发展表明其治理结构是比较成熟高效的,主要表现在董事会与高级经理团队建立起有效的制衡机制,高级经理团队受董事会有力的制约,同时又受较强的绩效激励。董事们的外向型管理背景保证其较能把握银行业发展的方向。

第三,保持政策的连续性和协调性的原则。

第四,兼顾各经济主体的利益、有利于经济发展的原则。国有资产产权界定的最终目的是,通过界定,明确各产权主体的产权范围和管理权限,以便切实维护各方的合法权益。

第五,简便易行、宜粗不宜细的原则:过于精细化,有可能降低操作效率。

以下是需要注意的几个问题。

集体所有制企业是在一定范围内,由集体共同占有和支配生产资料、劳动产品的社会主义公有制经济成分,一般是按自负盈亏、职工集资、集体积累、自主分配等原则建立起来的企业。

由于国家投资兴办了一批集体企业,或者通过减税让利的方式对集体企业投资,因此在集体企业中存在大量的国有资产。

补充资料

2020 年 7 月 14 日，经济日报、中国经济网转载相关信息：2019 年年底，全国共有集体土地 65.5 亿亩；账面资产 6.5 万亿元；集体全资企业超 1.1 万家，资产 1.1 万亿元。

(2)国有资产产权界定方法两例①

第一，国有独资企业中的国有资产产权界定。

国家向国有独资企业投资形成的资本金，资本盈余公积金、公益金和未分配利润，因接受馈赠而增加的国有资本金及其权益，党、团、工会等组织占用的企业财产等应被界定为国有资产。

第二，股份制、联营企业中的国有产权界定。

国家授权的投资机构或部门直接向股份公司投资形成的股份；国有企业向股份制企业投资形成的国有法人股；在未分配利润中，国有单位按投资比例占有的份额；在公积金、公益金中，国有单位按投资比例占有的份额，等等，这些应被界定为国有资产。

案例

甘肃某国有农场以单位和职工个人两种形式向某有限公司入股。单位入股形成国有法人股，该股及其收益都是国有资产。该农场经营团队在集体会议中调低单位的股份收益比例，2007～2009 年，职工个人多获得股利 24 万多元。因违反同股同利原则和私分国有资产，该农场场长被判 6 个月的徒刑，罚款 5 000 元。②

(3)国有资产产权纠纷及调停处理

① 仅举具体方法中的两例。

② 中国社会科学院法学研究所法治宣传教育与公法研究中心. 国资管理普法宣传册(漫画故事版)[M]. 北京：中国民主法制出版社，2017.

我国的财产所有权有四类，即国家财产所有权、集体财产所有权、个人财产所有权和外商财产所有权。国有资产所有权属于国家，这里说的产权纠纷指所有权派生出的产权的纠纷，例如，经营权和使用权纠纷。国有企业和行政事业单位只有国有资产的占用权、经营权、使用权、收益权和处置权，这些财产权一旦被依法确立，就具有相对的独立性。

这些单位也会产生产权纠纷，这类产权纠纷由行使国有资产所有者职能的政府或机构(例如各级国资委)调停处理，其他机构都无权调处。地方政府管理的国有企业之间的产权纠纷应该由该级政府的国资委调处与裁决。国务院国资委是调处国有资产(指狭义的国有资产)的内部产权纠纷的最高机构，具有终极裁决权。

3.2 产权转让与产权交易市场

产权转让属于产权经营活动，其经营主体是财产所有者。产权转让指产权所有者以产权为商品进行的市场经营活动，例如，公司股权和企业产权的有偿(以货币或非货币形式)转让。产权转让既包括产权在不同所有者之间的转移，也包括产权并不变化或者不完全转移，但财产的占有、使用、收益和处分等权能在不同经济主体之间的转移，例如，土地产权的转让情况。

(1)产权转让与资产转让的区别

产权转让将改变产权结构——产权的所有者变了，或者所有者的产权变了。它直接牵涉产权所有者的权益。产权转让的决策者是产权所有者，其目的是维护和发展产权所有者的利益。

资产转让只是改变企业的资产结构，例如，以固定资产换流动资金、物物交换；并不直接或并未很大程度地涉及企业产权所有者的权益，例如，产权所有者的股权数量不变。其目的也不仅仅是维护和发展产权所有者的利益，也包括经营者、普通员工在内的所有利益相关者的利益。

企业被兼并是整体转让产权，不仅转让资产所有权，还转让资产占有权、使用权、经营权等伴生产权，且被兼并企业丧失法人地位。所有权(即拥有权)是产权的主要形式，其他形式的产权由财产所有权派生出。

(2)产权市场类型

第一,股票交易市场是仅适用于上市公司的产权交易的市场。

第二,场外交易市场适用于已公开发行股票但尚未上市(未进入主板市场)的股份公司的产权交易。

第三,在企业产权交易市场可进行公司或非公司制企业的产权拍卖、租赁、承包和有偿转让等多种交易方式,它适用于未公开发行股票的所有企业。对亏损或利润率较低的国有企业,土耳其政府通常会以大宗交易方式出售企业资产或股权,这是值得借鉴的。

第四,企业法人财产(法人对企业法人财产有处置权)交易市场主要以闲置的设备调剂为交易内容。

2015 年 8 月中共中央、国务院印发《关于深化国有企业改革的指导意见》,明确把产权交易市场定位于我国的资本市场。2016 年 6 月国务院国资委和财政部联合发布并施行《企业国有资产交易监督管理方法》,该文件明确要求,国有企业扩股增资和股权转让行为应当在产权交易机构公开进行。该文件提升了产权交易市场的地位,开拓了其在资本市场发展的道路;文件中公开事务的要求则提高了产权交易市场的透明度,增强了企业对产权市场的信任度,从而有更多的国有企业利用它,有利于促进混合所有制改革。

目前产权交易资本市场开展的业务有企业产权转让、企业增资、资产转让、金融资产交易、其他融资服务、诉讼资产交易、环境权益交易、技术产权交易、文化产权交易、林业产权交易、矿业权交易、农村产权交易和国有产权以外的其他公共资源交易共 13 类,在为非上市企业提供非标准化的权益流转和融资服务方面,发挥的作用更显著、独特,交易规模整体上逐年增长。

2012～2015 年,包括产股权、实物资产、诉讼资产、金融资产、环境权益、公共资源、技术产权、企业融资服务、文化产权、林权、矿业权和农村产权交易在内的12类公有和非公有业务交易额突破10万亿元。[①]

2012年全行业交易额2.2万亿元，2013年2.6万亿元，2014年1.55万亿元，2015年3.76万亿元，2016年7.92万亿元，2017年7.90万亿元，2018年12.39万亿元。2012～2019年的近7年里，年均复合增长率超过30%。[②]

2016年10月发布的《国务院关于积极稳妥降低企业杠杆率的意见》，支持有序推动国有企业的资产证券化进程，支持国有企业开展以企业应收账款、租赁债权等财产权利和基础设施、商业物业等不动产（权益）为基础资产的资产证券化业务。目前国有资产常见证券化产品类型包括：零售门店、办公楼、长租公寓、社区商业、专业市场、综合体、工业物流、产业园、酒店、购物中心或百货商店。

国有资产产权交易可以依据的法律规范是2016年6月颁布的《企业国有资产交易监督管理办法》，以及2018年5月，国务院国资委、财政部、证监会联合发布的《上市公司国有股权监督管理办法》（国资委财政部证监会令第36号，于2018年7月1日起实施）。

3.2.1 产权市场的5个作用及我国产权市场的发展

（1）产权交易市场的5个作用

①合理确定国有产权的转让价格。

②发掘国有存量资产[③]的潜在价值。国有存量资产产权转让的现实情况是：需要出让产权的主体多，有能力购买产权的主体少，国有产权转让市场基本上属于买方市场。按市场主体的地位可以将市场分为卖方市场和买方市场。买方市场指买方处于支配地位的市场，卖方比较被动，往往依赖买方。在现代工业经济中，大多数市场是买方市场。

在多地股权交易中心（股权托管交易中心），民营企业的产权或股权转让情

① 中国产权协会秘书处.推进产权交易资本市场建设服务国企国资改革创新——产权交易市场服务国企改革创新论坛在成都举行[J].产权导刊，2016(12).

② 夏忠仁.服务国资国企改革 助力实体经济发展——党的十八大以来产权交易资本市场累计成交额突破35万亿元[J].产权导刊，2019(8).

③ 企业的应收账款、其他应收款、无形资产等都属于企业的存量资产。

况亦如此。整体而言，交易量少，交易不活跃，与沪、深两地证券交易所的交易情况有天壤之别。地方股权交易中心有上海（托管）、北京、江苏、浙江、安徽省（托管）、齐鲁（托管）、广州、深圳前海、厦门两岸股权交易中心等。

另外，单个产权交易市场的覆盖面小，产权交易信息传播不充分，常常导致国有存量资产被低价转让，国有资产的潜在价值得不到有效发掘。一般都说“买的没有卖的精”，但在这里的情景则相反。这可能也是国有资产出资者角色不到位的表现，没有像对待私人财产那样充分发掘国有存量资产的潜在价值。还有一个可能的原因是资产专用性，使买方心中的估价或价值明显低于卖方的，因为被出售的资产可能更适合卖方的应用场景。

通过建立统一的、全国性的产权交易信息网络，扩大产权交易信息的覆盖面，增加（潜在）产权买方的数量，可以更多地发掘国有存量资产的潜在价值，例如像中交所这样的市场，如图 3—1 所示。

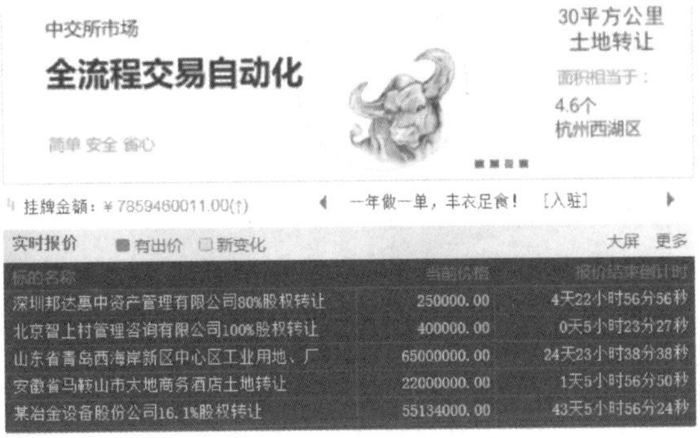

图 3—1　中交所交易系统

全国产权行业信息化综合服务平台自 2018 年 3 月上线以来，已接入全国 50 家主要的产权交易机构。截至 2019 年 6 月 22 日，该平台成交公示项目数 40 981 宗，成交公示总金额 10 174 亿元；挂牌项目总数 59 049 宗，挂牌项目总金额 4 281 亿元；累计披露项目总数 116 228 宗，累计披露项目总金额 12 551 亿元。产权交易资本市场显现出强大的信息辐射和资本聚集功能，帮助众多面临发展瓶颈的中小企业、非上市公司解决了融资难、融资贵的问题，有力推动了实体经济的发展。[①]

③有利于纠正产权交易中的不规范行为，防止国有资产流失。产权市场建立后，国有资产产权转让都应被纳入其中进行；应允许外商与国内企业在投资与经营项目方面平等竞争；在产权交易中增加公开性与透明度，减少因不合理、不公正的交易而造成的国有资产流失，规范国有资产产权交易。在产权交易市场中比较容易做到这些。

④产权市场降低了企业产权的交易费用。例如减少搜索成本——搜索中意的交易对象；产权市场的集中服务（产生规模效应）也能提高效率，有效降低（企业的）交易成本和（产权市场经营管理部门收取的）手续费。

⑤企业集团可以通过产权市场转让其成员企业的部分产权，利用产权市场盘活其存量资产，有利于实施转型升级。

产权（交易）市场为我国国资、国企改革提供了一个综合服务平台，促进了国有企业的和谐改制（例如在改制过程中维护职工利益；保护交易双方的利益，促进双赢局面）和国有资产的保值、增值。例如重庆联合产权交易所操作的中新大东方人寿保险公司股权转让项目历时 5 个多小时的激烈报价，最终以 39.39 亿元成交，增值 23.36 亿元。

产权市场为我国非上市企业提供了一个相对安全（相对于私下交易）、成本较低的投融资平台，改善了它们的生存和发展环境。例如，想要在地方股权交易中心交易的话，就必须成为该交易中心的成员，因而就必须申请加入，接受其规范的管理，这样做，使交易双方都比较安全，而且操作成本、交易成本也不算高（相对于主板市场）。

（2）我国产权交易市场的发展情况

据中国产权协会统计，2012～2019 年近 7 年里，产权交易行业累计交易额达 38.32 万亿元，取得了史上最好的发展成果。2018 年产权交易行业全年交易额首次突破 10 万亿元，达 12.39 万亿元，相比 2017 年的 7.90 万亿元增长 56.9%。产权交易资本市场的权益流转和融资服务两大功能日益显现。上述

① 夏忠仁.服务国资国企改革 助力实体经济发展——党的十八大以来产权交易资本市场累计成交额突破 35 万亿元[J].产权导刊，2019(8).

近 7 年里，产权交易资本市场成交的企业国有产权转让项目 1.51 万宗，成交额合计 1.8 万亿元；为国有企业和行政事业单位处置实物资产 14.05 万宗，回笼资金 4 609 亿元。

2018 年产权交易资本市场共完成混改项目 1 420 宗。非国有资本参与的国企混改项目中，1 056 宗是以产权转让方式实现的，成交金额 1 379 亿元；290 宗是以增资方式实现的，融资金额 1 263 亿元，二者合计引入社会资本 2 328 亿元。国有企业在引入各类社会资本参与混合所有制改革的同时也积极在民营企业参股。2018 年国有资本参与的民企混改项目有 74 宗，国有机构投资总额近 60 亿元；2018 年产权交易资本市场的混改项目交易宗数和交易规模全面超过了 2017 年。①

上海联合产权交易所、天津产权交易中心、北京产权交易所、重庆联合产权交易所被国务院国资委选为可以交易央企产权的试点机构。其中，上海联合产权交易所的交易平台如下。

①国务院国资委指定的从事中央企业产权转让的交易机构。

②财政部指定的中央金融企业产权交易中心平台。

③工信部指定的中小企业融资服务市场平台。

④中宣部指定的全国重点文化产权交易平台。

⑤国家发改委指定的环境能源交易平台。

⑥国家机关事务管理局指定的中央行政事业单位资产处置平台。

⑦科技部指定的 863 项目技术交易和技术转移服务平台。

⑧高级人民法院指定的涉诉资产交易平台。

⑨中国浦东干部学院指定的产权交易现场教学基地。

⑩与商务部共建国际投资促进与产权交易平台。

⑪中国－中东欧国家投资促进联系机制(16＋1)项目发布平台。

2017 年至 2018 年 6 月底，上海产权市场累计完成产权交易 3 003 宗，成交金额 2 862.14 亿元(上海市人民政府，2018)。

---

①　夏忠仁.服务国资国企改革 助力实体经济发展——党的十八大以来产权交易资本市场累计成交额突破 35 万亿元[J].产权导刊，2019(8).

3.2.2 企业国有产权转让过程中的违法、违规行为

在企业国有产权转让过程中，转让责任人（包括转让方和受让方）的以下行为属于违法、违规行为。

(1)场外交易

合法、合规的行为是，必须在产权交易机构中交易，即进场交易。根据国务院办公厅 2003 年 11 月转发的国资委《关于规范国有企业改制工作的意见》，非上市企业的国有产权转让须进入产权交易市场，不受地区、行业、出资和隶属关系的限制（方能充分优化国有资产配置），并按照《企业国有产权转让管理暂行办法》的规定，公开信息，竞价转让。

协议转让应该是在拍卖、招投标不成功后才可以被选择的方式。国有股转非国有股时，对国有公司连续两年亏损并存在退市风险或严重财务危机，受让方提出重大资产重组计划及具体时间表的情况，也可以采用非公开协议转让。

国有股转非国有时，不允许有指向性受让方，也不允许协议定价，必须进公开市场交易，广泛征集多个受让方。如果只有一个意向受让方，定价原则是，不低于停牌前 20 个交易日平均价格的 90%；如果有多个受让方，就要综合评定。前提都是逐级报批，充分证明放弃国有（控）股权的选择是正确、合规的。

(2)擅自转让

转让产权前不履行内部决策、批准程序，或超越权限转让。《企业国有资产法》的第五十三条规定：国有资产转让由履行出资人职责的机构决定；该机构决定转让全部国有资产，或者转让部分国有资产致使国家对该企业不再具有控股地位时，应当报本级人民政府批准。

具体到地方的管理规定，例如《上海市国有企业混合所有制改制操作指引（试行）》规定如下。

(1)股权转让。由国资监管机构决策后报市政府同意。

(2)非股权转让。企业履行内部决策程序（如董事会通过）后报国资监管机构，由国资监管机构决策后报市政府同意。其中，股权结构多元化的出资监管企业改制，还须通过股东（大）会形成决议。市国资委出资的委托监管企业的改制，由委托监管机构联合市国资委报市政府或通过市国资委转报市政府。

(3)隐匿资产。

(4)低价转让。

(5)侵害职工合法权益。包括未妥善安置职工,未接续社会保险关系,不当处置企业公积金……

(6)转移债权和逃避债务。转让方转移债权,损害受让方的利益;而受让方只想获得利益,不肯承担债务,损害转让方的利益。

(7)受让方采取欺诈、隐瞒手段影响转让方选择。

(8)恶意压低价格。

有上述情况时,国有资产监管机构或者企业国有产权转让批准机构应当要求转让方和受让方终止转让活动,必要时向人民法院提起诉讼,确认这些转让行为无效。

《中华人民共和国企业国有资产法》的第五十六条规定:可以向本企业的董监高或者其近亲属转让国有资产,转让时,上述人员应当与其他受让参与者平等竞买,相关的董监高不得参与转让方案的制定和实施工作。

小幽默

小方最近成功应聘进入一家国有公司,朋友祝贺他现在是国企编制员工了,随后话题一转:你以后不能减肥了。小方摸不着头脑,问:为啥?朋友说:你现在是国有资产了,减肥的话不是国有资产流失吗?

小方想了一下,觉得有道理:我属于国企人力资源的一部分,不也是国有资产嘛(这里是幽默,人力资源实际上并不属于广义的国有资产)。他转念一想,对朋友说:我可以减肥,因为通过兼并重组与混合所有制改革,国有资本有进有出,方能盘活国有资产,做强做优做大国有公司!

3.3　经营类国有资产流失的分析

国有资产的流失指运用各种机会主义手段,把国有产权、国有资产权益以及由此产生的国有收益转化为非国有产权、非国有资产权益和非国有收益，或因国有资产损毁、消失导致国有资产权益下降。不包括客观的、不以人的意志为转移的国有资产贬值。

我国的国有资产来之不易，是千百万革命先辈浴血奋战28年换来的，是工人阶级与广大农民、知识分子节衣缩食、无私奉献、艰苦奋斗积累起来的，是千百万革命战士用血汗保卫的全体人民的宝贵财产。当今我国巨额的国有资产就是在上述国有资产的基础上，经过几代人的不懈奋斗发展起来的。如果国有资产在我们手中流失，怎能对得起先辈？

3.3.1 经营类国有资产流失的13条途径

国有资产流失的去向包括：流向个人，流向集体企业，流向私营企业，流向中外合资企业或外国。而流失途径则包括如下方面。

(1)国有资产在企业改制中流失

党的十五大以后，股份制在国有企业改革中获得普遍推广。这种新体制的实施，为我国国有企业走出困境、重振雄风、注入活力提供了政治保证，但一些企业在操作中的不合规造成了国有资产大量流失，其表现如下。

①将国有资产低估或不进行评估就低价入股。最常见的手法是，对其中有形资产部分按原值等价折合入股，例如，对土地、房产等大宗不动产按原购入价计，不计其市场升值部分。相当一部分企业甚至不把国家拨给的土地等自然资源折合成国家股份，而是划作企业法人股(经营者与其他员工可从中获得更多收益)；对国有资产中的专利、商标、商誉、品牌等极具价值和增值潜力的无形资产，则不予评估入账或按极低的价格评估，有意无意地侵吞国有资产。

②一部分人认为，职工是企业的主人，是财富的创造者，在改制中为保护一

己私利，将公有财产无偿分配给个人[①]，致使国有资产流失。

③在分配红利时，国家股、集体股、个人股同股不同利，不合理的利益分配造成国有资产流失。

④改制企业发生的亏损由改制前单位负担。

⑤在国企改制初期，还集中出现了行政命令主导下的“运动式”改制[②]，造成国有资产流失。

案例

武汉冠生园改制中的国资流失

此案例发生的时间虽早，但整个案件的纠纷却延续至今，尚未得到妥善解决。

武汉冠生园由于经营不善，多年来连续亏损、资不抵债，到 2001 年负债高达一亿元人民币，资产却只有不到 4 000 万元。因此，冠生园选择改制求生。2001 年年底，在江汉区体改委原主任廖府庭、区经贸委主任郁广新和副主任吴岳、冠生园公司原总经理韩建强等的操作下，武汉冠生园与武汉添地集团达成改制协议。

根据协议，添地集团购买冠生园的土地和厂房，冠生园所得款项由其安置职工。因此，这并非国企与私企的兼并，而是土地交易。武汉冠生园并没有成为添地集团的子公司，添地集团也不会为冠生园的债务承担责任（这本是冠生园改制的主要目的）。

由于政府对改制的困难国有企业有各种优惠，添地集团就以“改制”名义享受购买土地的优惠。原本经江汉区国资局确认的、资产评估价值 3 680 万元的土地及附着物，在低估价值等情况中，被添地集团以 1 311 万元的价格取得。土地上的附着物原本就值 1 800 万元，而江汉区企业办认定是 1 500 万元左右，没有请第三方独立评估机构进入界定。

---

① 曲解了国有资产的内涵。

② 地方政府官员热衷于追求改制政绩，或者把改制当作甩包袱，不制定合理周详的改革方案，盲目扩大改制面。

评:此过程中,相关的管理部门职责何在?哪个部门批准这样的“改制”?代表国家的管理者不必为他们的决策承担所有者的风险,其手中的剩余控制权成了“廉价投票权”(张维迎,1994),从而设租和寻租等腐败行为就有了存在的空间。

武汉冠生园原厂长韩建强私下与一加油站签订30年租期的土地租赁合同(将市场价30元/平方米的土地以4元/平方米的价格租给加油站),使添地集团无法开发土地,于是添地集团在支付了960万元的地款后,未支付剩余款项。冠生园职工得不到妥善安置,最后由政府拨款460万元用于职工安置。

评:政府补助了这么大一笔款,当时为何没有一个部门深究韩建强私下超低价出租工厂土地之事?

调查人员在案件调查过程中,还发现另一个武汉冠生园公司。这个公司是股份制公司,与国有企业武汉冠生园使用相同的商标(国企无形资产流失),且这里的机器、工具均是从国有企业武汉冠生园厂区搬来的(转移、挪用国有资产)。而这家股份制性质的武汉冠生园公司最大的股东便是韩建强——国企武汉冠生园原厂长,占51%的股份。(评:典型的吃里扒外加违反若干商业法规。)

到2018年,被出售的该地块及地上附着物的价值已从14年前的几千万元上涨到数亿元。2004～2017年年底,武汉冠生园多次上诉,要求法院确认冠生园与添地公司签订的协议无效,都以败诉告终。然而,早在2004年,由于中央电视台曝光,添地集团签订了同意退出的相关承诺书。但直到2018年4月,添地集团仍然没有相关举动。

法庭多次以合同存在效力、缺乏足够证据证明当事人非法勾结为由,驳回武汉冠生园的上诉。然而,中国政法大学教授认为,武汉监察局对本案国有资产流失的认定具有法律效力,可作为证据使用,但这一重要证据却不被认可。[①]

---

① 罗玲,陈园园,刘晓凤,罗意.国企混改下的国有资产流失——以武汉冠生园为例[J].中国商论,2019(11).

补充知识

1915 年，广东南海民族资本家冼冠生（原名冼炳生）开了一家自产自销糖果、蜜饯和各类糕点的食品店，并以自己的名字命名为冠生园。冠生园成为上海滩一个响当当的名字。1928 年，冼冠生沿长江而上，到南京、武汉、成都等地开设了十几家分店，这些分店无论经营的产品还是经营理念，均沿袭总店的策略。1956 年，上海冠生园总店公私合营，从此成为国有企业。散布在全国各地的冠生园分店也均被当地政府改造，从此，各冠生园店成为既无资产联系，也无业务往来的各自独立的企业。

（2）国有资产在企业破产中流失

有相当一部分企业申请破产的主要动机是逃避债务，“破产有利”“先分后破”的现象相当严重。企业破产了，其银行贷款予以核销，造成国有资产流失，还有破产企业的其他国有资产流失。

（3）财政蚕食导致国有金融资产流失

财政性蚕食形成的国有资产流失，主要表现在以下几个方面。第一，财政赤字向银行透支。对这部分早在历年财政预算中支出的资金，财政部门不可能、也无法归还给金融部门，实际上是财政侵蚀了金融资产（并且是不知去向）。第二，用银行垫付款认购国债。第三，财政未补企业亏损款项，对这部分资金实际上用银行信贷资金垫付了。

（4）资产评估环节发生的国有资产流失

资产评估环节发生的国有资产流失指：在产权交易等环节中不进行资产评估，随意定价，或者压低评估值，甚至在招商引资或股份制改造过程中对土地等自然资源不作价，造成的国有资产流失。《国有资产评估管理办法》(1991 年)规定：在国有资产占有单位发生资产拍卖、转让、企业兼并、出售、联营、股份经营、企业清算，以及与国外公司、企业和其他经济组织或者个人开办中外合资、合作经营企业等情形时，都应当进行资产评估。

行政干预、行业垄断影响评估的客观公正性，并且是朝着不利于国资保值、增值的方向。客观、公正是资产评估应体现和遵守的原则，但是在国有资产评估中，从评估操作程序到评估价值的确定，都有人为划出的框框，造成国有资产评估不实。此外，行业垄断和评估机构管理不严也是造成国有资产流失的原因。一些评估机构挂靠行政管理部门，垄断评估市场，形成地区封锁、部门封锁；一些行业管理部门也设立评估机构，收取管理费，由此形成政出多门，影响评估的客观公正性。

(5)资产转让环节发生的流失

第一，由于国有股东虚位，国有资产管理部门、受托持股者、国有法人单位成为国有股权的代理转让主体，在转让中存在代理者越权转让、暗箱操作行为，严重侵害了国有股权益。

第二，转让价格不合理。对国有股份持有机构(尤其政府部门)而言，股份转让价格的高低与其自身利益并没有十分紧密的利害关系，在激励与约束机制不规范时，玩忽职守、低价转让使国有股权益蒙受大量损失。2007 年，《财经》杂志揭露山东国企 LN 集团借“转制”之名悄然将这个超大型国企私有化。两家北京私人企业以 37.3 亿元人民币的收购价，获得总资产高达 738.05 亿的 LN 集团 91.6％的股份，而新公司董事会的大部分成员仍为该企业国企性质时期的高层管理人员(相关人员皆大欢喜)。该杂志质疑，逾 700 亿人民币的国有资产可能流失。

第三，在转让的最后阶段，代理者及其经办人失职或不积极要求受让方履约，导致转让国有股份后不能收回全部资金。

第四，在资产转让中以每股净资产为转让价(应高于该值)，常常忽视商标、商誉等无形资产的获利能力，导致溢价转让的幅度过小，致使国有资产流失。

涉及国有控股权/控制权变化，须获上级主管部门同意。参见 3.2.2 小节第(1)部分第三段。

(6)承包、租赁环节发生的国有资产流失指，在对企业实行承包、租赁经营时违反规定，低价发包和租赁国有资产，造成国有资产流失。

(7)财务管理环节发生的流失

财务管理环节发生的国有资产流失指，在财务管理过程中违反财务制度、非法侵占国有资产造成的国有资产流失。此外，财务管理混乱、存在大量账外国有资产也与国有资产流失有直接联系。

案例

通过审计发现国有资产被侵占

被审计对象甲除担任 A 公司(国企)董事长，还担任 A 公司股东 F 集团的董事长。甲由于职务调整接受经济责任审计(这是一个很好的制度，关键是用好它)，A 公司也接受了审计。通过财务分析和查阅资料，审计人员发现 A 公司存在以下两个问题：管理费用过高，导致公司长期亏损；风险控制不力，导致大额款项无法收回。

审计人员发现，重大亏损业务由 A 公司董事长甲经办并亲自签订合作协议，因此，审计组认为甲对该项国有资产流失应承担直接责任(审结认定，甲对 A 公司长期亏损也负有主管责任)。审计组经综合分析认为，A 公司的内部控制环境存在较高风险，可能还有其他问题，决定深入审计。

评：如果审计人员在发现问题之初没有足够的职业敏感，或发现问题后未深入思考、调整审计程序、扩大审计范围、审查到底，则审计控制将成为空谈。

通过核查历史资料，审计人员进一步发现，2002 年，A 公司第二次增资并引入自然人股东乙持股 43%，国有股权比例降至 57%。2002 年，引入自然人股东乙的投资后，A 公司股东 F 集团即以获得预付款的方式占用 A 公司的预付账款 1 300 万元——占 A 公司预付账款账面总额的 99%。

2004 年，预付账款挂账单位(即获得 A 公司预付款的单位)出现变化，但预付账款总额保持不变，且挂账单位仍是 F 集团下属机构。直至 2007 年，预付账款挂账单位虽偶有变化，但均是F集团下属企业。2008年，A公司的预付账款总额大幅降至300万元，2019年，账面已无大额预付账款。

A公司与预付账款挂账企业（F集团下属企业）处于不同行业，在业务方面无交集，审计人员认为该往来款项比较可疑，询问时，相关人员不能提供合理说明。审计组随即延伸审计这些下属企业。通过审计发现，A公司的预付款挂账关联企业均与其集团外部的B和C公司有业务往来。B、C两公司均以往来款方式占用了这些关联企业的资金，金额合计1 300～1 500万元。上述公司属于不同行业，在业务方面本应无交集。

审计人员登录工商信息网站查询得知，B和C公司均由A公司自然人股东乙控制。进一步审查资料后，审计组确认了B、C公司与F集团的其他下属企业通过虚构交易占用A公司资金的行为。（虚构交易是B、C，F，A三方之间的。占用资金起码可以吃利息，或投资、放贷牟取利益。）

从而，审计组发现自然人股东乙在A公司增资过程中有侵占国有资产的行为，其出资过程是：先由乙控制的B、C公司与F集团的其他下属企业通过虚构交易占用F集团的资金，然后乙以个人名义出资，投入A公司；完成增资手续后，F集团以A公司给予其预付款（可把预付款看成借款，它属于预付方的流动资金）的方式弥补了自身预付给B、C公司的款项，同时多方紧密合作，实际上从A公司抽逃出乙的出资款（从程序和表面看，乙并未抽逃资金）。

至此，F集团的资金从乙占用变成物归原主，乙则是空手套白狼，他们都没有任何损失，只有原国有独资企业A公司发生了实际损失——未获得乙相应的实际投资（因为完成投资手续后，1 300万元资金很快被乙与其同伙巧妙地抽逃了）。根据本案的已有资料可判断，乙起码少投入1 300万元人民币（空手套白狼手段中的走过场资金），A公司却给予乙43%的股份。

股东乙借此运作成为A公司第二大股东——相对于虚位的国家股东而言，他已成为实际的控股股东，并在A公司开发的地产项目销售后，以分配给他的红利逐步消化（A公司的）垫资款（实际上是A公司为乙垫资，相应的股份却是乙的。不过这笔资金已不在A公司，而被转移至F集团的其他下属企业，由后者占用），即通过F集团的其他下属企业还给A公司。例如，2007年是A公司的房产销售、利润大幅提升的一年，所以2008年A公司的预付账款总额大幅下降。(评:违法者真是受过“高人”指点呀,形成了一个“完美”的自循环!)

经走访调查,审计人员了解到,自然人股东乙是当地的一位普通居民,家庭资产状况一般。审计组把上述审计资料与结果移交至纪委相关部门,经查实,乙是审计对象甲的股权代持人(真相大白!),甲对A公司增资过程中的国有资产侵占问题应承担直接责任。①

案例简评:

内部人控制多么严重地危害企业,利欲熏心的高管多么狡猾;不是甲一个人在战斗,是一个胆大包天、自以为天衣无缝、自以为能瞒天过海的集体在犯罪。

当前,物联网、大数据、云技术等日趋完善,但许多国有企业与行政事业单位的(国有)资产管理仍停留在简单的表格台账式的管理水平,现代化程度不高。许多国有企业未针对自身资产的特点开发管理软件,对种类繁多、数量庞大的资产,无法精细管理。

(8)履行经营权环节发生的国有资产流失

指国有资产经营者履行经营权时滥用经营权、侵占国家所有者权益造成的国有资产流失。

(9)权益管理环节发生的流失

指在股份制企业和中外合资、合作企业中,对损害国有股权益和中方权益的行为不制止、不能有效维护国家所有者权益造成的国有资产流失。

(10)执法环节发生的国有资产流失

指执法不当、不严造成的国有资产流失。

(11)相关工作人员在国企改革中违法犯罪导致国有资产流失

一些国企负责人和国家工作人员在企业关、停、并、转、包、租、合、卖等改革过程中,利用职务之便大肆贪污、侵吞、私分、挪用国有资产。

① 黎占露.国有资产侵占行为审计案例分析[J].中国内部审计,2019(9).

下述案例就说明了这一点。宁夏大古铁路公司原董事长孙某等贪污825万余元，私分国有资产783万余元，致使8 000余万元的国有资产流失。此案暴露了国企管理者通过“左手倒右手”，暗箱运作，大肆贪污、侵吞、私分、挪用国有资产。

(12)国有资产在关联交易中流失

上市公司的经营活动涉及的关联交易非常普遍，有些公司的关联交易额甚至占其全部销售收入的90%以上。上市公司利用正常的关联交易可以达到节约交易费用、提高资产利用率的目的，但非正常关联交易则有可能损害上市公司的利益，造成上市公司的资产流失，包括国有资产流失。参见前面第(7)部分的案例。当前利用关联交易致使国有资产流失出现了新趋势：许多国有控股上市公司的管理团队利用分拆上市和海外上市的机会，通过过度的股权激励和关联交易，控制母公司的优质资产，致使国有资产流失。

(13)产权交易体制欠缺导致国有资产流失

缺乏规范的产权交易中介机构和产权交易主体，产权交易行为不透明、不公开，致使国有资产在产权交易过程中流失。①

3.3.2 经营类国有资产流失的8个原因

(1)国有资产产权主体缺位、虚位

不像个人股东或社会资本产权代表，国有资产产权主体可能是政府部门、其他国有机构，当然也可能是国有公司。因激励程度不足、运作机制不够完善，它们容易出现到位不足情况。

(2)管理体制不健全，公司治理结构不健全

政企分开后，企业获得了更多的自主经营权，但企业经营管理者的权力可能过于集中，监督机制薄弱。从许多违法、犯罪案件可看到，往往由于企业一把手身兼数职，一个人说了算，从而导致违法、犯罪行为的发生。未建立起有效的公司治理结构和严格的管理制度，或虽有相关制度，但执行不到位；企业内管理混乱，没有代表国家保障国有资产权益的责任人，国有资产所有者权益遭受损害。

(3)(地方)政府决策失误导致国有资产流失

① 黄炜.国有资产经营与管理案例及专题分析[M].郑州：郑州大学出版社，2017.

市场的暂时过热，加上区域利益的驱动，刺激了地方政府、部门领导及企业经营者的获利信心，导致决策失误，盲目引进，重复建设。决策失误导致国有资产流失较为普遍。我国几乎各省都有彩电生产线，然而彩电生产线的利用率只有 45%；各地为振兴地方经济，不注重实效，盲目引进冰箱、洗衣机生产线，但由于市场及产品质量等问题导致经营不善，只好纷纷停产。另外，地方政府在重组国有产权时不够科学严谨，对放弃控股权不够慎重，导致新进入的大股东轻易获得控股权。

我国当前的国有资产管理体制有利于中央纠正、调控上述错误的决策和趋势，如果改成各级政府分级拥有国有资产，则将导致中央难以行使上述职权。

(4)经营管理不善造成企业的国有资产流失

企业经营管理的优劣直接影响国有资产的运营，一些企业经营管理混乱，没有章法，不按组织程序办事，对项目开发未充分调查和科学论证，拍脑袋定盘子，致使决策失误。粗放式管理造成生产效率低下，从而导致企业的整体效益下降甚至亏损，造成国有资产流失。如某冷冻厂投资 2 000 万元建立两个万吨冷库，其利用率仅有 13%，每年折旧及贷款利息共 400 万元，企业每年亏损 200 万元。

(5)监督制度不健全，执法不严

在企业转让股份、兼并或被兼并时与实行租赁、承包、联营等经营机制后，由于执行相应的管理制度和监督机制不到位，企业国资管理出现失控，导致国有资产流失。一个例子是一些单位对国有(闲置)土地的开发利用不规范，相关部门监督不到位。一些单位把上级划拨分配、无偿取得的国有土地的一部分用于商业开发，也有单位以福利形式把国有土地分配给单位干部、职工建住宅，或作贷款抵押，使国有资产的产权模糊不清，造成国有资产流失严重。另一方面，在许多情况中国有资产流失是由于执法不严造成的。

(6)企业财务管理混乱，财产账目不清

有的国有企业的财务制度形同虚设，一些资金和经费掌握在个别干部和经办人手中，特别是私设名目繁多的“小金库”，管理方面的这些混乱使犯罪分子有机可乘。还有国有企业连对外拥有多少债权都不知道，导致应收款多年未被收回并超过诉讼时效而得不到法律保护，因而流失国有资产。

(7)资产评估不健全、不完善

虽经多年的法制建设，资产评估法律体系逐步完善，但其中不健全、不完善的因素仍是国有资产流失的直接原因。这些情况主要表现在以下方面：行政干预、行业垄断影响评估的客观公正性；国有土地使用权等资产不统一作价入股；保护无形资产的观念淡薄。

(8)寻求法律保护的积极性不高，保护国有资产的意识不强

一些国有企业遇到国有资产被非法侵占时因为怕麻烦，或企业干部、业务人员得了好处费，而放弃起诉权；还有一些企业负责人法制观念淡薄，并且对侵犯国有资产所有权的行为如何行使起诉权缺乏法律常识，也有人认为打官司的费用过高，因而不愿起诉。[①] 检察院进行公益诉讼可弥补这方面的不足，梅傲寒与石晓波(2019)深入论述了这方面的情况[②]。

案例

上海黄浦区检察院启动公益诉讼诉前程序

自《行政诉讼法》确立了国有财产保护领域的行政公益诉讼制度后，上海市黄浦区人民检察院便着力于通过各种途径拓展相关案源，先从内部线索着手，排查该院历年办理的职务犯罪案件，尤其初查未立案、立案未追诉的案件，深挖国有资产流失线索。例如，他们在内部案源梳理中，发现一起刑案侦查终结而国有资产流失情况被尘封的案件，由此启动公益诉讼诉前程序，最终有效避免了国有资产流失。该检察院的关键做法如下。

面对国有财产仍处于受侵害状态且可能无法被追回的紧急状况，黄浦区人民检察院当即立案并于2018年7月10日向黄浦区国资委制发诉前检察建议，敦促黄浦区国资委依法履职：第一，立即组织专门工作小组审核相关材料，归

① 黄炜.国有资产经营与管理案例及专题分析[M].郑州：郑州大学出版社，2017.
② 梅傲寒，石晓波.论国有资产公益诉讼的价值功能与完善路径[J].南京社会科学，2019(8).

纳、整理、核对东亚公司非法占用国有财产的材料;第二,为防止本案涉案房产发生产权转移导致国有财产无法追回,在该房屋司法查封解除前责成权利人依法申请诉前财产保全,并做好诉前保全与诉讼确权有序衔接等工作准备;第三,以本案为鉴,对区管企业改制过程中可能导致国有资产流失的国有资产评估等环节复查、复核,发现并追回国有财产的损失,切实履行国有财产保护的法定职责。①

3.3.3 防范经营类国有资产流失的10条对策

总体而言,腐败是国资流失的一个最重要的原因,在国际比较中可看到,腐败也是俄罗斯经济长期萎靡不振的一个重要原因,而且几乎是积重难返,从20世纪90年代一直到现在,难以有效治理。这对我国国有资产管理而言可谓警钟长鸣,一定要花大力气根治各种腐败行为。

(1)实现公正、公开、透明

坚持公开透明,让企业在阳光下运作,是减少腐败的有效方法。以下是一些具体的措施。

①完善资产评估法规,公正评估国有资产。

②公开转让国有资产,建立国有资产公开拍卖制度。

③企业改制操作透明。对企业改制方案应当充分听取职代会和广大职工群众的意见,避免企业主管部门与企业经营者的暗箱操作。

主管部门应引导有关企业,尤其一些特殊企业,例如,国有资本投资运营公司应强化信息披露,即使这些公司还不是上市公司,也可使它们尽量按上市公司的标准披露信息。这样做有利于加强监督这些特殊企业,也有利于这些企业规避交易风险。

---

① 王利民,邵怡.上海市黄浦区国有资产管理委员会公益违法案[J].中国检察官,2019(2).

(2)强化国有资产管理部门的监督、审核、查处机制

国有资产管理部门对国有企业负有指导、督查责任。国有资产管理部门要监督改制企业的清产核资,加强管理资产评估机构,核查评估结果。

(3)规范国有资产产权交易规则

国有资产交易必须一律进入产权交易市场公开进行;严格执行交割单制度,否则国资监管部门不予确认,工商机关不予登记注册。通过产权交易市场可以发现和提升国有资产的价值,规范交易行为,节约交易成本,对反腐倡廉、防止国有资产的流失具有积极作用。

(4)健全法律制度

严格遵守《企业国有产权转让管理暂行办法》;强化企业民主监督机制,充分发挥职工代表大会的作用。

(5)建立健全国有资产监督约束机制

首先,加强企业内部监督,重视监事会工作,加强监事会的工作力度,充分利用监事会的工作成果,达到监督企业的财务、资产、生产、经营、治理的目的。其次,卓有成效的政府审计无疑也是国有资产强有力的看护力量,主要通过定期和不定期的审计大型国有企业实现监督。再次,加强社会审计监督,国有企业必须接受出资者指定的社会中介审计机构的财务审计,发挥社会中介审计的独立性、公正性和客观性。最后,加强媒体、社会监督的作用。

(6)加强管理

加强管理开发、购入、使用过程中的无形资产,防止无形资产流失;做好无形资产保护和保密工作,防止泄密导致的无形资产(如专有技术、配方)流失。

(7)防范企业改制过程中国有资产的流失

审批改制企业,应严把"六关"。

①严把界定关,界定清楚国有资产的范围。

②严把审计关,对需改制企业首先进行清产核资,再聘请会计师事务所对需改制企业的资产进行专项审计,对法定代表人在任期内的财务收支和经营情况进行全面审计评价。

③严把评估关,严格按照国务院的《国有资产评估管理办法》,采取符合实际的标准及方法,按规定程序操作。

④严把核销关，按照“少核销，多挂账，慎剥离”的原则慎重处置企业的呆坏账，注意保持需改制企业法人财产的完整。应多部门会同，作出核销结论，并提供分析报告。

⑤严把方案关，慎重制定改制方案，充分听取和考虑职代会意见。

⑥严把交接关，并严防用国有资产买国有资产。

(8)健全国有资产流失的责任追究制度

(9)加强对会计人员的培训

会计是国有资产的直接管理人员之一，对国资管理负有重要责任。需加强培训会计，使他们熟练掌握与本职工作相关的政策法规，不断更新知识，提高看家理财本领与对国资管理的认识。

(10)设计适当的激励机制

强化激励经营者，促使代理者认真履行管理国有资产的职能，按有利于委托者的目标努力工作。改革国有企业的分配制度，探索实现国家、企业、员工多赢局面的国企经营者和员工的分配制度，确保经营者和员工的行为不损害出资者的利益。

国有资产管理机构防范国有资产流失的职责如下。

国有资产管理机构是查处国有资产流失案件的主管机关[①]，负责国有资产流失案件的综合管理工作。其主要职责包括：

①研究制定查处国有资产流失案件的政策和规章制度。

②汇总国有资产流失案件的查处情况，向本级人民政府报告。

③直接查处本级人民政府交办的国有资产流失的案件。

④监督检查企业国有资产的保值增值状况，一旦发现有国有资产流失的问题，应及时依法予以纠正。

⑤依照法定权限和程序处理国有资产流失的案件，决定对违法人员的行政处罚。

企业防范国有资产流失的主要职责如下。

① 这是考虑到国有资产管理机构的专业性。

这里的企业指，代表国务院国有资产监督管理委员会履行出资者职责的企业[①]及其全资或者控股子企业。它们防范国有资产流失的主要职责包括：

①研究制定本企业国有资产流失责任追究制度。

②负责管理权限范围内相关责任人的国有资产流失责任追究工作。

③指导和监督子企业资产损失责任追究工作。

④配合国资委开展特别重大和连续发生的国有资产流失责任追究工作。

⑤受理子企业处罚的相关责任人的申诉或复查申请。

⑥国资委交办的其他有关国有资产流失责任追究工作。[②]

应用区块链技术防控国资流失如下。

王君卫(2018)提出，区块链分布式、不可篡改的账本技术，对国资监管有重要作用，尤其在防止国有资产流失方面大有用武之地。在这方面，扶贫资金的区块链监管技术提供了有益的借鉴。某中管企业开发了扶贫资金行政审批区块链平台，将扶贫资金行政审批的流程上链，形成监管闭环。该平台突破了以往专项资金监管的覆盖范围，串联起申报监管、拨付监管、支付监管三个阶段，统一省、市、县、乡财政部门，尤其针对支付监管实现了重要突破。

目前，区块链技术还被应用于教育、医疗、大公司内部的资金管控等领域，在防控国资流失方面也将具有重要作用。

第一，以联盟链形式，将国有资产分类上链，任何变更都能留痕，可追溯。其次，将国有资产上链的主体是各级国资监管机构，它们作为国资监管区块链的节点，保障信息的真实性、准确性等。第二，以联盟链为基础，建立国有资产流动的监管应用，如股权管理、资金管理等，重点与先行先试点在国有企业改制重组、产权交易、投资并购、物资采购、招标投标及国际化经营领域。如此，各级监管主体协作建立全国统一的、基于区块链的国有资产监管动态信息平台。[③]

---

① 央企，且负有某些行政管理职能。

② 黄炜. 国有资产经营与管理案例及专题分析[M]. 郑州：郑州大学出版社，2017.

③ 王君卫. 区块链赋能防控国资流失[J]. 董事会，2018(11).

第 4 章　国有资产的投资管理

除固定资产投资，国有资产投资还包括流动资产投资和无形资产投资，而固定资产投资除基本建设投资，还包括更新改造投资。

4.1　基本概念与原则

先来看一下投资结构与经济结构之间的关系。

国民经济结构是由多年的投资结构形成的；经济结构制约当时的投资结构——经济基础、路径依赖、投资实力、创新实力等具体因素决定了投资结构。要把失调的国民经济结构调整过来，实现结构优化，就必须使用改变投资方向、合理分配积累基金等调整投资结构的方法。

我国追求独立自主的经济发展能力和格局是极其正确的，即使加入世界贸易组织后，即使在经济全球化的背景下，我国基本上没有被外国利益集团忽悠，没有被他们左右，始终坚持上述战略。否则当前(2020～2021 年)就不只是芯片领域惨遭美国打压了。所以我们现在有抗衡的实力并最终夺取胜利的基础。美国现在虽然咄咄逼人，打压中国、威胁遏制欧洲国家，但之前几十年它在投资结构方面已出现重大失误，即过于追求高回报的领域，包括金融领域和高科技领域，导致生产领域出现较大程度的空心化。

投资结构是否合理的主要标志如下。

第一，投资结构是否适应经济资源结构。国有资产投资的实现过程，实质上是使用和消耗社会经济资源的过程，因此必然受经济资源总量和结构的制约。

第二，投资结构是否适应产业结构的变化。当产业结构趋向合理时，投资结构应该能促进其尽快实现；当产业结构失调时，投资结构应该能有利于失调状态的矫正。

第三，投资结构是否带来社会供求平衡。

安排国有资产投资结构时需处理好的两个关系如下。

第一，避免只重视基本建设投资，忽视技术改造投资。形象工程受领导们宠爱，治理的办法是改进、优化考核他们的指标。

第二，随着经济的发展，科学、文化、教育事业和社会保障事业也必须同步发展，要让人民的生活水平同步提高。分配国有资产投资时必须安排好生产与非生产投资的比例，例如投资建设污水处理厂以及其他环保事业。这些体现了国有经济作为全民所有制经济的实现形式，不应仅仅停留在理论与口号上的理念。

国有经济布局指国有经济在国民经济中的比重、在产业领域的分布、中央和地方国有企业的区域格局等。《企业国有资产法》的第七条规定：“国家采取措施，推动国有资本向关系国民经济命脉和国家安全的重要行业和关键领域集中，优化国有经济的布局和结构，推进国有企业的改革和发展，提高国有经济的整体素质，增强国有经济的控制力、影响力。”2018 年，上海国资在战略新兴产业、先进制造业、现代服务业、基础设施和民生保障领域的集中度达 85%。

伴随着国企改革，国有经济布局的调整取得了重要进展。《2019 年中国国有经济发展报告》显示，十八大以来：国有经济在第一产业占比在 1%以下；在第二产业，国有企业资产总额占全部国有企业资产总额的 32%左右，且自 2013 年以来，一直表现出缓慢收缩的趋势；在第三产业，国有企业户数占全部国有企业户数的比重约在 64%左右，且呈现逐年增长的势态。

可以说把国有资产都配置到经济效益高的领域，并以此作为衡量国有资产效益的主要指标吗？不能这么说，只能说把国有资产适当配置到经济效益高的领域。例如，房地产行业曾经是效益最高的行业之一，但我们能把大量国有资产投入到房地产行业中吗？那样只会产生大量的经济泡沫。别的领域，即使经济效益不高的领域，例如基础性、保障性的产品和服务（公用设施、基础建设、文化产品和服务等）领域，也需要、也应该获得国家的投资。

4.2　国资是否继续大规模退出竞争领域是有关国有经济主导地位的重大问题

国有企业上缴红利较少，却又经常向财政部门申请补贴。财政部的数据显示：2003～2014 年，这 12 年平均下来，政府补助占全国国有企业利润总额的 14.97%。[①] 社会生产要素向国有企业倾斜，形成了一些垄断企业。政府由于是国有企业的实际股东（即使实现政资分开[②]后），因此难以在公共财政体系中以社会管理者的身份公平、公正地对待国有公司和非国有公司。

常见对策是，国有资本、国有企业尽可能退出一般竞争领域，重点进入公共事业、国防、新兴战略产业、高科技行业，然后上述矛盾会减弱。国有资产管理机构的职能[③]之一是推进国有资产的战略重组，使一部分国有资产从一般的竞

① 马俊，张文魁，张永伟，袁东明，等. 国企改革路线图探析[M]. 北京：中国发展出版社，2016.

② 对政资分开政策，不可理想化和一厢情愿，也就是不能希望两者完全分开。因为政府毕竟是国有资本的实际拥有者，国资委、国有资本投资经营公司只是政府的代理者，它们的拥有者身份只是被授权的身份。所以实际上，政资分开只能是适度的分开，否则就不符合客观情况。

③ 2.1.2 小节“国有资产监督管理委员会的主要职责”已阐述过各项职能。

争领域逐步退出，集中优势资源提升我国在关键领域[①]中的国际竞争力[②]，并对其他资本起引领作用，但也不能盲目退出一般的竞争领域。

例如商业类企业是上海地方国有企业的主体，企业户数占上海地方国企总数的72%，相应地，资产总额占89%，从业人员占86%，利润总额和营业收入均达96%。对此类企业，在改革中应以公众公司为主要实现形式，积极推进其整体上市或核心业务资产上市，稳妥发展混合所有制经济，而不是一味退出。应该有计划、有针对性地从国有企业不具备竞争优势的领域退出，例如，纺织、玩具制造、一般电子产品生产等领域，目前在这些领域国有企业的效率往往低于民企的。具体到某个企业，例如中国建材集团，他们选择退出瓷砖、壁纸、建筑五金、卫生洁具等领域，因为与民营企业相比，他们没有突出的优势。

国企公司化和股份化改制、混合所有制改革等是我国现代企业体制建设的重要内容，这一过程本身就是国有企业公众化的过程。忽视这一事实，过激地把国有企业和民营企业对立，要求国有企业退出所有竞争领域是不符合客观实际的。[③] 还有一些片面的观点与上述观点类似，例如有人质疑：为什么国有企业改革四十年了，国资体量反而越来越大了？这一观点起码有两个错误。

第一，从宏观角度看，当前的国资体量与国企改革之初相比明显减少，而非越来越大，参见1.3.1小节第(4)部分与2.2.5小节第(1)部分的“相关资料”部分，以及10.3.2小节，尤其其中的“关于国有经济垄断的数据”部分。

第二，国企改革绝不是为了把国资体量越改越小，甚至改没了，而是为了增强国企活力、动力与竞争力，巩固国有企业的主导地位，使之为中国特色的社会主义建设做出更大贡献。

做一个类比，新加坡淡马锡旗下的许多企业也都在一般竞争领域经营，组建淡马锡的初衷就是为了让实力较强的国有企业在这些领域对抗外国跨国公司的进攻。在全球一体化背景下，在国际竞争激烈的形势中，我国同样需要实

---

① 例如战略新兴产业：新一代信息技术、生物技术、绿色低碳、新能源、高端装备与材料、数字创意等产业。

② 从另一个角度看，就是国有投资者、国有企业“啃难啃的骨头”，把相对容易开展的业务留给私人投资者与民营企业。毕竟后者在许多方面没有前者的优势，发展民营经济、搞活民营经济对整个国民经济的发展有利。

③ 刘继鹏．凤凰涅槃——刘继鹏论国资改革[M]．北京：东方出版社，2016.

力较强的国有企业在一般竞争领域"守住国土"。

如果一刀切，让国有企业从所有的竞争领域退出，最终可能导致国有经济全面退出的局面。这样的提法和严重的后果，实质上是否认国有经济，否认公有制，与我国的基本经济制度背离，变相否定了四十年的改革成就。[①] 我国经过以前的改革、调整，一部分国有企业退出了，还有一部分在市场竞争中站住脚了，这是不容易的。现阶段，国有企业是我国参与国际竞争的中坚力量，是我国总体实力的重要体现。如果盲目要求国有企业退出竞争领域，只会削弱我国的国际竞争力。[②]

俄罗斯经济转轨后私有化程度过高，最近许多年西方国家持续、刻意制裁俄罗斯，俄罗斯国内资本的利益受不利影响，私人资本的趋利性将导致其大量外流。

我国的实践与发展印证了上述分析。财政部的数据显示：竞争行业的国有资本占比从 2003 年的 39.51%上升到 2014 年的 56.29%。无论是国有企业的主营收入还是净利润，均主要来自竞争行业。2003～2014 年的数据表明，从 2009 年开始，全国国有企业的户数结束了下降的趋势，开始持续地大幅增长。[③] 尽管不少人反对这种情况的发生，他们认为国有资本不应大量存在于竞争行业中，但上述数据与事实说明，此情况适应了我国的特定需要，否则不会有如此明显的增长。

另外，国有企业的进退不应完全由政府决定，也应发挥市场的选择作用，参见第 2 章最后一段。如果国有企业比民营和外资企业做得更好、更有效率或更有特色，是后两者不能替代的，就没有理由不让国有企业在竞争领域经营。国有资本持有者还应按公司法和现代企业制度的规定，以股东的身份参与公司治理，国有企业是否退出竞争领域，应由股东大会表决。所以说，要求商业类国有企业主动"谦让"和退出并不合理，何况还需要国有企业这个主力军应对国际竞争，参见 5.1.1 小节。

另一个对策是适度采用竞争中立原则[参见 1.3.2 小节第(1)部分第③项

① 方艳. 国有企业改革新路[M]. 北京：中国财政经济出版社，2017.

② 刘继鹏. 凤凰涅槃——刘继鹏论国资改革[M]. 北京：东方出版社，2016.

③ 马俊，张文魁，张永伟，袁东明，等. 国企改革路线图探析[M]. 北京：中国发展出版社，2016.

后的专题分析],提高国有企业经营透明度(党的十八届三中全会提出“财务预算等重大信息公开”),贯彻政企分开、政资分开,贯彻以管资本为主,积极发展混合所有制经济。另外国有企业改革不能只停留于完成市场化和商业化,进而蜕化而丧失国有企业的良好性质。[①]

4.3 规划国有资产投资的地区布局

规划国有资产投资的地区布局主要包括以下几个方面。

(1)分配国有资产投资时,利用各地自然资源的优势,发挥各地自然条件的长处,使生产项目接近原材料、燃料产地和消费市场,就可以大大增强投资效益。例如,在煤矿坑口附近建设火力发电厂(坑口电厂)——火力发电厂耗煤量非常大,如果不建设在坑口附近,则煤炭的运输成本、运输损耗比较大。坑口电厂的电可通过超高压、特高压(具备损耗小、占地少等优点)输电网络传输,例如,在西电东送、北电南输中的应用。

(2)历史原因[②]造成了我国东部和西部之间较大的经济、技术差异,这影响了整个国民经济的协调发展。应通过国有资产的投资逐步缩小这种差异。因此在分配投资时,既要充分利用沿海(或流域中下游地区)原有的工业基础,发挥其经济优势,同时也要积极发展内地(或上游地区)的经济,在内地安排必要的建设项目,以便利用那里的自然资源和自然条件,逐步缩小地区间的差异。

① 黄炜.国资是否继续大规模退出竞争领域是有关国有经济主导地位的重大问题[J].企业研究,2022(2).

② 东部、南部地区的土地肥沃,气候适宜,尤其雨水充足,有发展农业的良好条件。再加上近代水运、海运的发展,对外交流增加,东部地区以及南部地区的经济走到了中西部地区经济的前面。相对于东部、南部的百姓,中西部民众的思想更保守一些。

上段话也表明：不能只考虑到中西部地区的自然资源丰富，以及为了缩小地区差异，就在中西部过度投资、建设新生产项目；还是要考虑东西部工业基础的较大差异，要充分利用沿海地区的工业基础，继续发挥其经济优势，以增强国家的整体竞争力和实力。

1999 年中央提出的西部大开发战略就是积极发展内地经济的大政策。[①] 国有资本投入方向应与国家制定的产业政策一致，实现地区之间的投资结构优化和产业结构优化，也要符合地方经济发展的规划和产业导向。

(3)进行合理的地区分工，在分工的基础上加强地区间的协作。水源地区域的水资源保护等环保工作任务比中下游区域的要重很多，如果上游的环保工作没做好，则整个流域的水质都没有保障，人民的生活、生产用水都没有保障。所以上游地区应以农林业、旅游业为主，中下游地区以发展工业为主。

把工业放在中下游，虽然同样会污染水体，但毕竟中下游(沿海地区)的水往往流入更大的水体或大海，受污染的水会得到更大环境容量水体的净化，并且整个流域的居民受工业污染影响的程度降低了，起码受影响的人数大大减少了(即受影响的范围缩小了)。因此，从环保的角度规划投资安排，也不能只考虑到中西部地区的丰富自然资源，或者为了缩小地区间的经济差异，就一味地在某地大力发展工业。

前面提到，在分工的基础上加强地区间的协作，这包括流域中下游经济发达地区对上游水源保护地区的经济技术支持和地区之间的利益分享，让整个流域的群众共享发展带来的好处。这里的地区协作与前面的“在内地安排必要的建设项目”都是为了逐步缩小地区间的差异。换言之，缩小地区差异并非都要依赖在内地安排建设项目，还可以借助地区协作这种方法。

---

① “一带一路”倡议是我们的国家发展战略，更是中西部的发展战略和机遇，使中西部由改革后卫变前锋，以实现到 2035 年东部和中西部地区大致均衡的发展。

国有资产投资分配应当促进各地区间的分工和区际协作关系的不断发展。这种协作关系可表现为生态补偿/PES(Payments for ecosystem services，西方国家的叫法)，可以不只限于资金补偿，如生态补偿金扣缴、财政转移支付，还可以采用实物补偿、技术补偿、产业补偿、智力补偿(培训、咨询)等方式。在产业补偿方面可以采用异地开发等方式——在异地建设开发区，例如，浙江金华的“金磐”模式、广东的工业“飞地”，也叫“借鸡生蛋”模式。

案例

金磐模式

磐安县是浙江省最重要的生态敏感区之一，磐安的水质影响着下游400多万人口的用水安全。1995年，金华市在市区划出一块“飞地”，创设了金磐扶贫经济开发区。如今的金磐开发区已经成为政府扶贫、生态补偿的成功典范。该开发区不仅为磐安县的脱贫做出了巨大的贡献，也为山区欠发达地区实现经济发展和环境保护的双赢提供了范本。有了扶贫开发区的财力与劳动力安置能力的依托，磐安的生态环境得到了明显改善，境内的空气环境质量常年保持在国家一级标准，出境地表水基本上达到二类以上水质标准，实现了“保浙江中部一方净土，送下游人民一江清水”的目标。

实际上异地开发方式更早的时候就在国内出现了，例如，1969年上海即在南京市郊建设梅山冶炼基地，还有上海大丰农场等。关于国有资产投资的地区布局，也要考虑协调城乡发展，把国有资产投资在城乡间的平衡作为推进城乡一体化建设的重要措施。

(4)在规划国有资产投资的地区布局时,还应注意人口分布情况与人力资源水平情况;还应注意长期利益与短期利益的取舍和平衡——例如兴建三峡水库,肯定会牺牲很多短期利益,但它带给国家的长期利益,值得政府做出兴建它的决策。

关于国有资产的投资布局,除了应考虑地区布局,还需考虑在各产业间的分布、中管企业和地方国有企业间的分布,以及国有经济在国民经济中的比重等方面。即使在一个区域内,也要考虑产业、投资分布的错落有致,避免重复投资、盲目投资。

4.4 关于国有资产投资的可行性研究

从项目意向转化为具体设想,到编制出详细的、可作为决策依据的可行性研究报告,需要经历三个阶段。

(1)第一个阶段,研究机会

根据项目设想,在一个特定的地区和部门(或产业),根据其资源情况、市场需求预测及政策许可的范围,选择投资项目,寻找最有利的机会,对拟投资项目提出建议,估算投资额。机会研究工作比较粗略,人们主要靠经验数据估算。

(2)第二个阶段,初步可行性研究

对影响项目的主要因素进行专题调查和研究,例如,市场占有率调查研究、技术可行性调查研究,通过专题研究取得比较准确的数据和资料,以便初步确定项目取舍。

(3)第三个阶段,详细可行性研究

该阶段的工作成果是可行性研究报告,该报告是向银行申请贷款的依据之一。无论国有企业还是民营企业,从银行贷款时都要向银行提供可行性研究报告,因为银行需要控制放款风险,而可行性研究报告就是银行作放款或不放款判断的依据之一。

可行性研究报告需包括企业的情况(例如经营状况、财务绩效、竞争优势、竞争劣势)、项目的市场前景(例如客户群的规模)、盈利预期、技术经济分析(例如技术保障)、管理措施、风险及控制措施、还款能力等。申请上市(包括申请进入地方股权市场)的企业也需要提供这些资料,以降低投资人的风险,保障他们的权利。

4.4.1 评估投资项目

项目评估是对拟建项目的审查和估价,确认拟建项目是否符合国民经济和行业发展规划,是否符合国家的有关政策。自然条件是否可靠,社会经济条件是否具备,采用的技术是否先进、适用等。

例如,作者曾拜访过一家叫"快速递"的公司,该公司的王总介绍说,他们几年前已尝试过整合多家物流公司的业务,以便降低运行成本,提高物流运作的效率,实现多赢。但当时并不成功,直到2016年前后才把此整合业务真正成功运作起来。主要原因是:几年前尝试此业务时,不但移动电话的网络速度慢(2G、3G的速度),而且手机本身也无法胜任——当时大多数人用的都是非智能机。

2016年前后则不同了,移动网络已进入到3G、4G时代,智能手机非常便宜,普及率也很高(公司无须为快递人员额外配置智能机),这就满足了物流整合业务的技术要求。还有其他手持装置的成熟与普及。这些都便于一线业务人员即使身处公司之外,也能轻松处理订单和其他各种业务,以及检查日程安排;公司管理人员则能有效管控业务网络和业务流程。

根据在前一阶段的评估(初步的)和调查中得到的新资料,审查项目可行性研究报告中有关投资和财务的基本数据。分析项目的盈利能力和贷款偿还能力、投资回收期、预期收益,以及环境效益和社会效益等。

经过评估,提供评估结论,结论需包含以下要点:项目建设是否必要;经济方面是否合理,技术方面是否先进、适用;是否需要同步建设相关项目;资金来源和筹措方式是否可行、可靠;有关政策和制度是否健全;等等。不但投资机构需要评估投资项目,银行等信贷机构也需要独立评估相关的投资项目。

在使用国有资产投资经营的过程中,投资主体(即法人)不仅需承担投资决策与投资收益风险的责任,而且需承担资本(可能是通过股权融资获得)经营与负债经营的资产经营责任。有了以上风险机制，可约束法人的投资行为、防范国有资产出现投资流失、抑制过度投资。

债务及利息的累积，使活力不足的国有企业的效益不断下滑，企业的国有资产非但不能增值，连保值也很困难。国有企业要想步入效益上升的良性循环，就必须先走出借新债还旧债的恶性循环，而实施投资项目资本金制度则是在源头遏制国企高负债状况的有效途径。[①] 对企业的资本金达不到规定比例的项目，有关部门不得审批，企业不得向外筹资。

自 2008 年以来，我国政府大力支持企业积极利用国际金融市场的周期调整时机，通过兼并收购等方式实施全球布局，致力于把庞大外汇储备转化为战略资产，由债权投资[②]为主转向股权投资为主；通过进一步融合金融资本与产业资本（例如华润、中国电信、上汽集团开展的业务），推动产业并购和产业结构升级。[③]

4.4.2　可行性分析报告

（1）一般项目的可行性研究报告的内容

①总论：综述项目概况，说明提出项目的背景、投资的必要性和经济意义。

②机构设置、人员安排以及培训计划和费用预算。

③市场前景分析与预测。

④项目所在地的政策和环境分析。

⑤项目合作方情况介绍及资质信誉、可信程度分析。

⑥项目工程技术方案及工程建设期。

⑦项目投资估算及资金筹措方式。

⑧经济效益分析：主要采用定量分析方法，分析现金流量、盈利能力（结合

---

① 事后的解决方法包括债转股方法。

② 主要指买美国的债券。

③ 唐红军. 2008 年全球金融危机下中国政府对策之探究[J]. 中国商界，2009(10).

静态和动态指标[①])和财务报表。

⑨项目可能存在的风险及后果分析，为降低风险须采取的措施。

⑩结论与建议：从技术、经济、社会、财务等方面，论述项目建设的可行性。推荐一个以上的可行方案。

投资项目所在行业的特殊性对可行性研究内容还有更具体的要求，因此可行性研究还应按行业、领域要求分别包括更多相关内容。

(2)生产加工项目的可行性研究报告的内容

①确定产品的市场需求和拟建规模：调查国内外市场的近期需求情况，估计国内现有企业的生产能力，还有销售预测、价格分析、产品竞争分析等。

②选址方案：建厂的地理位置、与原料产地和销售市场的距离，交通、运输、水、电、气、热的现状和发展趋势。还有厂区面积、建设条件及厂区总体布置方案。

③环境保护与劳动安全：环境现状调查，关于拟建项目的“三废”[②]对环境影响的预测，劳动保护与安全卫生等。

④盈利性分析与评价：关于各项基建费用和项目总投资的估算、资金来源和筹措方式、企业生产成本估算、项目财务评价等。

(3)农业项目的可行性研究报告的内容

①调查农业生产的自然环境及地域性/地域分工，调查区域内的水土资源、气候、水文、地质和自然灾害等自然因素的影响，以及农作物的生长习性等。

②项目的整体财务评估

① 静态盈利能力指标指不考虑资金的时间价值而计算的、反映项目在生产期内某个代表年份或平均年份的盈利能力的技术经济指标。该种指标主要有以下 3 个：投资利润率、投资利税率和资本金利润率。

项目的动态盈利能力分析涉及项目资金的时间价值，因此它比静态盈利能力分析方法更客观、科学。项目动态盈利能力分析指标主要包括：财务净现值、财务内部收益率、动态投资回收期。

② 废气、废水、固体废弃物，又称“放在错误地点的原料”。

(4)房地产项目的可行性研究报告的内容

①房地产的市场容量。[1]

②项目的区位性(地理位置等特点,参见 8.4.1 小节开头部分)。

③国家的整体经济形势对房地产市场的影响、居民购买力、房地产市场的供需关系等。

④确定房地产价格。

⑤市场风险预测。

(5)酒店项目的可行性研究报告的内容

①项目所在区域内的客源情况、固定客源和流动客源。

②房间出租率估计。

③房价定位及分析。

(6)商业贸易项目的可行性研究报告的内容

①商品的市场定位。

②采购及销售渠道、完整的销售计划。

(7)金融(证券)项目的可行性研究报告的内容

①宏观经济形势分析、通货膨胀[2]、货币政策、利率。

②金融投资的风险控制及抗风险能力。

以下是一些投资损失的案例。

2010 年后的几年里,中国铁道建筑总公司开展的资本运营项目和境外工程项目中,部分项目存在亏损或潜在亏损 8.83 亿元,个别项目停工或面临回购风险。

2012 年,宝钢集团未经相关部门批准,违反决策程序,批准投资 73.67 亿元建设南疆钢铁基地项目。该项目 2015 年底停产,累计亏损 11.75 亿元。

2010～2015 年,中国铁路工程总公司下属中铁资源等 7 家单位在项目投资或施工中,因违章操作等被处理、处罚或造成责任事故,形成损失和潜在损失共

① 市场容量指排除产品价格和生产者的经营策略的影响后(即排除部分显著影响因素),市场在一定时期能够吸纳某种产品或劳务的数量。

② 通货膨胀指国家印制的货币过多,导致货币本来的价值降低,从而引起的一段时间内物价持续而普遍上涨的现象。

计 10.14 亿元。

至 2016 年 6 月，中国铁路物资（集团）总公司投资 23.2 亿元的一个股权项目，因风险预计不足，形成账面损失 11.22 亿元。

至 2016 年 11 月，中国电力建设集团有限公司下属水电国际公司等 4 家单位承接的 4 个境外施工项目，因前期论证不充分、工程预算漏项等原因，累计亏损 8.58 亿元，还有 4.73 亿元面临损失风险。

4.5 公司投资管理的 4 个问题

本节就微观层面，论述公司投资管理的四个问题或注意事项。

第一，过度投资。通常，公司的经营规模扩张越快，经营管理者可以控制的资源就越多，晋升的机会也越多。经营管理者的下属往往也支持快速扩张，因为公司扩张后，更多的人能获得晋升机会。所以职业经理有扩张业务的倾向，尤其当公司有大量自由现金流时。而许多国有企业目前恰恰具备这一条件——现金流充足，再加上相关制度和法律的软约束以及股权融资和债权融资（equity financing and debt financing）体系的软约束，更加剧了一些国有企业的过度投资。所以董事会应关注经理们的这一可能倾向，考核投资效率和效益。

经营管理者往往有构建企业“帝国”的梦想。这种过度投资的倾向使他们偏重规模扩张，而不是投资于高价值项目。20 世纪我国国企主管单位与经营者偏重做大、不重视做强的普遍现象亦多源于此。很多国有企业大搞多元化经营，而且是不相关的多元化，摊子铺得很大，大而不强。子公司、孙公司成百上千，管理层级繁多、管理链条冗长、决策缓慢、管理效率低下、市场反应迟钝，企业膨胀后内耗大、战略转型难度大、退出壁垒高，竞争力不强。由于过度投资，常常会负债累累，拖累了企业。

许多国有企业在 20 世纪末和 21 世纪初濒临倒闭，除了产权不清晰，管理制度、管理方法落后，以及国企经营体制、外部经营环境欠佳等原因，过度投资，尤其非理性的多元化投资，也是一个重要原因。

目前我国正在改革和完善国有企业上缴国有资产收益的政策，一个重点是提高上缴比例。这既能保障国有资产所有者的正当利益，也能避免过多的现金留在企业，进而导致过度投资现象。参见 1.3.1 小节第三段和 6.1 节。

第二，投资不足。为了有更好的(短期)绩效考核成绩，经理们可能减少应有投资，因为投资多了，当年财务年度中的利润将减少。所以经理们可能会租用设备而不是购买设备，即使购买设备更符合该企业的情况或投资效率更高；经理们还可能削减品牌建设、公关活动、员工培训等涉及长期利益的投资。经理们也可能投资太多的短期项目。董事会也需要关注这一倾向。

第三，过度多元化投资。经理们可能通过过度多元化投资以巩固自己的地位，使董事会难以替换他们，并由于掌握更多的资源而获得更多的设租和寻租机会。[①] 不过，不能因此忽视多元化投资的积极作用。新加坡淡马锡集团通过分散投资和科学的投资组合，有效地使国有资产保值、增值。淡马锡以控股、参股方式经营国有资产，所以它的投资指资本运作，不同于一些实体公司(尤其一些生产制造型公司)的多元化经营。

第四，评判投资决策是一项专业性很强的工作，但部分国企负责人认为国有资产投资是战略决策，因而不需要财务人员参与，相关决策未经财务部门做可行性分析。上述观点是片面的，会导致较大的投资风险。

① 钟海燕. 政府干预、内部人控制与国有企业投资行为研究[M]. 北京：中国社会科学出版社，2017.

第5章　国有资产的经营管理

我国国有资产经营目标[①]可分解成四个方面。

第一，社会目标方面。

国有资产经营能够引导其他经济形式，引导整个国民经济持续、稳定、协调发展，共同发展社会主义市场经济。

第二，调控目标方面。

不断调整国民经济的规模、结构和布局以适应国民经济可持续发展的要求。国家掌握庞大的国有资产后，就能通过国有资产的存量调整(资产配置、出售)和增量投资(均为国资经营)，更有效地解决国民经济的规模、结构和布局问题，最终实现国民经济配置的优化。

他山之石，可以攻玉——美国的教训

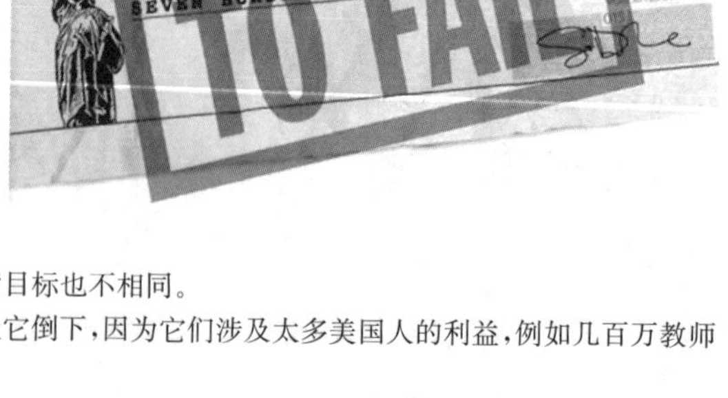

与中国在宏观调控方面的控制力度和效果相比，美国的情况逊色不少。美国的金融题材电影《大而不倒》[②]就反映了美国财政部在美国2007年次贷危机和2008年金融危机中对各大投

---

① 基于不同的社会制度，国有资产经营目标也不相同。

② 意思是某些投资银行太大了，不能让它倒下，因为它们涉及太多美国人的利益，例如几百万教师的退休金由美林集团等财团掌控着。

资银行和储蓄银行难以控制、难以协调它们的行动以缓解危机，因为后者都是私有企业。新加坡规定，在民营化的政府联合型企业中，政府须保持 30%的股权，应该也是出于相同的考虑。

民营企业的生产目的是“市场需要什么，我就生产什么”，国有企业的生产目的是“国家和人民需要什么，我就生产什么”。这意味着国有企业更像是企业中的“人民公仆”。

2008 年国际金融危机发生后，我国国有企业讲政治，从大局出发，贯彻国家的宏观调控意图，在基础设施建设领域发挥了引领作用。

第三，公益目标方面。

弥补市场缺陷，提供公共产品和服务。公用事业和基础设施建设需要的投资大；其投资回收期长，且盈利远不如其他竞争行业的。私人不愿或根本无力对其投资。这些事业一般只能由国有企业经营。由于经营国有资产的目的不局限于利润最大化，还要承担一定的公共政策责任，所以国有企业能够较好地接受政府调节[①]，较好地处理企业利益和国家利益之间的矛盾，满足国民经济发展和人民生活的基本需要。

第四，经济目标方面。

实现国有资产保值、增值，就是通过加强管理和经营，防止国有资产的非正常损坏和流失（尤其对非经营类国资而言），并（对经营类国资中的固定资产）按期足额提取折旧，以及增加（经营类）国有资产的经营收益。提取折旧是指把固定资产折损按照一定的方法提取出来（可使用直线法/平均年限法、加速折旧法等），再根据受益原则，把折旧费计入各年的管理费或制造费、营业费等中。

5.1　国有资产经营的两条重要原则

5.1.1　有利于优化国民经济的产业结构和地区布局

在调整产业结构方面有一个问题值得注意。与民营企业相比，我国的国有

① 与电影《大而不倒》中的情况形成对比。中国能集中力量办大事。

企业在纺织、服装、玩具、一般电子产品等领域没有明显的竞争优势，国有企业应该减少在这些领域（市场规律能有效发挥作用的领域）的经营和投资。那么对市场价值规律能有效发挥作用的领域国有企业须完全或基本上退出吗？

完全退出既无必要也不现实。国有企业如果在某个行业或领域经营得很好，为何要退出？难道把有着美好前景的企业和资产卖给私人甚至外国财团，放弃盈利的好机会？经过多年的改革和发展，现在国有企业的经营效率已经挺高了，民营企业接手国企业务后不一定能实现更高的效率。参见 4.2 节中的第一个对策（常见对策）和 4.3 节。

20 世纪 90 年代，苏联和东欧社会主义国家全盘私有化的惨痛教训对我国是一个重要警示。“国退民进”还是“国进民退”并不重要，重要的是让国有资本和非国有资本互相支持、互补优势、共同发展，共同推进我国经济的发展，例如当前推广实施的混合所有制。参见 5.3.1 小节第(3)部分的较后部分的一段。

其实上述争论就是关于国有企业边界的争论，而对划定此边界不能只看国有企业的经济效率与民营企业、外资企业的对比情况，还要看国有企业执行公共政策的效率（包括执行成本）有无比较优势。国有企业政策工具论正是国有企业改革进入国有经济布局和结构的战略调整阶段的理论反映。[①]

补充内容

苏联、东欧[②]社会主义国家的盲目私有化带来的严重恶果

1992 年 6 月俄罗斯国会通过证券私有化方案，把国家财产作价 1.5 万亿卢布无偿分配给全苏人民。这完全是一个疯狂的举动，对国有资产/国家财产，应通过二次分配（例如我国把少量国有资本划入社保基金的做法）、提供公共产品等方式让民众享有，岂能以证券或现金方式平均分配给民众，这不是涸泽而渔、寅吃卯粮吗？国家难道不需要建设资金、发展资金了？这不也剥夺了后代人的

---

① 黄炜. 国资是否继续大规模退出竞争领域是有关国有经济主导地位的重大问题[J]. 企业研究，2022(2).

② 波兰是一个特例，它吸取了苏联和其他东欧国家的教训，采取了客观、合适、有效的国资国企改革方案。

生存权利吗？

普通居民拿到这些证券后随即抛售，以便获得现金，改善生活。产权交易领域的现金数量却远远不足，导致这样的抛售价格极其低廉，继而引发恐慌，并造成进一步的抛售。资本拥有者获得暴利，极大地加剧了贫富分化，私有化证券以极快的速度向企业经营者和富人的手里集中。

俄罗斯国家杜马私有化结果分析委员会的数据显示：截至 1996 年，俄罗斯已出售的 12.5 万家国有企业的平均售价仅为 1 300 美元，低廉的价格创世界纪录。苏联的 500 家大型国有企业的实际价值超过 1 万亿美元，但只被卖了 72 亿美元。莫斯科吉尔汽车制造厂的资产总量约合 10 亿美元，而一家私人财团仅以 400 万美元即购得。仅 1996 年一年里，因国有企业私有化造成的损失就比德国侵苏战争造成的损失还要多得多！①

联合国提供的数据显示，到 2003 年，26 个苏东国家中只有 7 个国家的国内生产总值超过其在 1990 年时的水平。直到 2007 年仍然有摩尔多瓦、格鲁吉亚等 5 个国家的经济总量没有恢复到它们在 1990 年时的水平。其中摩尔多瓦和格鲁吉亚分别只恢复到它们各自在 1990 年时水平的 51%和 66%。

世界银行的一份报告也不得不承认这次“转型萧条”比 20 世纪 30 年代的大萧条造成的后果更严重，大约相当于发生了一次大规模战争。而这些转型规划是由美国的权威经济机构和专家参与设计的。

以上主要是俄罗斯政府的损失，不是国家的损失，因为财富只是在政府与个人之间重新分配。但如果西方发达资本主义国家的企业再趁机收购俄罗斯的私人企业，俄罗斯的财富就流向西方国家了。类似的事情在其他国家不是没有发生过，例如南非。

① 张捷. 私有化阳谋：把国企股票分给民众必然导致恶性通胀[OL]. 环球财经，http://finance.ifeng.com/news/macro/20120411/5903995.shtml? _sns，2012—4—11.

5.1.2 既要追求当前效益，又要追求长远效益

不重视当前效益就难以积累足够的资金支持基础产业和高科技产业的发展。为什么我国在一段时期内不顾牺牲环境，追求高速发展？这一原则是关于它的解释之一。

西方国家也是这样走过来的，它们在19世纪与20世纪初也是先牺牲环境，大力发展经济，而后再治理环境，有序发展。例如美国治理田纳西河流域、欧洲国家治理多瑙河水质问题、日本治理琵琶湖流域水质、澳大利亚治理达令河水质和伦敦治理大气环境。因为各国都想抓住机遇、快速发展、抢占市场，成为国际竞争中的领先者。①

不进则退，我们不快速发展，别的国家就超过我们了，更好的机遇就被别的国家抢走了。由于我国在改革开放的前30年里快速发展(现在则要关注发展质量，保持健康稳定发展的新常态)，抓住了很多宝贵机会，在"国际竞赛的跑道"上把印度、巴西、越南等国甩在后面。

我们的经济发展到一定的水平时，我们就有资本和精力考虑可持续发展、环境等问题，正如我们现在正在做的事，中央就能为长江经济带发展定下"共抓大保护、不搞大开发"的总基调。例如2015年前后，很多中国人都在关心雾霾、水质等问题(当前已大大改善，所以就不再那么关注了)，然而很多印度人却无暇顾及此事，尽管印度的这些问题比中国的严重很多，德里、新德里等数个印度城市位列全球空气污染城市前几名。原因很简单，因为他们首先要考虑基本的生计问题，例如要吃饱、穿暖。

在不少情况中，宏观事物与微观事物的道理是相通的——上面的情况就类似很多企业想抓住机遇，甘冒风险，力求上市，做大做强，要做行业领先者的情况。否则商机就被别的企业抢走了，竞争对手做大做强后，缓慢发展的企业就

① 英国等欧洲国家在第一、第二次工业革命期间严重污染了大气环境，现在他们在可以降低重工业比重时，要求发展中国家与他们同等程度地削减污染排放，还辩称，他们以前不知道自己的行为污染了环境。美国人口比中国的少很多，也比印度的少很多，它却消耗了全球最多的能源，美国也一直在碳排放等方面压制发展中国家。西方一些国家的人过上了富裕生活，其中一些人却"担忧"：如果14亿中国人都过上富裕生活，地球上的资源可能不能承载。他们的思想够霸道与自私自利吧？所以发展中国家在积极参与碳排放限制、削减污染等环保事务和相关国际谈判时，亦不能受一些西方国家的摆布。

难以与之抗衡了。所以，较少有企业喜欢按部就班、四平八稳地发展，正是因为商业环境、竞争环境给予它们较大的压力，使它们不得不快速发展。

5.2　国有资产的经营体系

我国国有资产管理体制背景如下：各级政府只行使经济管理职权。各级国有资产管理机构代表国家（注：国家统一拥有）拥有国有资产所有权，管理国有资产。国资委当前同时承担出资人和监管者的角色，这一现状需改进。国资委监管的重点是，国有企业执行国家法律法规的情况，国有资产保值增值结果；国资委提出国有资产布局和结构调整规划的原则，制定国有资产管理体制改革、国有企业改革等方面的一系列法规；派出出资者代表；等等。参见第 2 章，尤其 2.1 节。

5.2.1　国有资产监督管理和经营体系的三层架构

在当前各级国资委主导国有资本经营管理的情况中，国资监管与经营的职能仍有一定程度的混合。为有效实现和适度分离国资委的监管职能和国有企业的经营职能，需要建立国有资产监督管理和经营体系的三层架构。三层架构的组成如下。

（1）国资委负责监管，此为第一层。各级国资委如果既当监管者又是股东，则一身两任，难以兼顾，难以管好国有企业。如果国资委直接渗透到企业，成为股东，仍是政企不分、政资不分的表现。所以，可考虑把国资委的股东角色尽量往第二层转移。参见 2.1.5 小节的倒数第二段。

（2）国有资产的投资、经营权由国有资产投资经营机构和国有企业行使。经国有资产管理机构授权（经营）的国有独资公司或企业多为商业实体，主要行使国有资产的投资、经营管理的职能。此为第二层。成立国有资产投资、经营平台，可解决国有资产投资、经营主体缺位问题。

（3）第三层就是各类国有独资企业和国有控股、参股企业，这些企业由上级国有资产经营公司监管，也可能由第一层直接监管，但一般不会由政府监管，因为须实现政资分开。

三层架构适用于国资规模大、国企数量多的情况，例如像上海这样的地方国资重镇。采用三层架构，各级国资委可实现间接管理，减少行政干预，更好地实现以管资本为主的目的。

5.2.2 国有资产中介经营主体

国有资产中介经营主体指由中央和地方政府分别组建的、介于政府和企业之间的国有资产运营机构，例如投资公司、控股公司、资产经营公司和企业集团等。此即 5.2.1 小节中的第二层主体。具体的例子如国家开发投资公司、重庆渝富资产经营管理集团有限公司、上海市城市建设投资开发总公司等。国有控股公司经营的是资本而非资产。

根据委托代理理论的基本原理，管理链条越长，代理成本就越高，不利于监控。国资委应根据国有企业或国有资产[①]不同的重要性和特点，确定管理链条。对重要性高的用两层体制；对可以充分市场化、竞争操作的，可用三层体制。例如“国务院国资委－大型集团公司”两层体制，对关系国计民生的、重点行业和重要领域的企业，采用大型集团公司的形式，由国务院国资委直接管理；再如“国务院国资委－资产经营公司－国有企业(央企)”三层体制。

尽管根据特定情况和要求(例如针对某些大型企业、重点企业)，在中央层面和地方层面都有国有资产的两层管理模式，但总体而言，把之前的监管模式从两层架构变成三层架构(十八届三中全会曾明确此点)是一种趋势。如此，通过政资分离实现政企分开，促进各级国资委由以管企业为主转变为以管资本为主。否则在两层架构中直接面对国有企业时，国资委很难做到只管资本而不直接干预企业经营。

(中央管理的)国有资产经营公司的主要任务如下。

第一，受国资委委托，托管中管企业中的困难企业，例如中国诚通集团就负有这样的职责。

第二，作为操作平台，集中处理中管企业的不良资产。

第三，作为持股机构，缩小国资委的管理幅度，推进其出资企业的改制，引

① 这里的国资委可以是各层级的，国有企业或国有资产也可以是各层级的。

进投资者。

第四，作为操作平台，推进企业的整合。

第五，作为投资机构，投资于新产业领域，培育新经济增长点。

需要注意的是，这些机构的关系不是上下级的行政隶属关系，而是平等的民事主体关系，包括资产联结关系。[①]

5.2.3　国有资本投资与运营公司

知识点

资本运营又叫资本运作、资本经营，指利用市场法则，通过资本的科学运动实现增值和提高效益。具体经营操作包括发行股票、发行债券、配股、增发新股、转让股权、派送红股、转增股本、股权回购（减少注册资本），企业合并、托管、收购、兼并、分立以及风险投资等。

国有资本投资、运营公司属于 5.2.2 小节论述的国有资产中介经营主体。它们在实现国有资产保值增值、优化国有资本布局结构、优化国有公司股权结构、完善现代国有公司体制、完成特定政策目标等多方面起促进作用。通过结合主管部门主导的重组和依托资本市场的并购重组，改建或新建国有资本投资、运营公司，将分散于各行业、各企业的国有资产的产权集结，由国有资本投资、运营公司持有。

上海、广东、江苏、山东、河北都走在了国有资本管理平台试点的前列，分别建立了上海国盛集团、上海国际集团、广东恒健、粤海控股、江苏国信、山东鲁信集团、河北投融等地方国有资本管理平台。[②] 目前中管企业中已有 21 家被试点改组成投资、运营公司（在 2019 年达到此数值）；地方共有 100 多家开展了两类公司试点。

国有资本投资运营公司通过开展投融资、产业培育、资本整合，推动产业集聚

---

① 白英姿. 组建国有资产经营公司初探[M]. //白英姿，马正武. 国有资产经营公司研究与案例. 北京：中国财富出版社，2013.

② 王勇华，解蕴慧. 投资新视野 III——国企改革[M]. 北京：社会科学文献出版社，2016.

和转型升级,优化国有资本布局结构;通过股权运作、价值管理、有序进退,促进国有资本合理流动,优化国企股权结构,实现国有资产保值增值;通过规范的公司治理机制管理出资企业,促进国有公司加快建立与完善现代国有公司体制。

改组或组建国有资本投资、运营公司,是实现以管资本为主的国资管理体制建设的重点工作。在改组原企业集团成为投资、运营公司时,需注意其原有功能的转变,尤其投资公司将不再直接管理业务经营,还包括人力资源的大调整,把一部分职能人员(其原有岗位在改组后的公司中不复存在)充实到出资公司,为新职能招聘新人。这些配套工作是为了使改组后的公司能真正行使投资、运营的职能。

为减少人为设置的层次,精兵简政,减少资源消耗,应尽量采用改组或重组方法设立国有资本投资、运营公司,也就是把建立了规范公司治理机构的集团公司改组为平台公司,例如珠海格力集团,而尽量不另建平台公司。

关于国资投资平台和运营平台,过去曾有过两种不太理想的情况。一种是平台公司片面强调国家和地方政府的战略意图,走行政化老路,不可持续;另一种是把自身视同一般的市场主体,片面强调盈利,失去国有资本的特质。

后一种情况有其内在的原因:国资运营平台公司往往很难有运营被授权范围内的国企存量资产的决定权(参见后一段第一句);划拨给平台公司的国企资产往往缺乏流动性;国企改革不到位,国有股权的真实价值难以实现。这些客观原因导致国资运营平台把精力集中于自己能做主的政府增量投资形成的国有股权上,导致“自转快于公转”。

这两种平台公司是国有资产出资者代表,以股东身份从事国有资本的经营与运作,以及指导存量资产的优化和重组。2015 年《中共中央、国务院关于深化国有企业改革的指导意见》指出:国资委是这两种平台公司和其他直接监管企业的出资主体;国资委授权国有资本投资、运营公司对授权范围内的国有资本履行出资人的职责。今后,国有出资者的意图应主要通过国有资本投资、运营公司,借助公司治理结构,以市场化方式影响国有公司经营。该《指导意见》还明确提出,开展政府直接授权国有资本投资、运营公司履行出资者职责的试点。

当各级国资委专司国资监管职能时,国有资本经营体系就变成“中央或地方政府—国有资本投资、运营公司—国有公司”的结构,相应级别的国资委与其他监管机构监管国有资本的经营。

目前，授权范围（例如授权资产范围、出资者权利范围——国资投资公司、运营公司的权利范围）和授权方式（也涉及行权方式——按章程还是合同）尚须明确。

案例

上海国盛集团与上海国际集团

上海两大国资平台的资产划出与股权划进，把国资运营的功能要求与市场化运作有机结合起来。两大国资流动平台被定位于“两主体一通道”，即国有资本运作主体、国有企业持股主体和国有资产有进有退的通道。两大国资流动平台一方面把国资委的行政管理和企业的市场化经营隔离开来，另一方面把自身在资本运作中产生的收益投入到基础设施建设和民生保障。

以上海国际集团为例，它成为国资运营平台之后，其业务分为两类。一类是资本运营，一类是投资管理，并分账管理。对国有资本运营、股权划转带来的收益，该集团全额上缴给市财政，加强国资收益为上海市国民经济和社会发展进行二次分配的贡献；对投资管理类的收益，与一般国有企业一样，按照15%的比例上缴。

案例

2017 年 7 月，山西省国有资本投资运营有限公司成立，山西省国资委将其持有的 22 家省管国企的股权全部注入该公司，由省政府直接授权国投公司履行出资者职责。省国资委授权该公司行使涉及规划、财务、产权、投资、人力等重要环节和领域的十项权利。上述改革标志着山西省国有资本投资运营公司正逐步行使国资委的出资者职能。

重庆渝富集团也进行了有益的探索。他们对被持股公司（即在该公司有股权）派出董事、监事候选人，不是用红头文件管理被投资公司，而是按公司法行权，对议案投票。这两种平台公司对被投资公司行使股东职责，对国有资产承担保值增值责任。国资投资、运营公司对被投资公司可以增持股票也可以减持。

国有资本投资、运营公司的商业模式可用做好“三个一批”概括：创新发展一批，加大投资于战略新兴产业；重组整合一批，涉及股权的归集、整合和重组；清理退出一批，退出一些低效的产业。或者这样概括这两种平台的工作，即融资、投资、管理股权、运营资本、研发和设计改革方案。

一部分国有资本运营公司选择做被投资企业的第二股东。平台公司如果控股就要承担管理责任，进而就要过多地管理；而参股则企业经营更灵活，也避免平台公司陷入企业的具体事务中。例如，重庆对国有资本运营平台的试点要求是“不控股、不并表①、不负债”。② 关于相反的观点和实践，参见 10.4.3 小节“国企中国有控股权管理……”第(1)部分最后一段里美国康柏公司的案例，须持辩证的思想分析一件事的两个方面。

知识点

企业集团是以资本为主要联结纽带，以母、子公司为主体，以集团章程为共同行为规范，由母公司、子公司、被参股公司及其他成员企业或机构组成的企业法人联合体。企业集团不是一个经济实体，也不是法律主体。

集团公司是联合企业集团的核心企业，其法律地位是母公司。母公司与子公司的基本关系是股东与公司的关系，即母公司是子公司的股东，子公司是独立的公司法人。企业集团不承担法律责任，但集团公司须承担法律责任。企业集团的管理机构往往与集团公司的管理机构合二为一。因此集团公司不仅要追求其自身的利益，也要兼顾整个集团的利益。

企业联合有多种形式，企业集团只是企业联合体中组织紧密程度比较高的一种形式。

① 合并会计报表。

② 东方早报，2016—5—24.

5.3　国有资产经营体制改革的重点：混合所有制改革

国有资产经营的方式有独资经营、股份经营、国家授权经营、租赁经营、国内联合经营、中外合作经营、产权转让经营、企业集团经营、承包经营等。历史中，承包制、股份制、企业工委制等诸多模式始终延续了“国家统一所有，地方分级管理”的体制。这个委托代理链的根本缺陷是国有产权所有者的主体虚设，导致国有资产的低效经营。党的十六大明确规定国有资产监督管理机构作为国有资产的出资代表者，解决了出资者代表缺位的问题，同时也解决了“多龙治水”的问题。

租赁经营中，所有权与经营权分离彻底，承租方有较大的自主权。租赁经营包括个人租赁、合伙租赁、全员租赁、法人租赁。全员租赁，即承租者是企业的全体职工，风险抵押金由全体职工承担，职工选举租赁委员会并产生厂长或经理。法人租赁，即承租者为另一家企业。采用法人租赁方式时，一般由管理水平高、经济效益好的企业承租管理水平低、经济效益差的企业，同时承担后者的债务。

皮凯蒂在《21 世纪资本论》中讲：中国公有资本的比例很大，如果实现公有资本和私人资本的良好平衡，发展混合所有制经济，会有助于实现公平和平等的社会。我国政府也一直重视混合所有制的发展，①可以说在改革开放之初就在探索和实践，尤其近年来，更是把国有企业的混合所有制改革放在非常重要的位置。所以本节重点论述混合所有制（股份制）改革。②

5.3.1　混合所有制改革及其意义

国有资产经营的重点是完成保值增值任务，整合国企资源以提高竞争力，降低改革成本，按国家战略需要实现国有资本的进入和退出。党的十五大提

---

① 中央早在 1993 年党的十三届四中全会中就提出“财产混合所有的经济单位”概念，并提出在特定骨干企业“国家要控股并吸收非国有资金入股”；早在 1999 年十五届四中全会和 2003 年十六届三中全会中就提出要发展混合所有制经济。

② 早在 19 世纪下半页，盛宣怀向李鸿章陈述轮船招商规划时，就提出要官商合办或官督商办。

出，公有制的实现形式可以而且应当多样化。上述观念有助于在我国实现不同所有制在同一经济体系（即社会主义经济体系）中的融合，有利于在不同所有制资本之间形成制约机制。混合所有制能加强企业及资本的规范化运营，促进企业遵纪守法，提高经济效益。

1997 年 9 月中共十五大一中全会报告首次提出“混合所有制”概念。十五大后的几年里，我国数百万国有小企业和乡镇企业完成改制，上万个大中型国有企业完成股份化改制。在世纪之交，一个以混合所有制（宏观、微观层面均有体现）为基础的市场经济的轮廓开始显现，为世人称道的 20 至 21 世纪“中国故事”奠定了基础。[①]

十八届三中全会通过的《中共中央关于全面深化改革若干重大问题的决定》指出：“国有资本、集体资本、非公有资本等交叉持股、相互融合的混合所有制经济，是基本经济制度的重要实现形式，有利于国有资本放大功能、保值增值、提高竞争力，有利于各种所有制资本取长补短、相互促进、共同发展。允许更多国有经济和其他所有制经济发展成为混合所有制经济。国有资本投资项目允许非国有资本参股。允许混合所有制经济实行企业员工持股，形成资本所有者和劳动者利益共同体。”目前混合所有制企业占据国有投资企业的半壁江山，该占比仍保持上升势头。

(1)混合所有制改革就是通过不同所有制性质资本的所有者参与国企股份制改革，把国有企业推向资本市场；通过资本市场运作，促进国有资本的合理流动，实现资源的优化配置。从混合成分看，我国混合所有制经济主要有三种类型。

第一，公有制性质的经济（国有或集体经济，经济指经济形式、经济类型、经济组织，在其他场合还可指经济制度等）与私有制经济组成的混合所有制经济形态，

① 吴敬琏. 继续深化国有经济的市场化改革[N]. 经济参考报，2013－9－26.

包括:我国国有企业与国内私有企业合资,国有企业与外资企业合资,等等。

养老基金、保险基金、社保基金这些社会资本虽非国有资本,但却是一种不同于私人资本的新型公有资本。在全球范围,此类公有资本的经营者现在已成为许多企业的主要或重要投资者。所以,实际上混合所有制经济类型还包括国有资本与社会资本的混合。

第二,公有制经济与个人联合组成的混合所有制经济,包括吸收本企业职工持股的国有企业、集体所有与个人所有结合的企业。

第三,国有企业与集体企业联合组成的混合所有制经济形态。

微观层面,不同所有制企业的重组、不同所有制股权的融合,这些形成了宏观层面不同所有制经济的混合。

(2)混合所有制改革可以使国有企业吸收大量非公有性质的资本,实现不同所有制性质资本的融合。只要其国有资本所有者具有控股地位,该企业就具有国有性质。混合所有制可以放大国有资本的功能,增强国有经济的引领作用,因为通过混改,国有资本影响乃至引领了其他性质的资本。参见10.4.3小节。

在西方国家的公司中也有类似的情况,例如国际商业机器公司就是一个典型。它是一个股权高度分散的上市公司,在该公司的全部18亿股的股份中,除小部分被散户拥有外,主要由各种基金机构拥有,其中最大的股东掌握的股份也不超过0.4%(美英股份公司的典型特征就是股权高度分散,避免股权集中在少数投资者那里,不过高度分散也会导致治理失效)。但这些股东处于相对控股地位,能够控制其他股东的资本,他们对国际商业机器公司拥有很大的决策权。

(3)分别从国有资本和非国有资本两个角度,也可看到发展混合所有制经济的好处。

①国有企业引入非公有资本有利于政企分开,混合所有制改革为政企分开

创造了产权条件;有利于形成市场化的运行机制,完善公司激励机制,完善公司治理体系,提高国有资本的运营效率;有利于放大国有资本的功能,保持国有经济在关键领域的主导地位,引领非国有资本的投资与经营,增强国有经济的活力、控制力和影响力。引资背后是引智,引各类技术、市场和团队,助力企业实现跨越式发展。

在混合所有制改革中,须避免仅为国有企业多找到一条融资渠道的思想,应当通过混合所有制改革去行政化,提高国企的治理效率。国有企业往往不差钱,完善治理结构(例如解决国有股一股独大问题)、提高治理效率应该成为更重要的目标。一个关键是确保投资国有企业的其他股东的话语权,参见 10.4.3 小节第(2)部分——股权制衡。进而,混合所有制有助于打破国有企业旧的能上不能下、能进不能出的用人制度。实施混合所有制改革不是简单地做同类项加法,而是通过转型升级提升企业的竞争力。

反面案例

京沪高铁股份遭遇退股

2011 年,京沪高速铁路股份有限公司被审计发现诸多违规问题;2012 年,在该公司经营状况良好之时,其第二、第三大股东平安资产管理有限责任公司和全国社保基金理事会却要求退股。一个重要原因就是第二、第三大股东没有多少话语权,既不能有效监督该公司的经营,杜绝违规、违法行为,也不能参与重大的经营决策。决策、经营大权都掌握在第一大股东中国铁路建设投资公司手里①。

国务院国资委原主任肖亚庆表示,混合所有制不是谁占谁的便宜,而是共同融合、共同发展。混合所有制改革中,其中一方占了便宜,在一段时间内也许是可以的,但难以长久,只有找到共同利益,混合所有制(改革)才能长期存在和

① 方艳.国有企业改革新路[M].北京:中国财政经济出版社,2017.

进行下去。[①]

②非公有制企业参与国有企业的改制、重组，有利于拓宽非公有资本的投资渠道和发展空间(当前我国私人资本达30万亿元之巨，它们需要投资渠道)，有利于非公有资本同等使用生产要素、公平参与市场竞争。

本书其他章节提到的加大垄断行业的改革和开放力度、推进员工持股、在国有资本投资运营平台上允许私人投资者与公有投资者同台竞争，以及其他章节未提及的允许私人资本进入金融领域、进入更多的公共事业领域，等等，都是为私人资本拓宽投资渠道。私人企业在混合所有制企业中的投入占其自身总资产的一定比例，也有利于其淡化家族化经营。

综上，要减少关于"国退民进"和"国进民退"的争论，推进国有资本和非国有资本在公平、良性、高效的市场环境中，相互支持、互补优势、共同发展。大量活跃、繁荣的民营企业为(上游的)国有企业提供了活力源泉。参见5.1.1小节第三段。中央的政策也是对双方都支持，促进双方相互配合而不是一味竞争。

案例

1999年，民营企业雅戈尔集团介入宁波杭州湾大桥项目的筹备。2001年大桥公司组建时，由于在该公司拥有45%的股份，雅戈尔成为与宁波交通投资平起平坐的第一大股东。另一家浙江民企拥有剩余的10%的股权。这开创了我国民间资本进入国家特大型基建项目的先例。2003年5月雅戈尔把所持大桥项目的40.5%的股权转让(其本身持有股份降至4.5%)，溢价幅度约为10%。[②]

上海市国资委的数据显示：截至2017年年底，混合所有制企业占上海市国资委直接监管企业的比例是68.5%，资产总额占比达86.4%，营业收入占88.9%，净利润占93.4%，已成为上海国有企业中最有活力、最有实力、最有效

---

① 新京报，2019－3－28，https://cj.sina.com.cn/articles/view/1644114654/61ff32de02000kun9?cre=tianyi&mod=pcpager_fin&loc=7&r=9&rfunc=53&tj=none&tr=9.

② 汪建成.中山大学管理案例研究[M].北京：经济科学出版社，2008.

率、最有发展潜力的部分。在始于 2019 年下半年的上海国资国企综合改革中，混合所有制的改革仍然是重点内容。

2018 年深圳市国资委对系统内 1 400 余家法人企业逐一梳理，制定混改工作方案，确定了“不再试点、不限层级、应改尽改、能混尽混”的改革总目标。①

截至 2012 年年底，中管企业及其子企业中公司制企业的比例达 89.2%，其中实现混合所有制的企业占 56.7%。2018 年 12 月，在 2018 年央视财经论坛暨中国上市公司峰会中，国资委有关人士透露，在国资系统，总资产的 65.2%（净资产的 61.7%）已进入上市公司，营业收入的 61.2%（利润总额的 87.6%）来自上市公司。截至 2019 年 3 月，中管企业的公司制改革已全面完成；截至 2019 年 6 月底，在中管企业中，开展混合所有制改革的企业占比达 70%。中国证券监督委员会的数据显示：2018 年沪深两市 3791 家上市公司中，国有上市公司 1 114 家，占 29.4%。

（4）混合所有制经济和混合所有制企业打通了不同所有制之间的界限，消弭了不同所有制企业间的鸿沟，打破了国有资本在一些行业的垄断，淡化和减弱了过去关于所有制的固有观念对经济发展活力的束缚，建立起不同所有制性质的产权主体之间的平等、合作和共生关系。

我国目前不仅产能过剩，资本也过剩（资本过剩是本质，产能过剩是表象，另外还有其他资源过剩），而混合所有制改革就是一条疏导富余资本的渠道。

（5）国有企业转变成混合所有制企业后，在国际化经营中更有利，例如，降低外国政府、企业和其他机构再无端把我国国有企业认定为政府工具的概率。中央的政策、精神也为推进混合所有制改革提供了坚强的后盾。2016 年 12 月，中央经济工作会议明确提出：“混合所有制改革是国企改革的重要突破口。”十九大报告强调：“深化国有企业改革，发展混合所有制经济，培育具有全球竞争力的世界一流企业。”

在推进混合所有制改革的同时，还应继续推进股权多元化改革。例如，国有经济组织相互参股——中管企业与地方国有企业相互参股，不同部委的出资

① 华彩咨询. 地市国资国企改革五大问题的六大解决路径[OL]. 搜狐财经，2018－12，http://m.sohu.com/a/279930693_99917855.

企业相互参股，不同区域的国有企业相互参股，同一系统（例如某地方国资系统）内的国有企业或同一单位的出资企业相互参股。上述例子属于企业法人参股，各级国资委或国有资本投资、运营公司也可相互参股，即出资者（代表）参股。

混合所有制改革与股份制/股权多元化改革相互补充、相互支持。例如缺乏合适的混改合作对象[①]时可加强股权多元化改革，也能增强国有经济的活力、动力与影响力，有助于改善国有公司的治理。涉及国家安全、国民经济命脉的一些国有集团公司，对它们进行混合所有制改革的难度比在子公司、孙公司的大，例如，对集团公司的股权定价的难度大，主要高管仍由上级任命，这些都是障碍因素。对此类集团公司可考虑股权多元化改革，即仍旧引入国有投资者。

而像珠海格力集团公司这样的，由于其业务基本上都是商业类的，对它们可加强市场化运作，例如，高管职业经理化，鼓励混合所有制改革，引入非国有性质的投资者，出让国有股权乃至控股权。一些国有集团公司正在这样实践，例如格力集团。

股权多元化有可能为企业带来新资源、新技术、新理念、好的管理和治理方法。

最后简述一下几种改革的关系。混合所有制改革或股权多元化改革与供给侧结构改革的基本目标是一致的，前者是后者的实现基础之一。供给侧改革与国企改革有密切的关联，前者是后者的内容或方法之一。国有资产管理体制改革对国企改革有引领作用。

5.3.2　混合所有制改革的一些方法

可通过产权转让、增资扩股、首发上市（IPO）、上市公司资产重组等方式，引入非公有资本、集体资本，实施混合所有制改革，增强国有企业的活力与竞争力。

（1）国有集团公司即一级法人进行混合所有制改革，可采用以下方法。

---

① 原因有：私有经济组织规模小，无财力购买国有公司出让的股权，或者民营公司对欲购股权的营利性要求高，其自身的运营也不规范；外资公司受到行业进入限制；一些基金等社会资本的经营管理者追求低风险、高回报，国有公司出让的股权不适合它们。

①对其主营业务或绝大部分资产已进入上市公司的企业，通过转让国有股权或扩股增资，改变上市公司的股权结构。国有集团公司的资产整体上市后，集团公司就只是一个控股股东了，成为没有具体业务的“壳公司”。从国资委的管理角度看，可取消集团公司，让国有资本经营公司行使上市公司的国有股东权利。

对少量未上市资产的处理方法有：划拨给国有资本投资公司或经营公司；出售；托管，即国资投资或经营机构持股，委托给与未上市资产关联的上市公司管理。托管的优点是：可以加快有关资产的整体上市进程；减少了国资管理部门的负担；人头熟，方便管理。

案例

2014年上海华谊集团认为：虽然H股首次公开募股的审批快，有利于打通国内外市场，但市盈率与估值较低；香港投资者更看重贸易、金融类公司，化工类公司不具备优势，在香港股市市值打折的上海制造企业很多；借壳A股上市更适合华谊——华谊集团旗下有三家上市公司，包括双钱股份。2015年7月华谊集团的核心资产重组上市方案获证监会批准，双钱股份向其控股股东华谊集团发行股份，华谊集团资产的证券化率达80%以上。[①]

②对集团公司直接进行混合所有制改革。一些集团公司的资产规模比较大，业务又比较繁杂，可将其拆分成两家或更多的企业，再进行混合所有制改革。建议：一级法人实行混合所有制后，国资委并不适合作为持股者（注：为了政资分开等目的），持股者可以是国有资本运营公司。

(2)适合垄断型国有公司的混合所有制改革的策略与方法。

对垄断型国有企业、涉及国家重大安全事项的国有企业进行混合所有制改革，采用的策略与方法及用于商业类企业的又有所不同，而且也不宜完全放开或过度放开市场准入。垄断型国企实施混合所有制改革后，甚至假设其走向一

① 许保利. 关于完善国有资产管理体制的构想[J]. 中国经济周刊，2017(11).

个极端，即完全私有化后，新投资者或经营者也不见得更努力，经营效率也不一定提高，例如过去山西省私营煤矿的情况，参见 8.3.2 小节“矿产资源管理”中的案例。

对垄断型国有企业实施混合所有制改革，即进行一定程度的私有化，会引发公众的不满。因为存在垄断利润，公众会觉得，这样做就是把社会财富大量转移给个人。因此在混合所有制改革中需考虑公平性，考虑公众的接受程度，循序渐进地进行。

不过随着科技的进步，垄断行业中有越来越多的业务成为非自然垄断业务(参见 1.3.1 小节第二段)，对这些业务应不应当放开市场准入，中共十八届三中全会给出了肯定回答：“国有资本继续控股经营的自然垄断行业，实行以政企分开、政资分开、特许经营、政府监管为主要内容的改革，根据不同行业的特点实行网运分开，放开竞争性业务，推进公共资源配置市场化，进一步破除各种形式的行政垄断。”参见 10.3 节。

案例

中石化在销售板块实施混合所有制改革

2014 年，中石化把油品等销售板块拿出 29.99%的股权，聘请国内外知名评估机构和投资银行评估价值(防止国有资产流失的手段)，并作价竞价销售。经过竞拍，最终有 25 家境内外投资者以 1 070.94 亿元人民币总价成功购买。其中民营企业 11 家(包括复星、腾讯等公司)，投资额占 35.8%。中国人寿等国企也买了不少，还有外资参股。中石化为做这件事，准备了两年。该公司将把销售收入中的 1 000 多亿元投向油气勘探等领域，以增强公司发展后劲。

案例分析

也有人对中石化的混改评价不高，主要是认为混改后，中石化仍占 60%的股权，还是一股独大。民企、外企参股与经营无关，只是分享垄断带来的利润，这样无法激发市场活力。不过，改革需要逐步推进，很难一步到位。

实际上，为消除外来投资者在合资业务中没有话语权的顾虑，中石化销售公司建立了董事来源多元化的董事会：中石化派出 4 名董事，其他投资者派出 3 名，还有 3 名独立董事、1 名职工董事[①]，共 11 名董事。中石化集团还宣布，对实施混合所有制改革后的销售公司管资本而非管资产，不会像原来的管理那么具体。另外，该销售公司还在全球范围招聘了 9 位职业经理。

案例

中国建筑材料集团公司的混合所有制改革

中国建材集团是国务院国资委直接监管的央企，它的前身中国新型建筑材料公司于 1999 年与民企振石股份及另外两家公司联合发起成立了中国化学建材股份有限公司并成功上市。新型建筑材料公司主要是为了抵御亚洲金融危机的冲击和摆脱经营困境而联合；而振石股份旗下的巨石集团则是为了筹资扩建和抵御国外投资者的恶意收购。振石股份的董事长成为中国化建的副总经理，民营企业家成了国企的职业经理。[②]

中国建材集团在 2005 年后的几年，通过联合重组的方式兼并重组了行业内的大量民营水泥企业，提高了行业集中度以遏制恶性竞争。在联合重组过程中，中国建材集团采取严格的标准和优厚的条件重组民营企业，为原民营企业的股东和高管保留了一定的股权，使原民营企业的管理者和员工团队在重组后的企业中能充分发挥作用。在组建南方水泥有限公司时，有 80% 的民营企业家成为南方水泥的职业经理。

上述案例中的成功经验是：双方的联合重组是自愿的和市场化的行为，不是为了消灭竞争对手，而是形成双赢局面。在新组建的企业中为原民企经营者保留一定的股权，实现国企实力与民企活力互补。下面一条经验更突出：水泥行业竞争充分，中国建材集团是一家商业性较强的央企，并不承担太多的政策或公益责任，其经营目标主要是国有资产保值增值的经济目标，与民企追求利润的经营目标比较一致，在经营理念方面容易沟通。

---

① 混改给中石化带来 25 个“小伙伴”[N]. 河南商报，2014－9－16.

② 李锦. 国企供给侧改革难点与对策[M]. 北京：研究出版社，2016.

经营目标的差异性是一个值得注意的因素，在公益性和垄断性（垄断领域的国企常常有较强的政策或公益责任）较强的领域，国有企业与民营企业的混合所有制改革常常遇到较大阻力，成功率不高。所以对混合所有制改革可遵循先易后难的原则。[①]

实施混合所有制改革后的公司运作需有根本变化，例如，董事会会议怎么开，决策怎么作，重要的管理者怎么选，（核心）科技人员和高管的薪酬怎么定，都得变。必须"伤筋动骨"，不能只是表面上变一变，那是不解决问题的。

5.3.3 在混合所有制改革中激发非国有经济组织积极性的方法

我国目前大部分混合所有制公司的主要矛盾，首先是国有大股东和企业经理组成的利益集团和非国有中小股东利益集团之间的利益冲突；然后才是股东与经理之间的委托一代理矛盾，而且主要还是国有大股东与经理之间的委托一代理矛盾。[②]

上段中，前面一个利益集团会掠夺后面一个利益集团的利益。在国有股一股独大的混合所有制企业，非国有投资者"用手投票"（即参与决策，监管企业）的机会少，"用脚投票"（抛售股票，离开）有障碍。这些情况削弱了非国有投资者参与混改的积极性。在混合所有制改革中不能一味强调放大国有资本的效果，还要建立合理有效的公司治理机制，保护各类投资者的积极性。下面是一些解决方案。

（1）在混合所有制企业中使非国有股份比例达到 33.4%，或者在股权比较分散的混合所有制企业中使非国有股份比例达 50%以上。[③] 这两个界限值得关注，它们分别对应着《公司法》中以下两条规定。

第一，股东大会修改公司章程、增减注册资本，及合并、分立、解散公司或变更公司形式，必须获得出席股东大会的股东所持表决权的三分之二以上支持。

---

① 戴锦. 国有企业的性质[M]. 北京：经济科学出版社，2016.

② 庞任平. 解密公司证券设计与国企改革[M]. 广州：广东人民出版社，2016.

③ 在股权比较分散的混合所有制企业中，或者为将来股权比较分散的混合所有制企业，才设定非国有股权比例可以达到 50%以上，是为了避免非国有股东一股独大或联合起来谋取私利，也是为了避免中小股东受国有大股东支配。

如果非国有股东拥有33.4%以上的股份，国有股东就不能我行我素。

第二，股东大会的一般决议需要半数以上的表决权支持。如果非国有股份比例达到50%以上就能有效制衡国有股东。这样，非国有股东就可能成为积极股东(客观方面具备条件)，有利于削弱政府干预，有利于非国有股东强化监督意识和决策参与意识(主观方面有意愿)，并把民营企业好的激励机制、决策机制、用人制度等引入混合所有制企业。如此，国有企业方能实现引资背后的引智。这对混改合作对象非国有公司的经营水平和理念也提出了较高要求，参见5.3.2小节里中国建材集团案例中“采取严格的标准”的做法。另，参见10.4.3小节第(2)部分的最后一段。

案例

华为的虚拟股票激励制度

华为公司坚持以奋斗者为本，实施措施包括用虚拟股票以及其他优厚待遇激励奋斗者。虚拟股票有分红权及净资产增值收益权，但没有所有权和表决权，不能转让和出售虚拟股票。

华为目前的股权结构是：华为投资控股有限公司工会委员会持股98.7%，CEO任正非持股1.3%[①](也有说是1.07%或1.14%的)。从2001年开始华为采用饱和配股制，每个级别的员工达到配股上限后就不能再参加新的配股。员工的最高职级是23级，工作3年的14级以上员工每年大约可获授数万股，较资深的18级员工最多可获得40万股左右的配股。员工离开公司时，其股票只能由华为控股公司工会回购，工会委员会按当年的每股净资产价格回购。

员工持股保障了华为发展，但华为公司也承认，他们的虚拟股票激励制度仍有不少缺陷需要克服，例如，员工获得股票后，随着收入增加，奋斗的精神可能减弱。国有企业，例如，上海某设计院(作者曾就职过的企业)实行全员持股后也出现了同样问题。但华为的激励制度确实有其可取之处，值得国有企业借

① 黄卫伟.以奋斗者为本[M].北京：中信出版社，2014.

鉴。不管国有企业还是民营企业，设计员工持股方案时一定要慎重，多参考先行者（尤其国内先行者）的经验教训，减少负面作用，减少损耗。

在充分竞争领域的混合所有制企业中，非国有性质的股东成为第一大股东不一定是坏事。一般而言，非国有性质的股东比国有性质的股东有更强的动机经营好混合所有制企业。实际上国有股能搭非国有股的顺风车，就如中联重科、万科、联想的情况。在此情况中，国有资本的运营效率更高，收益更多，这是符合国家利益的。中粮集团党组也认为，除承担保障国家粮食安全任务的核心主业，对其他业务不强求绝对控股、不搞一股独大。关于相反的观点和实践，参见 10.4.3 小节第(1)部分——须持辩证思想，分析一件事的两个方面。

案例

中联重科的混合所有制改革卓有成效

1999 年中联重科进行股权改革，长沙建机院持股 74.75%。2000 年中联重科在深交所上市，国有股占 49.83%，其他股东占 50.17%。此后随着中联重科的"盘子"不断扩大，在多次股权变更后国有股比重越来越小。2010 年中联重科在香港上市，湖南省国资委持股比例下降为 16.77%。经过多次股份制改造、母公司改制、整体上市，中联重科形成了湖南省国资委、管理团队和骨干员工、战略投资者、国际投资者及其他流通股东共同持股的混合所有制产权结构。中联重科自 2005 年股权多元化改革后，其营收、缴税、资产都高速增长，湖南省国资委持有的国有资产最高时增值近 800 倍。股权多元化结构促使该公司建立规范的董事会制度，以董事会为治理平台，形成该公司的规范科学治理，实现国有资产保值、增值。①

补充信息：1984 年 7 月 25 日北京天桥百货股份有限公司成立并发行了职工股，成为我国首家通过职工持股实现股份制改造的国有企业。

---

① 闵杰. 国企员工持股：小心翼翼重新试水[J]. 中国新闻周刊，2016.

案例

万科的两权分离

万科是一个典型的所有权和经营权分离的公司。长久以来第一大股东华润(央企)持股15%左右,几乎从不干预以王石为核心的管理团队的经营策略。万科管理团队交出的成绩单也确实令人满意。整体而言万科企业股份有限公司的股权分散度很高,2015年年末其股东总数已高达27.23万户。如此分散的股权结构在A股中是很少见的。

这种结构可以淡化大股东一股独大,万科就很少发生大股东牺牲小股东利益的情况,以王石为核心的管理团队也才能施展拳脚。但这种较分散的股权结构利于安内却不利于攘外。前几年宝能系正是抓住了这个弱点才得以成为万科的大股东并欲改组万科高层管理团队,从而达到控制万科的目的[①②]。

虽然此例中万科的治理模式有风险漏洞,但它却长期被不少人看作是公司治理的典范,主要就是因为它的经营治理模式是国内少见的经营者支配、所有者监督的模式,华润集团作为第一大股东只监管不经营。

案例

在中国建材集团重组的民营企业的企业家中,有很多富甲一方的人,他们都是千万富翁甚至亿万富翁。他们进入建材集团成为央企的"打工仔"后,不仅没有丝毫松懈,甚至比以前更积极、敬业,经常"五加二""白加黑"。大多数人是有进取心的,公司为他们提供一个更大的事业舞台并给予一定的股权,他们自身的价值变大了,另外与绩效指标有关的考核和激励使他们形成良性竞争。有位原民营企业家感慨有:在中国建材干活,"脸"比"钱"重要。[③]

---

① 万科管理团队最终还是靠一些手段保住了自身的位置,到2018年9月底,宝能系退出万科——虽未能实现控股目标,却也赚了不少钱。2017年6月深圳地铁集团收购万科股权,成为其第一大股东(股权比例29.38%),这意味着万科具有国有性质。

② 赵玉平.管理之道[M].北京:中国工人出版社,2017.

③ 宋志平.经营心得[M].北京:中信出版集团,2018.

法律保障和执行到位后，争夺大股东地位的意义就不是很大，例如，美国、英国、日本的法律体系基本上达到这样的效果，上述国家的公司股权比较分散即说明此点。实现经营者支配（法人财产、日常经营事务等）、资本持有者监督的企业体制，投资方也更可能不再纠缠于谁控股的问题，参见9.1.1小节中淡马锡集团好的做法。阿里巴巴集团的经营模式也值得借鉴（马云和他的高管团队并非控股股东），参见10.4.3小节第（1）部分第②项第七条。如此，中小股东参与国企混合所有制改革的顾虑才会减少。

（2）适当增加独立董事（他们代表的是所有利益相关者），减少控股股东委派的董事，方便股东（尤其中小股东）行权，降低股东行权成本（例如股东大会采用现场投票与网络投票结合的方式），这些也是增强非国有资本持有者或中小股东参与国企混合所有制改革信心的方法。

（3）在推进国企混合所有制改革中，还应避免重约束、轻激励的情况，从而加强非国有资本所有者参与的积极性。混合所有制改革是国有企业市场化演进的过程，所以对待它应淡化政府的行政目标管理做法，同时还要注意不能离开广大职工的积极参与。参见第2章最后一段。

结语

前文主要从国企改革的角度谈混合所有制改革，在符合国家政策（例如符合产业发展扶持政策）的前提下，国有性质的投资者也可对集体企业和非公有企业参股甚至控股，通过投资获得收益，优化资产结构，优化自身的资产与业务在产业或区域内外的布局。

东方财富网的数据显示，仅2018年，中国A股市场就发生了36起国资机构并购民营上市公司的案例，其中已有22家上市公司把控股权转让给国有公司，国有公司通过“买壳”成为上市公司的控股股东。

标的公司质量好，这是该轮并购与前一轮“买壳”情况相比最大的区别。虽然该轮并购中，大多数上市公司存在股权质押和流动性紧张等风险，但也有很多公司质量高、盈利能力强。在上述22家上市公司中，净资产收益率超过10%的企业接近40%，过去三年净利润的复合年增长率超过20%，市价盈利比率

(PE)值30倍以下的占比59%。

工商总局的数据显示：截至2014年年末，以注册资本衡量，国家出资企业（含混合所有制企业）占全国企业的37.28%，其中混合所有制企业占国家出资企业的50.15%，占全部企业的18.69%。国家出资企业的数量少，但规模大。不管用注册资本还是用企业数量来衡量，混合所有制企业已占国家出资企业的一半左右。

国务院国资委的数据显示：2013～2017年，民营资本所有者积极参与央企混合所有制改革，投资金额超过1.1万亿元；省管国有企业引入非公有资本超过5 000亿元。同期，国有企业积极投资于非国有企业，其中省管国有企业投资于非公有企业的金额超过6 000亿元。2018年下半年商业一类中管企业的混改比例超过70%，超过85%的中管企业的四级及以下子企业实现了混合所有制改革（王璐文.经济参考报，2018—11—15）。

对待公益类或功能类国有企业的混合所有制改革或上市应更慎重一些，因为混合所有制改革虽能解决此类企业的融资等问题，长期而言，也会给此类企业的经营带来困扰。（非国有）投资者要求混合所有制企业或上市公司按市场机制运作，实现股东利益最大化，而公益类或功能类公司又不能一味追求利润最大化。如不能解决好这一矛盾，对此类企业应慎行、缓行混合所有制改革。

5.4 境外国有资产的经营

在国有企业的带动下，中国对外投资规模在2014年首次超过国内的引进外资，中国从而成为资本净输出国。2014年央企境外资产4.9万亿元，同比增长14.3%；境外营收4.6万亿元，同比增长5.8%。截至2017年年末，中管企业有境外单位10791家，分布在185个国家和地区，境外资产

总额超过7万亿元,2017年实现营业收入4.7万亿元,利润总额1 064亿元。[①]

在相关规章制度方面,自2011年以来,国资委等部委就陆续出台了《境外投资管理办法》(2014年商务部新修订并颁发)《央企境外国有资产监督管理暂行办法》《央企境外国有产权管理暂行办法》《中央企业境外投资监督管理暂行办法》(2017年1月修订)《国有企业境外投资财务管理办法》(2017年8月财政部印发)等文件。

5.4.1 国有资产境外经营的四个特点

(1)经营管理的双重性

境外国有资产必须接受投资国和东道国的双重管理。作为国有资产所有者,政府行使职能的对象被限于国有资产,但不论国有资产是在境内还是境外。作为社会经济管理者,政府行使职能的对象是国境之内各种不同所有制的企业、单位,包括外资企业及个人(经营者)。

(2)生产、销售具有国际性

在获取资源方面也具有国际性,不必局限于本国取得经营资源,甚至也不必局限于东道国(国资境外经营所在国)获得资源。利用国外资源经营我们的业务是有利的:我国可能没有或紧缺某些资源,需要利用国外资源;尽管利用别国资源需要付出代价,但我们仍有盈利;我们需要储备某些自有资源,就像美国曾经很少开采其国内石油一样;可以更好地融入世界经济。

① 2018年10月,国务院国资委举行中央企业参与"一带一路"建设媒体通气会中的情况介绍。(戴高城.澎湃新闻,2018－10－30,http://finance.sina.com.cn/roll/2018－10－30/doc－ihnfikvc4867629.shtml.)

(3)经营策略的灵活性

例如,不能一味因循国内的经营策略,在不同的东道国需采用不同的经营策略。迪士尼在法国开设新乐园时,因循其在美国和日本的经营策略与经验,导致巴黎迪士尼乐园在经营初期的绩效较差。家乐福在韩国和中国香港沿用在欧洲的经营理念和方法,结果铩羽而归。沃尔玛在韩国也有同样的遭遇。21世纪初,贝塔斯曼在中国照搬欧洲的书友会经营方法,较少考虑中国读者的消费特点,会员制度显得僵硬,最后也不得不退出中国市场。这些为我们提供了反面教训。

(4)经营环境的复杂性

投资于境外的企业需认真研究经营所在国的政府声明、领导讲话及新闻媒体的报道、分析和预测,以便采取措施,尽可能减少东道国的变化对我国在其境内的资产经营产生的不利影响。可以在东道国设专职信息员,为高层管理人员提供参考信息。为避免偏听偏信,最好创设多个信息渠道。

虽然意识形态、国家制度(其实根子还是国与国之间的利益冲突①,我们不要被意识形态冲突这些表象障住眼,须抓住矛盾的本质,才能更好地解决矛盾)不同会给我国国有企业的境外经营造成额外的障碍,但我们不能认为其间的矛盾是不可调和的,不能对这类矛盾抱消极态度。在融入世界的过程中,尤其在资本主义国家拓展业务时,我国国资经营者应调整心态,持谦虚的学习态度,多做自我调整的工作,以适应东道国的法律、制度和要求。这就是入乡随俗、到什么山砍什么柴的道理。参见9.1.1小节中淡马锡控股公司的做法。

当然,要达到这样的效果,在我国的有关法律制度方面也要采取必要的、恰当的调整完善措施。

---

① G7之间也有利益冲突,G7与俄罗斯、伊朗、叙利亚、利比亚、伊拉克等国之间也有利益冲突。不过也有中外专家把美欧与中国之间的冲突总结为东西方文明的冲突,或者说是基督教文明与儒家文明的冲突,如果本质矛盾和冲突果真如此,克服起来就更困难了。

5.4.2　国有资产境外经营的必要性

国际市场的竞争表现为价格竞争、质量竞争，实质上是科学技术方面的竞争，不要总把低价与低技术含量联系在一起，在不少情况中技术水平高方能实现低价。国有资产境外经营可以利用境外先进的科学技术和管理理念，也为国内企业吸收世界先进技术创造了条件。科学技术方面的竞争往往要落实到人才竞争，国有资产境外经营能充分利用境外人才的优势。

境外经营有利于拓宽我国企业的视野，增强自身在国际竞争中的实力。国际竞争并非只发生在境外，境内就有激烈的国际竞争。面对回避不了的国际竞争，我国企业要善于从境外经营中获取经验教训、获得更多的资源与更强的竞争力。

随着我国产业结构的调整和转换，加上我国的一些传统加工行业的国内市场开始饱和，过剩的生产加工能力将会不断出现。这就需要在大力开拓国际商品市场[①]的同时，努力拓展国际投资经营市场[②]以转移、消化和吸收国内过剩的生产加工能力，将国内部分资源转向国际投资市场，使国内资源得到充分合理的利用。

既要充分利用境外资源，也要把国内的一些资源投入国际市场，即充分利用国内富余资源——当前主要是富余的资本、人力资源、过剩产能、先进技术等。换一个角度看，也是利用国外的其他资源弥补我国的不足（以辩证的思想看待事物）。例如，利用国外的市场、渠道、品牌，有时候也可能利用国外的资本、技术和人才，把它们与我国的资源结合起来。[③] 目的都是为了在全球范围优

---

① 把大量产品销售到国际市场——解决过剩生产能力的一个策略。

② 到国外吸引投资，在国外生产、经营——过剩的生产加工能力需要投资、释放和利用，这是解决过剩生产能力的另一个策略。

③ 在这里可充分看到辩证思想的指导意义。

化资源配置,[①]使我国的经营成本降低、效率提高、收益增加。

例如,国内能源开发潜力已经不足,跨国收购能源资源已成为必然选择。在跨国整合资源方面(把我国的资本、技术和人力投向非洲、南美、中东石油市场,把两方面的资源整合起来),中石油、中石化、中海油的境外油气产量占其油气总产量的比重只有约30%,而英国石油公司、美国埃克森公司、法国道达尔公司的境外油气产量比重分别是89%、84%和70%。在跨国整合资源方面我国还不能停止脚步。

坚持"走出去"的战略,做大我国的国民生产总值,但要吸取英国与美国的实业空心化的教训,把握好度,适时调整。我国过剩的产能,甚至包括一些落后的产能,在某些发展中国家还是受欢迎的。我国可以在这些国家投资建厂,解决他们的就业问题,增加东道国的税收,我国也能从中盈利。

5.4.3 在跨国能源收购方面我国企业的两个主要问题

在跨国能源收购方面我国企业主要存在以下两个问题。

第一,收购溢价[②]一般较高。例如,中石化某五年的主要收购业务的溢价就达70.92亿美元,占这些收购项目总金额的30.93%。高溢价有利于提高并购成功率,但减少了企业的利润,增加了企业的资金压力,并传导不利信息,增加远期并购谈判过程中的隐性成本——以后别的卖家也要求我国企业必须出高价收购他们的资产。

第二,并购方式较单一,主要采用直接独资收购、纯现金当期支付模式。以中石化为例,单一的现金支付方式给其带来较大的融资压力和偿债压力。另外,很多国家对股权出售收益征收高额税金,因此高税负国家的股东不愿意接受这样的支付方式。

中石化也过于期待通过一次海外并购迅速获得目标企业的控制权,因此,多采用中石化单方(不是与别国的企业联合并购)直接并购,且并购条件过于僵

① 例如在尼日利亚销售的海尔冰箱,除了当地研发、制造的,还有从中国、泰国、印度等国的海尔制造基地进口到当地的。海尔集团实现了以全球资源满足全球需求。

② 超出正常价格的部分或额外支付的价格。

硬。中石化在并购前也未通过事先少量参股或注资，获得被并购方的认可[①]，因此，易招致被并购方的反对和东道国政府的猜忌。

比较符合国际惯例的支付方式是“现金＋股票”的支付方式，因此我国企业在加快海外并购步伐的同时，还应积极在海外资本市场上市，才能避免被动地选择单一的现金支付方式。另外，虽然与当地企业或第三方企业合作、参股并购，会使我国的并购企业失去一部分权益，但却会大大减少东道国政府的干预，降低审查风险和其他政治风险。外交家吴建民也有类似的建议。

2005 年，联想集团收购 IBM 个人计算机业务时，有 6 亿美元收购款是以股份形式支付的，即交易完成后，IBM 拥有联想 18.9％的股权。这一点应该也是该收购能通过美国有关机构审查的原因之一。

5.4.4　境外国有资产的流失

境外国资流失主要有五类原因：草率上马项目、经营失策、内讧和恶性竞争（所以 2015 年，国务院把南车集团和北车集团合并成中国中车集团，免得恶性竞争）、审批僵化导致错失良机，以及管理漏洞导致腐败。企业应制定合理的海外扩张策略，谨慎选择投资国，做好待选项目的前期调研工作。

我国企业从事国际期货业务的起步较晚，但即便有了国外的前车之鉴，该业务仍导致我国国有资产发生多起巨额损失——期货的杠杆效应导致巨额损失。这些巨额损失往往从套期保值开始，进而发展为投机，最后演变为赌博。例如中航油新加坡公司已经在石油衍生品期权交易中出现 3 580 万美元的潜在

① 即让被并购方逐渐认可我国企业。但是这么做可能也有负面作用，即让竞争对手知道我们的并购意图，进而开展对我们不利的竞争活动。

亏损，陈久霖仍追加错误方向做空的资金。这种行为跟赌桌边的赌徒的行为有什么两样呢？①

上述案例发生在2004年，表5－1显示，第二和第三项巨亏发生在2008年。“前事不忘，后事之师”的作用丝毫未体现，而且亏损额更大，犯的错误也类似——对赌场外套期保值合约。

表5－1　境外国有资产经营的风险——以国际期货交易损失为例

机构	发生年份	交易品种	损　失
中国远洋	2008	远期费用协议合约等	实亏41.7亿元
中国国际航空	2008	对赌性场外航油套期保值合约	浮亏74.72亿元
东方航空	2008	对赌性场外航油套期保值合约	浮亏64.01亿元

注：浮亏即账面亏损。

这些事件的当事人大多是公司里的明星，例如，2.4.3小节和前一段提到的陈久霖，他曾挽救并大大发展了中航油新加坡公司，还有一些违法犯罪的主角可能是销售明星或业务明星。他们几乎不受内外部的任何监督和约束——管理层凌驾导致监控机制失效，尽管这些公司可能都有完整的纸上监管制度，甚至都有完整的监管体系。

陈久霖把国内集团公司两度派来的财务经理都挪到其他岗位上，从当地聘用听他话的财务经理，集团公司也未采取任何强制措施。集团派去的党委书记对陈久霖的非法场外期货投机的交易丝毫未察觉。公司的高层管理人员在利益（个人利益与公司盈利预期）驱使下，尽可能不干涉。明星交易员的长期越权交易最终造成巨额损失。

不是说不能做期货交易，关键是不能违反国家的规定和企业的规定，更不能以赌博的心理做期货交易。正常、合理的期货交易能为国家带来利益，例如，有色金属企业通过期货市场买入看多的铁矿、铜矿石等锁定未来的成本，通过期货市场卖出钢材、铜材锁定未来的销售价格。只要经过周密的调研、分析，决策客观、稳妥，就能降低风险，减少不确定性，获得盈利。

（1）提升我国国有企业境外资产监管能力的策略有以下选择

① 输了不甘心，陈久霖更害怕事后总公司和领导追究，索性再赌下去，以为时来运转能扳本。

①境外子公司的业务负责人与财务负责人由两人分别担当。

②外派财务总监的薪酬与当地的经营绩效不挂钩，由总部直接发放。

③使各个国家的外派财务总监每半年或者一年就与其他国家的财务总监换岗一次。

④改进沟通，例如，中国远洋运输集团运用网络技术等信息化手段，对其全球境外子公司的资金、业务和财务实时监控。

⑤改进监督，例如连续聘用同一会计师事务所(有审计作用)的时间不超过 5 年。

(2)监管部门和国企对境外上市与经营需要关注的问题

①可能出现发行价过低，导致国资流失的问题。

②为了在境外上市，企业剥离不良资产，将其留在国内，把优质资产拿到国外上市。这常常增加了国内成本——不仅该企业的成本增加，也可能导致社会的成本增加。

③境外上市成本较高，包括中介成本、上市后的维持成本、宣传成本等，远高于国内 A 股市场和中国香港股票市场的成本。

④天高皇帝远，国内总部难以有效管控境外机构，而国有企业境外机构的自身管理薄弱，内部人控制现象严重，导致境外国资流失。例如，从中航油新加坡公司 2004 年的石油衍生品场外期权交易致破产案可知，该子公司的各项管理制度都有，但疏于执行。所以国内总部应重点监督其境外机构(日常)执行管理制度的情况。

中国航油集团公司疏于监管、控制新加坡子公司；陈久霖在新加坡子公司大权独揽，几乎处于无人监督的情况，集团公司也无人过问；新加坡子公司的员工也无人对上述情况向集团公司反应。这些情况无不显示主观、人为的痕迹，无不显示渎职的痕迹——一年多的时间，集团公司都未发现陈久霖的违规交易行为，集团公司和子公司的监管规定和治理结构形同虚设。

⑤另一方面，国企境外机构往往又面临境外更严格、更规范的监管，稍有不轨行为(也许在国内不会招致严厉惩罚)，可能被罚得“倾家荡产”。

⑥中国概念股在美国股市容易遭遇机构、个人的联合做空风险，股价暴跌，

融资无望,不得不退市。[①②]

需要注意的是,不管国有机构还是民营机构的境外投资和经营,我国都需吸取他国的一类教训。英国资本家把重心转移到国外投资项目,导致英国国内的经济发展的速度减缓,科技水平也开始下降,并出现人才流失。美国接着重蹈覆辙,它为了实施其全球价值链战略(也是一厢情愿地想永据价值链高端获取高额利润,让他国处于低端为其打工,参见 4.1 节第二段),为了降低制造成本、实现利润最大化,把大量生产制造业务转移到发展中国家,导致其国内制造业空心化,给中国等国家创造了发展机遇,现在不得不实施再工业化战略……这是一个强国衰退的原因之一。

① 对策是主动披露真实信息,避免数据造假,不给做空者机会。

② 周煊.境外国有资产监管问题研究[M].北京:对外经济贸易大学出版社,2012.

第6章　国有资产收益的管理

国有资产/国有资本收益指国家作为国有资本的所有者而应获得的多种收益的总称，包括企业上交的利润、股息红利、租金、现金占用费、产权转让收入、公司清算收入等。国有资本收益的收缴和分配事项由财政部系统负责，国资委主要负责国有资本收益分配的监督和审核等事项。

在现代市场经济中，对用于生产经营的资本性财产而言，最重要的已不是使用价值，而是价值的增值，即财产所有权的重心开始向收益权倾斜。我国以往的国有资产收益的管理较薄弱，近几年政府正在加强这方面的管理，其中重要的一条是提高国有资产收益的上缴比例。而这一政策变化的趋势能为改善民生带来更有力的支持。

6.1　企业应上缴的国有资产收益及比例

企业应申报上缴的国有资产收益包括应交利润，国有股股利、股息，国有产权转让收入，企业清算收入，其他国有资本收益，具体如下。

第一，对国有独资企业的税后利润提取盈余公积和公益金(均用于企业发展)之后，再给投资者分配的利润。

第二，在股份有限公司，国家股东应分得的利润。

第三，在有限责任公司，国家作为出资者按出资比例应分得的红利。

第四，各级国有资产运营机构以国有资产投资形成的收益中，应上缴国家的部分。

第五，国有独资企业的产权转让的收入。

第六，股份有限公司中，国家股转让（包括配股[①]权转让）的收入。

第七，有限责任公司里，国有资本转让的收入。

第八，其他非国有企业、单位占用国有资产应上缴的收益。这部分收益主要指：各级政府、政府的各部门和国家的其他单位，用所有权属于国家的实物、货币及无形资产，投资创办的、以集体所有制名义注册登记的企业中，国家按投资比例应取得的收益。

2014年，中央企业应交利润比例是：最高的是烟草总公司的应交比例，25%；应交20%的有中石油、中石化、电网公司、电信集团等（资源、垄断企业）；应交15%的有中国铝业、宝钢、中海运、南航、东航、华润等（此类央企最多）；应交10%的有核工业集团、船舶工业集团、邮政集团、中央文化企业等；免交当年利润的有储备粮管理总公司和储备棉管理总公司（政策性企业）。需要说明的是，上述央企并非都由国务院国资委监管。2016年发布的《中央国有资本经营预算管理暂行办法》和《中央企业国有资本收益收取管理办法》仍按此比例执行。

深圳要求国有独资公司上缴30%以上的净利润，国有控股公司的上缴比例原则上不得低于40%。其他省市的上缴比例则低一些，例如，安徽、四川对一般商业企业征收5%，对资源与垄断企业征收10%。

形成对比的是：法国国有企业的税后利润上缴比例大约是50%——国有资本的红利上缴国库/财政部门；淡马锡控股税后利润的50%须上缴新加坡财政部。世行《有效约束、充分自主：中国国有企业分红政策进一步改革的方向》指出：2000～2008年，16个发达经济体的49家国有企业的分红数据显示，平均分红率是33%。[②] 有的国家要求上交红利为盈利的1/3～2/3，甚至达80%～

① 配股是上市公司向原股东发行新股、筹集资金的行为。配股是上市公司的再融资手段之一，其他融资手段是增发股票、发行可转换公司债券等。

② 张春霖．国企分红下一步[J]．中国改革，2010(3)．

90%。参见1.3.1小节第三段。

过去国有企业少交甚至不交红利，是政府实施“放水养鱼”政策，以壮大国有企业或扶持经营困难的国有企业；现在国企利润日渐丰厚，到了反哺社会的时候了。

(1)国有企业上缴红利的问题

国有企业常常不足额上交红利，且往往不会受到严厉惩罚。国资预算支出中的大部分又被投向国有企业，纳入公共预算的少之又少，国企红利上缴是形式大于实质。这可能导致国有企业不差钱，盲目、过度、低效的投资难以得到遏制。

各级国资委的目标之一与国有企业的一样，也是实现国有资产的保值、增值，它们也不希望其管辖的国有企业可支配的现金流大幅地减少，否则的话，增值压力比较大。从政治角度考虑，作为国有资产的出资者代表，各级国资委也希望其管辖的国有企业做强做优做大，因此它们就可能较多地为国有企业代言，希望降低国有企业的分红比例，希望国家提高对国有企业的再分配率。

因此，需要促进、监督各级国资委更全面地看待自己的使命和目标，更公正、客观地执行国家的政策，行使自己的权力。经营、发展国有企业的目的绝不只是为了发展国有企业自身，更非仅为使其员工享受高工资、高福利。国企员工和公众都要正确看待国有企业上交合理的收益这件事。

(2)确定国有企业分红比例的问题

分行业一刀切，使一部分企业现金流可观，另一部分企业的现金流不足。前一部分企业往往因为现金流充足，过度投资或低效投资。后者可能是符合国家战略发展规划的企业，现金不足影响了它们的发展，也不利于它们对社会资本形成示范效应。有学者建议，各级国资委与其管辖的国有企业逐一谈判，确定分红比例。这种方式的谈判成本较高。

6.2 企业的收益分配

6.2.1 企业与国家之间的收益分配

国有资产收益分配的理论依据如下。

国家/政府具有社会行政管理者身份和国有资产所有者身份。国家凭借第一种身份，获取以所得税、流转税[1]为主要形式的税收收入，用以满足国家履行行政职能和社会管理职能的需要。国家凭借第二种身份，向国有企业或占有、使用国有资产的其他企业收取国有资产收益(主要形式有利润分成、国有股息和红利)，用以满足国家履行经济建设和宏观经济调控职能的需要。国家作为资产所有者获得资产收益，也是我国社会主义市场经济的客观要求。2018年，我国划转18家中管企业的部分股权充实社保基金，划转规模达750亿元。一些学者把第一种情况称为公共财政，把第二种情况称为国有资本财政。

知识点

增值税是以商品及应税劳务在流转过程中产生的增值额作为计税依据而征收的一种流转税。消费税是以消费品的流转额作为征税对象的各种税收的统称，可向批发商或零售商征收。[2] 营业税是对提供应税劳务、转让无形资产或销售不动产的单位和个人，就其取得的营业额征收的一种税。关税指在进出口商品经过一国关境时，海关向进出口商征收的税。

① 所得税指国家对法人、自然人和其他经济组织在一定时期内的各种所得征收的一类税。流转税(commodity/goods turnover tax)又称流通税，指以纳税人的商品生产、流通环节的流转金额或者数量以及非商品(例如服务)交易的营业额为征税对象的一类税收。各种流转税(如增值税、消费税、营业税、关税)是政府财政收入的重要来源。

② 而经销商又会因此在售价中计入该税额，即最终还是由消费者支付消费税。

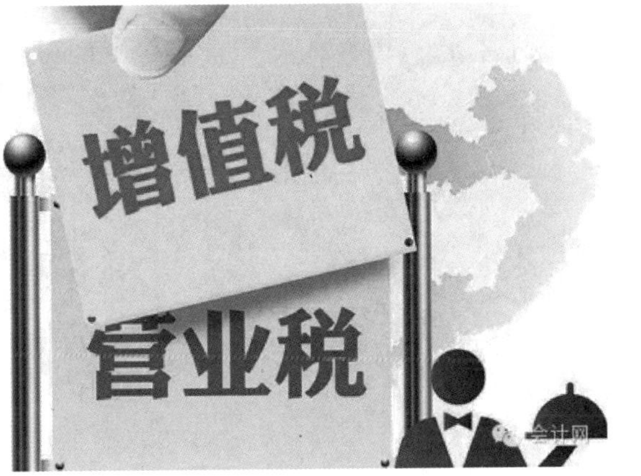

当前，企业缴纳所得税后的利润按下列顺序分配：弥补被没收的财物损失[维护（国有）法人财产的完整性]，支付各项税收的滞纳金，支付各项罚款；弥补以往年度的亏损；提取法定公积金①；向投资者分配利润。

法定公积金是按国家规定的比例（和公司章程的规定）提取、建立的，按税后利润的 10%提取，当其达到注册资本的 50%②时可不再提取。它是资本在运营中形成的、留给企业作为风险防备和生产发展的基金。任意公积金是按公司章程规定和股东（大）会决议提取的，如果批准提取的话，意味着向股东派发的分红少一些，而用于企业发展的资金多一些。

公司的法定公积金不足以弥补公司以前年度的亏损时，在提取法定公积金前，应当先用当年利润弥补亏损。

企业发生亏损时，应由企业自行弥补，弥补亏损的渠道主要有三个。第一，用以后年度的税前利润弥补。按照现行制度规定，企业发生亏损时可以用在以后 5 年内实现的税前利润弥补，即用税前利润弥补亏损的期间为 5 年。③ 第二，用以后年度的税后利润弥补。企业发生亏损，经过 5 年仍未弥补足额的，对未弥补的亏损应该用上缴所得税后的利润弥补。第三，以法定或任意公积金弥补。企业用法定或任意公积金弥补亏损时，应当由董事会提议，并经股东大会批准。

① The accumulation fund。在古中国商号中就有公积金这个称呼和概念，与当今的概念一致，如含留存资金供商号经营、发展之用，参见电视剧《驼道》。

② 比例挺大，要求较高，这是《中华人民共和国公司法》（2018 年 10 月修订版）中第八章第一百六十六条的规定。

③ 企业可以少缴税，多弥补亏损，这对企业而言是有利的；国家帮助亏损企业渡过难关。

在股东大会决定送配股等事宜时要维护国有资产收益，不得盲目赞成配股。上市公司的国家股持股机构代表，应在股东会议上反对对国家股东分派现金股利而对其他股东（例如私人股东、外商股东）分派等值红股，及其他不规范、不公正的分配方案。

专题分析

配　股

不管从理论计算的角度，还是从实务操作的角度，配股后股价必然下跌。配股价不可能高于二级市场价，否则哪个股东肯参与配股呢？都去二级市场买股票了。正因为配股价低于市场价，所以新增股票的价格与原来的股价平均后，最终的股价自然降低。

所以在实务中，实施配股后，要在该股票除权（原股东们已实际参与或不参与配股，所以需要去除该配股权）当天向下调整股价，形成除权参考价。这也是为了保护在除权当天购买股票的投资者的利益，让他们可以用低一点的价格，购买实际股价已降低的股票。

老股东如果不参加配股，就要遭受股票市值下降的损失。老股东规避配股损失的方法是，在配股前将股票抛出，但抛售股票后该股东的控制权必然受到不利影响。所以这是个两难问题，因而股东不要盲目赞成配股，配股可能只是对某些股东有利，例如大股东或拥有股权的经营者。如果该公司经营不善，国家股东为什么要继续对它投资呢？

即使配股后股价先降后升，未参与配股（可能因为不看好该企业）的国家股东尽管在经济利益方面没有损失，但是其股权控制力将可能受到不利影响。基于此点，国家股东（或其他不愿参与配股的股东）也不应盲目赞成配股。

在比较成熟的股市中，配股是不受股东欢迎的，因为公司配股往往是企业经营不善或倒闭的前兆。当一个上市公司短缺资金时，它首先应向金融机构融通资金以解燃眉之急。一般来说，银行等金融机构不会拒绝一个经营有方、发展前景较好的企业的贷款要求，因为有利息收入；反之，银行则担心承担贷款风险，不愿贷款，而经营不善的公司就不得不向老股东伸手要钱，以渡难关。

6.1节“国有企业上缴红利的问题”部分，讲过我国国有资本收益上缴软约束的问题，这也会导致国有企业与国家参股企业偏爱股权融资——吸收国家的投资。参见6.2.2小节第三段。

在实务中，除权当日该股股价肯定下跌，但在此后的交易日，也可能上升。不过，此时不参与配股的老股东获得的利益仍然少于参与配股的老股东获得的相关利益。

另外，有些老股东由于认为该股票不仅因为配股而贬值，还可能因为其他因素而继续跌价，所以他们选择放弃配股，可能等到该股（临近）触底时，再在二级市场购股，此选择将比参与配股拥有更大的利益，并等待股价上涨。

知识点

股利与红股

股利分为股息和红利，股息指以固定比率计算的股金利息，红利指上市公司在分配股息后对剩余利润进行的分配。红股是免费派送予股东的股份，这种做法使得这些股东以后的股份比例更大，股权更大，股利更多。如果国家股东被分派的是现金，就不能获得类似的利益，当然不公平。

6.2.2　国企员工的收入分配

国企收益分配的另一个方面是国企员工的收入分配。本小节主要论述存在的一些问题。一个问题是垄断行业的国企依靠垄断资源获得较高的利润，其员工收入比非垄断国企员工的收入高许多。20世纪90年代，群众普遍不满于石油、烟草、电信、电力等行业的平均工资远高于其他行业的，政府采取了一些调节措施。

另一个问题是国有企业上缴红利的比例偏小，并且常常不足额上缴，截留的利润被用于大幅增加高管的薪酬等。一些国有企业利用信息不对称，加大税前支出，提高管理层的薪酬，增加职务消费，滥发奖金，超标准发放员工的工资福利，等等。以此做法前移利润分配，减少上缴的红利。这也是内部人控制的一种表现。

国有资本较低的回报(指上缴国家的利润或红利)约束会造成国有企业长期低成本占用国有资本，并偏爱股权融资。党的十八大后，政府实施了许多严厉的管制措施，许多国有企业和事业单位都不敢再随便发福利。

还有一个问题是单个国企内的员工收入差距。尽管近几年国企员工的平均工资增长较快，但平均数掩盖了国企员工高收入群体与低收入群体的差距，也就是网上曾流行的一个词"被加薪"。国家统计局的数据显示：2016 年国企中层及以上管理人员的年均工资是 14.6 万元，而办事人员、商业服务人员、生产运输设备的操作人员的年均工资分别是 6.6 万元、5 万元和 6.5 万元，均不及前者的一半。参见 10.4.4 小节"国企高管的薪酬认知与管理"。

还有，对非正式员工不实行按劳分配，而是按身份分配，同工不同酬的情况严重。针对这些问题，国有企业应当坚持"兼顾公平、效率优先"的原则，对原有的收入分配制度大胆的改革和创新。

与资本主义国家相比，我国面广量大的国有资本[①]成为我国获得财政收入的另一个重要基础(还有一个基础是税收法律规定)，即获得国有资本的经营收益。这是我国具有的优越性之一，国家集中使用资金，可以集中力量办大事。

一个浅显的分析也可证明这一点，如果一个国家的绝大部分资本都由私人拥有，那么资本家获得资本收益后最有可能的支出途径是：继续投资，发展企业；个人和家庭的奢侈消费；慈善事业；等等。而我国政府则可以基于更多的财政收入，制定更宏伟也更实际的国家发展战略，并能在财政方面有力地支持这些战略的实施，为全体人民谋取更大的幸福。

① 西方资本主义国家的国有资产大部分是非营利性的，而我国的国有资产包含了大量营利性资产。

第7章 事业行政单位的国有资产的管理

对事业行政单位的国有资产(非营利类国有资产)应全面监管,既要管资产,也要管人和事,以保证非营利类国有资产得到合理地配置和有效地利用。但不应追求盈利,否则会损害公众利益。现实中,对事业行政单位的国有资产而言,因管理不当、不严、漠视而造成的浪费损耗,比违法、违规行为造成的国资流失(例如被挪用、贪污)损耗更严重。

这种浪费的一个重要起因是使用者和管理者的不良素养和错误观念,他们表现为大手大脚的使用习惯、缺乏环保和节约意识、把公家的利益完全不放在心上,等等。在很多单位,从高层管理者到中基层管理者,到普通员工,包括清洁工、保安人员,都或重或轻有上述表现。浪费的程度与职务的高低没有必然联系,清洁工的浪费之举一年造成的损失可能远远大于高管一年的浪费行为造成的损失。

7.1 相关的概念及数据

事业单位是国家机关为社会公益举办的(或者其他组织利用国有资产举办的)、从事教育、科技、文化、卫生等活动的社会服务组织。我国的事业单位被分成以下四类。

第一,行政支持类事业单位。它指的是承担具体行政行为或为政府的行政行为提供行政支持、执法监督、行政保障等职能的单位。城管部门就属于这样的单位,但在有的地方城管局属于行政单位,在有的地方属于事业单位,城管大队属于事业单位。这一类别只是习惯划分的结果,从规范的分类角度看,它并不能与下述三类相提并论,实际上它可被纳入纯公益类。

第二,纯公益类事业单位。例如,义务教育单位、基础科研单位、信息统计单位、公共图书馆、纪念馆、博物馆、文物保护单位、文化馆、公共卫生服务单位、环境保护单位、体育运动单位、社会福利单位。

基本公共卫生服务是由疾病预防控制机构、城市社区卫生服务中心、乡镇卫生院等城乡基本医疗卫生机构向全体居民提供的服务,是公益性的公共卫生干预措施,主要起疾病预防控制作用。公共卫生服务是一种成本低、效果好的服务,但它与普通意义上的医疗服务还是有一定差距,它也是一种社会效益回报周期相对较长的服务。

但公立医院和公办大学的情况类似,不是纯公益类事业单位。公立和公益性并没有必然的联系,公立医院的基本医疗不是纯公共产品而是准公共产品。公益类事业单位也可以盈利,但须限定盈利后的分配,除少量用于激励员工,大部分还是要用于公益事业,正如故宫博物院的实践。

第三,准公益类事业单位——这类单位承担的不是国家指令性任务,而是国家允许、提倡和鼓励发展的公益事业。例如,非义务教育单位、非营利医疗卫生单位、文化艺术单位、水利资源维护单位的情况。

第四,经营类事业单位——其产品具有一定公益性的单位,但其属性首先是经营性、营利性的。例如,农场、培训中心、招待所、房屋维修队、劳动服务公司、物资供应站、开发性科研机构、市政施工单位、房地产管理单位、大中专学校属下的实习工厂、工程勘察设计单位、非公益性地质勘查单位、经济鉴证类社会中介机构、俱乐部、各类农林牧渔场等单位。

社会团体不属于事业单位,但在预算管理方面被视同事业单位,例如各种学会、协会、联合会、研究会、基金会、商会等。

按习惯表述,事业单位的国有资产有如下表现形式(并非严格、科学的分类)。

第一,固定资产。固定资产指单位价值在规定标准以上、耐用年限在一年以上、并能在使用过程中基本保持原有物质形态的资产。事业单位固定资产的单位价值起点为:单位价值在 1 500 元以上的固定资产被列为专用设备,单位价值在 1 000 元以上的固定资产被列为一般设备。

如果单位价值未达到规定标准，但耐用时间在一年以上，在使用过程中基本保持原有物质形态的大批同类财产，也被作为固定资产管理。

地方政府的国有资产多于中央政府的，事业单位的国有资产多于行政单位的，两者之中，事业单位的固定资产占大头——土地、房产、设备、车辆都属于固定资产。

事业单位的固定资产一般被分为以下 6 类：房屋和建筑物；专用设备，包括各种仪器和机械设备、医疗器械、交通运输工具、文体事业单位的文体设备（档次较高的）等；一般设备，包括办公家具、一般文体设备等；文物和陈列品；图书[①]；其他固定资产。

对事业单位的固定资产一般按原值计价，但在将非经营性资产转为经营性资产时，必须按规定评估资产，以经过评估确认的价值计价。因为固定资产可能升值（当然也可能贬值），评估资产可避免国有资产在“非转经”过程中流失，确保对双方都公平。对新建、购入和调入的固定资产，分别按造价、购价和调拨价计价。

① 纸张不属于固定资产，属于低值易耗品，在使用过程中纸张改变了形态——被打印过了或者写过字了。

第二，流动资产。流动资产指可在一年内变现或者耗用掉的资产，包括：现金；各种存款；有价证券，主要包括国库券、国家重点建设债券和其他债券（可出让变现）；应收款、暂付款、合同预付款[①]、借出款等；存货——材料、燃料、包装物和低值易耗品等。

第三，无形资产。无形资产是指不具有实物形态而能在一定时期内为使用者提供某种权利或收益的资产，包括专利权、商标权、著作权、土地使用权、非专利技术、商誉等。为完善科技成果的使用、处置、收益的管理制度，提高科技成果的转化效率，财政部于 2019 年 4 月对《事业单位国有资产管理暂行办法》作了相应地修改。

根据新修改的《办法》，国家设立的研究开发机构和高等院校对其持有的科技成果可自主决定转让、许可经营或作价投资，不需报主管部门、财政部门审批或备案，并通过协议定价、在技术交易市场挂牌交易、拍卖等方式确定价格。通过协议定价方式确定价格的，应在本单位公示拟交易价格。转化科技成果获得的收入全部留归该单位。将其持有的科技成果的转让、许可或作价投资给国有全资企业，可不进行资产评估；转让、许可或作价投资给非国有全资企业的，由该组织自主决定是否评估资产。

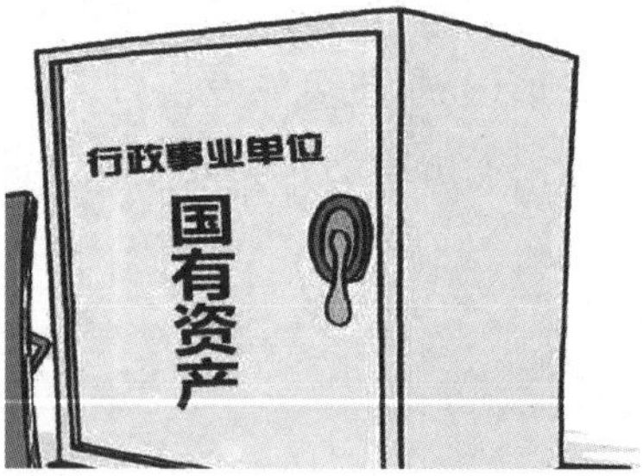

第四，对外投资、长期投资。第五，其他资产。事业单位使用上述国有资产不需支付任何形式的占用费。管理事业单位国有资产的重点是，保证资产的实物形态完整[②]，以及节约、有效地使用。进一步，须盘活已有资产，使它们发挥更大作用，可以故宫博物院的

---

① 若对方不能按约定履行合同，则本企业可拿回预付款或暂付款。

② 自 2013 年始故宫取消现场售票，全面实施网络售票，进而精细管理，保护故宫。故宫为修缮养心殿，仅立项到开工就耗时两年半，可谓精雕细琢。

实践为借鉴。例如，修缮后的养心殿重新开放后，开放范围从过去的 30%扩大到 80%以上。但切不可走老路，以筹措经费改善福利为名，把单位资产用于经营活动，却不把收入入账，或做账外账。

适用于事业单位国有资产监督管理的法规有：财政部颁布的《事业单位国有资产管理暂行办法》《中央级事业单位国有资产管理暂行办法》，教育部印发的《教育部直属高校、事业单位国有资产使用和处置行为管理授权审批暂行办法》，以及各地方政府出台的事业单位国有资产监管办法和条例，还有国务院发布、2021 年 4 月 1 日起实施的《行政事业性国有资产管理条例》。上述法规的法律层次稍低，效力/约束力稍弱。

我国的行政单位指各级党的机关、人大机关、行政机关、政协机关、审判机关、检察机关、各民主党派机关和列入国家行政编制的社会团体（例如工商联）。行政单位不得以任何形式使用国有资产经办经济实体，不得用国有资产对外担保。

《中国会计统计年鉴 2017》显示：2016 年年末，全国事业单位国有资产合计 183 610.45 亿元，其中流动资产 71 448 亿元，长期投资 4 682.84 亿元，固定资产 70 366.37 亿元，在建工程 32 503.55 亿元，无形资产 2 269.28 亿元。纵向看，2000 年，事业单位的资产总量是 17 718.6 亿元，16 年间增长了 10.36 倍；横向看，2016 年，事业单位的资产总量是行政单位的 2.3 倍。

《国务院关于 2018 年度全国行政事业性国有资产管理情况的专项报告》（2019 年 10 月 23 日）的数据如下。

截至 2018 年年底，全国行政事业类国有资产总额是 33.5 万亿元，负债总额 9.9 万亿元，净资产 23.6 万亿元。其中，行政单位资产 10.1 万亿元，事业单位资产 23.4 万亿元（包括公共基础设施、教育、医疗卫生等资产）。

中央行政事业性国有资产总额 4.7 万亿元，负债总额 1 万亿元，净资产 3.7 万亿元。其中，行政单位资产 0.8 万亿元，事业单位资产 3.9 万亿元。

地方行政事业性国有资产总额 28.8 万亿元，负债总额 8.9 万亿元，净资产 19.9 万亿元。其中，行政单位资产 9.3 万亿元，事业单位资产 19.5 万亿元。

截至 2018 年年底，全国公路总里程 484.7 万公里，全国内河航道通航里程 12.7 万公里，全国重点文物保护单位 4 296 处，文物藏品总计 4 960.4 万件

(套),纳入城镇住房保障规划和年度计划的公共租赁住房 1 200 多万套。[①]

7.2 事业行政单位国有资产管理

各级财政部门是管理事业行政单位国有资产的职能部门。财政部门组织本级事业单位国有资产的产权界定、产权纠纷调处等工作;审批本级事业单位利用国有资产对外投资("非转经")、出租、出借等事项;建立事业单位国有资产的整合、共享机制。财政部制定出台了《行政单位国有资产管理暂行办法》《事业单位国有资产管理暂行办法》等管理制度。

把事业单位的非经营类国有资产转为经营类资产的主要方式有:用非经营性资产作为初始投资,兴办具有企业法人资格的经济实体,例如中科院计算所创办联想[②];用非经营性资产投资、合作、联营等;用非经营性资产作为注册资金,兴办不具有法人资格的附属营业单位[③];出租。

我国实行国家统一拥有、财政部门综合监管、行政事业单位占有与使用的行政事业国有资产管理体制。对行政单位的国有资产实行的是财政部门－行政单位的两级管理模式;对事业单位的国有资产实行的是财政部门－行政主管部门－事业单位的三级管理模式。

事业行政单位的国有资产并非都由各级财政部门管辖,例如教育部及地方教委、教育局是教育系统事业单位国有资产的主管部门。

我国于 2016 年出台《行政事业单位资产清查核实管理办法》,组织摸清全国行政事业单位国有资产家底。2017 年出台《行政事业单位国有资产年度报告管理办法》,把行政事业单位国有资产报告工作纳入制度化、规范化管理的轨道。2018 年,在全国范围建立行政事业类国有资产月报工作机制,进一步提升监管时效。我国还开发并启用了"全国行政事业单位资产管理信息系统",搭建

---

① 中国人大网,http://www.npc.gov.cn/npc/c30834/201910/075d9e8fbe1b4069af620f82fc552f21.shtml#.

② 联想集团当时叫中国科学院计算所新技术发展公司,是计算所辖下的一个三产性质的公司;联想集团现在则是一个混合所有制公司,其中,国有股权占比较少。

③ 要判断一个企业是否具有法人资格,看其拥有的是《营业执照》还是《企业法人营业执照》。

起网络化资产管理信息平台。

7.2.1　事业行政单位国有资产浪费严重的现象及原因分析

我国目前主要采用拨付财政资金的资产提供方式，整体而言，使用部门节约使用的意识不强。由于我国财政部门向事业行政单位拨付资金，而非提供资产实物或服务（后者指像西方国家的做法那样），所以在我国，使用部门还是有较大的自主采购权，尽管一般须通过政府采购网的集中采购渠道采购（只要该网站有相关商品的相关型号），或者向单位内主管部门指定的供应商采购。

从经济效益角度考量，许多事业行政单位的一些支出是可有可无的，也许为了赶时髦，也许为了在年底突击花钱。下面是一个很小却又很普遍的例子。

案例

普通办公室有必要装电子门禁吗？

原来传统的机械锁很符合办公场所的需求，装了电子锁反而影响了前者功能的发挥。例如，上班时间，仅安装机械锁的门关上或掩上后（没有特地锁上），有人要进门，一推就开；而装了电子锁后，门常常被锁住（或者是因为员工把门关实，或者是风吹，导致门关实——只是关实，不是锁门，但电子锁会立即锁住门），非得刷卡才能进。

上班时间，办公场所本来就是进进出出的场所，房间里又有人，有必要锁门吗？如果外人想进来，则非得房间里的人走到门口开门；开门开烦了，大家都懒得动，就把敲门的外人（有时候也会是忘记带门禁卡的自己人）晾在门口。于是，“土豪”部门再在每个办公桌上安装一个开电子锁的按钮——这又要花一笔本来不需要花的冤枉钱。

还有其他诸多的不便，都是这多余的电子门禁所赐，一一详说不免琐碎，只略提一提：如果只掩门或不关门，则冬天里寒风往房间里灌；如果把机械锁的锁舌拨出，使门不关实从而锁不上，则起大风时门反复撞击门框，会把机械锁撞坏，要锁门时也锁不了；员工渐渐习惯只带门禁卡，不带钥匙，但哪天有人多此一举，把机械锁同时也锁上了，或者在假期需要锁两道锁，门禁卡是开不了机械锁的,于是就进不了门……

案例简析

为普通办公室安装电子锁就是赶时髦,是一些干部未周全思考的心血来潮之举。至于是否浪费国家资金与资源,是否有必要,不在这些干部的重点考量范围内。实际上,这样的例子在行政事业单位非常多。

再举一个金额大一些的例子,许多高校(大中小学乃至幼儿园是事业单位中的重要部分,它们数量多、规模大,也是研究事业单位管理的重点对象)以 40 万元人民币(含)以上的单价或成套价格,购置的大型贵重仪器设备的使用率较低,没有达到《高等学校贵重仪器设备效益年度评价表》对 03 设备类设定的 800 小时/年的使用要求。①

有些单位甚至在申购了一些昂贵设备后,几年里从未用过,或者极少使用——这种情况很可能是在年底突击使用预算资金导致的。例如,需要为每个部门甚至每个办公室配一套进口的高级电脑白板展示系统吗?为什么不充分共用会议室的白板系统呢?而且在办公室开会还会影响不需要开会的员工。

其实,群众对这类支出是有意见的,很多人应该都听到过或自己也说过这样的话:“为什么花钱买这些装门面的东西/中看不中用的东西/搞这种面子工程?还不如用于提高职工福利呢!”

一些单位及其部门没有从资产使用效益(即前文提到的经济效益)出发,抱着“不要白不要,能多要就多要”的心态,而不考虑单位的实际需求,不断向财政部门申请追加经费,新建或购置资产,购置资产片面追求“高、精、尖”,实际提前报废一些尚可继续使用的资产,造成不必要的浪费。

过剩的预算资金、过剩的资产也是腐败的重要诱因。

以下是一些可资借鉴的西方国家做法。

西方国家在提高行政事业单位的国有资产使用效率方面,有一些值得我国

① 赵立文.加强高校资产管理的思考[J].中国现代教育装备,2018(23).

借鉴的做法。德国联邦政府资产管理局和车辆管理中心为了更有效地为政府办公用户提供设备和车辆管理服务，采用招标方式，从企业中选择合作对象。澳大利亚联邦政府也通过财政部和金融管理部下设的资产管理机构，对政府资产实行商业化管理。资产管理机构的主要任务是，为政府各部门提供办公楼宇与设施设备建设、安装和维护服务，以帮助政府部门更好地利用这些资产。

对于大额的固定资产和不动产，西方各国的管理方式趋向于市场化的付费方式。资产管理机构负责统一采购行政部门需要的资产，使用部门经审批，可使用上述资产，但须付租金给资产管理机构。使用部门也可向私人组织租赁，但资产管理机构的收费一般稍低于市场价。美国、加拿大、德国、澳大利亚等国都采用支付租金的方式配置资产，在行政部门间实行商业化的运作方式，模拟市场上商品和劳务的交易，代替财政资金拨付式的资产供给，有利于提高资产配置的效率。

当前我国也在实施类似的管理措施。例如巩固党政机关办公用房清理成果，把清理出来的办公用房调剂给外租办公用房的单位使用。全面取消一般公务用车，同时推行公务用车“管理平台化、平台信息化、车辆标识化（例如公务车开到景区就可能有违规嫌疑）”，推动公务用车集中使用和管理。

7.2.2　克服事业行政单位浪费国有资产的对策

对 7.2.1 小节论述的这些情况，如果都依赖主管单位或部门审查，难度是很大的——一则工作量极大，难以覆盖；二则隐蔽性强，申购单位或部门很可能会掩盖事实。所以还是要加强教育，提高各级各类人员（包括申购者、采购审核者、设备管理者与使用者）的素养，以节约国家资源为荣、浪费国家资源为耻。本章第一段引言论述的普遍情况也暗示着，加强教育是解决这一问题的重要手段之一。节约、环保的观念教育并非一句空话，只要开展得当、有效，人们的浪费行为、漠视观念是能够被有效扭转的。当今社会，环保人士越来越多就是一个例证；上海把于 2019 年 7 月正式全面开展的垃圾分类工作搞得有声有色、效果显著，也是一个例证。

方虹、刘春平（2005）认为：评价行政事业性国有资产运行的绩效时，应当从资产规模、资产结构和资产效益三个方面分析。这里的资产效益包括经济效益和社会效益。经济效益考量侧重于资源是否被高效利用,支出是否经济、节约。社会效益考量侧重于长期效益,反映行政事业性国有资产投入产生的社会影响①②。

建议各级巡视组把这些可有可无的支出纳入检查范围,从而审查事业行政单位里审批这类支出的部门的尽职情况,该惩罚的则惩罚。巡视检查是一种灵活的检查方法,那些隐蔽的、不容易被常规管理方法和检查方法发现的问题,常常被巡视组发现。而且巡视组一旦提出,事业行政单位的整改动力比因常规检查而产生的整改动力强。

对当前事业行政单位国有资产管理薄弱的老大难问题,巡视检查是一个有益的补充。但事业行政单位国有资产管理更需要有效的常规管理与检查,一个完善的思路就是继续深化、细化管理规则,加强执行力度。建立信息公开制度就是防止国有资产被浪费与滥用的常规制度与手段,但需要严格、有效地执行,特别应确定合理的公开范围——公开哪些信息,向哪些人公开。

有些人比较乐观地认为,使用当今尖端的信息技术,能有效地监管事业行政单位的国有资产。虽然信息技术能帮助人们更好地进行这方面的管理,但它毕竟只是辅助工具,是"死"的东西,不能把完善事业行政单位国有资产管理的愿望较多地寄托于技术。更重要的是改变当事人(申购者、使用者与采购审批者、资产管理者)的观念,还有本小节第一段提到的加强教育,用更系统、有效的规则,由更积极主动的人管好行政事业单位的国有资产。

7.3 推进事业单位的国有资产共享

当今是共享的时代,共享代表环保、高效、减少浪费。许多公司在努力践行共享,以前,公司内共享信息、共享知识是一件难以推进的事,现在,很多公司都在实施学习型企业战略、建设学习型团队。(民企)阿里巴巴在 2013 年成立了共享业务事业部、数据平台事业部和信息平台事业部,力推公司内的数据与信

① 方虹,刘春平.中国非经营性国有资产运行绩效研究[J].北京劳动保障职业学院学报,2005(2).

② 谭静.行政事业性国有资产管理绩效评价研究[M].北京:经济科学出版社,2013.

息共享。平安集团也建立了顾客资源与信息的共享平台。海尔的平台经营体也是为共享而生、而存在，甚至可以被海尔集团的外部创客使用。整个社会、整个国家都在助推共享事业、共享模式的发展，从而提高整个社会的运行效率；共享业态几乎无处不在，就在我们的身边。

对这样的大趋势，一些事业单位当然不能熟视无睹、无动于衷，牢牢地护着自己的一亩三分地，不肯让肥水外流。

事业单位先进的、大型设备，例如，用于水环境、大气环境方面的监测设备，本就是为公众服务的，属于国有资产。针对 7.2.1 小节中的例子描述的国有资产使用效率较低的情况，除了拥有这些设备的机构应提高使用率，另一个解决方案是，这些机构应相互共享这些设备，并适当把这些设备对社会开放。这一措施也符合 7.2.2 小节第二段中方虹、刘春平(2005)提出的社会效益考量标准。

由这些设备监测得到的数据也是公共财产，这些单位不能把这些数据作为其营利的资源，也不能以保密的借口对这些公共数据秘而不宣。但大量的环境监测数据(以这方面的数据为例)被各级环保局以及许多拥有监测设备的科研单位作为“机密”数据，不对外共享。像环保局这样的单位因为缺少相关的研究人员(环保局里较多的是办事人员)，所以大量的监测数据在事务性、常规性应用(例如制作监测报表)后被束之高阁，未被充分利用。而其他单位的环境研究人员却拿不到这些数据，限制了相关科研工作的开展，削弱了我国的相关竞争力。

不少西方国家已建立了这类公共数据的共享机制，把这

些数据大量、免费地提供给公众。我国如果再不着力推动开放这些数据，将在这方面与这些国家拉开越来越大的差距。充分的数据是科研的基础，科研人员不能顺利、低成本地获得科研数据，必将影响我国的科研水平。① 国内一些有强烈社会责任感的机构正在建立一些免费共享数据库。

事业单位的主管部门监督、管理本部门的下级事业单位的国有资产；接受同级财政部门的监督、指导。各事业单位负责本单位存量资产的有效利用，参与大型仪器、设备等资产的共享和公共研究平台建设工作；接受其主管部门和同级财政部门的监督、指导。也就是说，在共享公共资源工作方面，一些事业单位如果做得不好，其主管部门和同级财政部门有监督、领导责任，甚至有直接责任(参见 7.2 节第一段和 2.4.3 小节第一段)，可以向这些部门投诉。

在具体管理与操作中可以采用这样一个做法：主管部门要求申请购买设备或研究资金的事业单位书面承诺，将来与其他相关组织乃至公众分享监测数据或研究成果。事先规定能较有效地保障共享机制，事后再补充规定，实现的难度会大很多——那些获得国家资助的事业单位管理者会先入为主地误以为，获得的数据、研究成果的产权归他们，因而不愿共享。实际上，这些产权归国家，这些单位拥有的只是使用权与管理权，当主管部门要求他们共享时，他们应当共享。

一些做得较好的例子如下。四川大学通过构建大型设备虚拟管理中心，实现信息公开透明和网上预约；借助信息采集器“黑匣子”的技术支持，实现对设备运行的精准实时监控(体现了全过程管理思想)。重庆市通过构建大型科学仪器共享平台和以政府为主导、四部门联动的运作机制，实现了事业单位资源的跨部门、跨领域的整合利用，大大提高了事业单位国有资产的使用效率。江苏省通过建立资产余缺调剂平台和闲置资产共享平台，采用电子竞价、网上竞拍等多种方式，整合不同单位的资源。②

在全国范围，82 个重大科研基础设施、4 000 多家单位的 8.6 万台(套)大型科研仪器，在统一的国家网络管理平台向全社会开放。截至 2018 年年底，全国

① 很多学者做研究时就非常痛苦地受困于难以获得科研数据，得用一小半的时间四处搜集数据。

② 谭静. 行政事业性国有资产管理绩效评价研究[M]. 北京：经济科学出版社，2013.

建有省级实物及虚拟“公物仓”12个、市级93个，既满足了大型会议、临时办事机构的资产使用需求，又提高了国有资产使用效益。

“G60科创走廊”(沪苏浙皖9市的合作机制)的共享机制包括科研设备的共享，坐落于合肥市的中国科技大学与坐落于上海市松江大学城的东华大学、上海工程技术大学等对社会共享科研设备，使这些设备的使用率大大提高。应建立奖罚制度并加大奖励有效管理事业行政单位国有资产和有效共享这类资产的力度。

目前的趋势是，政府要求越来越多的机构向社会开放那些不涉密的数据，并且也有越来越多的机构正按照政府的要求做这件事。正如不少高校(例如上海大学)免费向周边居民开放校园，居民们可以到校园里晨锻，可以使用体育场，也可以到学校食堂就餐。[①] (上海的)一些中学则向居民有偿提供体育场馆的服务。

不过也要制定制度，加强管理，不要让共享这件好事影响了师生正常的生活。例如，居民早晨到校园锻炼不能影响师生休息；不能到校园遛狗；如果向居民开放食堂，则食堂的供应量必须足以跟得上，不能因为居民就餐导致师生就餐不便，例如，食品不够，就餐座位紧张；等等。

以后还要逐步拆除居民区的围墙(新建居民区则不能建围墙，例如上海嘉定区的做法)，把里面的道路向公众开放(前提是社会治安的保障和进一步改善)，公众就减少了绕圈子(绕居民区)的麻烦，可以走近路了，并且有了更多的道路可选择。此例虽非事业单位国有资产共享的例子，却表明了共享时代的大趋势，对许多公共资产、集体资产都可以实现共享，提高资源利用效率，降低社会成本。甚至很多人也愿意把个人资产拿出来共享(收费或免费)。

国有企业也有这方面的问题，例如，一家石油公司认为某区块的开发没有潜力，因而退出勘探，但不肯把已有的勘探数据共享出来。下一家石油公司(在我国，具有勘探资质的石油公司一般都是国企)接手后，不得不从头开始，浪费

---

① 有的高校要求外来就餐人员额外支付一定比例(例如上海大学设定的比例是30%)的搭伙费，因为政府对师生的饮食提供了补贴，所以其他人员需支付搭伙费。但即使算上搭伙费，饭菜价格还是比校外餐饮店的便宜，而且卫生、健康，令人放心，品种也多，很受居民欢迎。这一共享政策也增加了高校食堂的收入。

的是国家资本、社会资源。第一家石油公司认为，他们辛苦获得的勘探数据专属于他们，其实并非如此，因为他们的运营凭借的也是国有资产，因此勘探数据自然也是国有资产，并不专属于他们。数据资产并非排他资产，应该将之与其他企业(包括民企)共享。

第 8 章　国有资源资产的管理

资源类国有资产包括矿藏、河流、海洋、草原、山岭、森林、荒地、滩涂等。中国及大多数发展中国家规定，资源类资产归国家拥有。例如，我国《宪法》的第十条规定：“城市市区的土地归国家所有，农村和城市郊区的土地(除了法律规定属于国家所有[①]的以外)属集体所有，宅基地和自留地、自留山也属集体所有。”

8.1　概　述

对资源资产采取国家垄断(国家所有)，有利于节约、有效、可持续使用资源资产，限制对资源资产的掠夺性开发。资源是人民生产、生活的物质基础，再加上其稀缺性，这些决定了不应当任由资源开发利用和自由发展。日本、法国等

① 例如不属于集体的森林、滩涂等；国家没收的土地(可能因为集体不合理使用)。国家为了公共利益的需要，可以依照法律规定征收或征用集体土地，并给予补偿。农民的土地被征用后，政府应为其重新调整或分配集体土地，否则应解决其就业问题。农民集体转为城镇居民，政府组织的成建制动迁(移民)，留下的土地转为国家所有。(正保法律教育网，http://www.chinalawedu.com/new/15700_169/2009_9_30_ji737044311039900211440.shtml；http://www.ahgygtj.gov.cn/show.aspx?id=4821&cid=28)

国家对矿产类的资源资产也采用国家所有的制度，土地私人拥有者如想勘探、开发、利用矿产，须向政府申请。

在市场经济早期，西方人信奉“小政府，大社会”的观点，一些西方国家大大放松了对自然资源的垄断和控制；我国也曾经在一定程度上有这种情况，例如山西的小煤矿大量出现。西方国家当时这样做虽然在一定时期内促进了经济运行效率的提高，但也降低了社会公平，影响了社会稳定；20 世纪末、21 世纪初，在我国山西省，贫富分化严重，煤老板们获得了巨额利润，还到处炫富，甚至搞黑社会。

进入 20 世纪后，西方国家通过立法等途径对把一大批自然资源实现了国家垄断。但在英国、美国、爱尔兰和南非等国，土地私人拥有者部分地拥有其土地下矿产的勘探、开发权。

我国须建立抑制过度消耗资源的机制。例如，对水资源的消耗，尤其北方地区的水量、水质都有问题——水量不足，水质差，在这样的情况中更需要控制机制，控制消耗、控制污染。对可再生资源应充分结合开发利用和保护两方面，对不可再生资源应不断提高利用效率、强调节约使用。左边的插图为滴灌系统——高效、节约的灌溉方法。

我国还应继续推动将自然资源资产化、商品化，使之作为商品要素进入市场。商品化意味着，任何经济主体为取得资源资产的所有权，必须支付相应的报酬，例如，国内外水资源的有偿使用（试点）。这迫使资源资产使用者在资源资产的开采和利用过程中更具理性，遏制使用者在资源开发利用过程中单纯地强调其自身的经济效益、忽视社会效益和生态效益的短期行为。

可持续发展指经济发展既满足现代人的需求，又不损害自然资源满足后代人需求的能力。可持续发展就是在利用资源和保护资源之间寻求平衡点的过程。如果毫无顾忌地开采和利用资源，使资源的消耗速度超过补偿[①]或自然净化[②]、更新的速度，就会导致资源的枯竭和生态系统的破坏。

8.2　国有资源资产的管理体制

8.2.1　国有资源资产的管理机构

国有资源资产的管理机构如下。

土地、矿产、海洋资源被纳入自然资源部的管理范围，水资源由水利部管理，等等，基本上形成了资源类国有资产的相对集中管理。经过多次体制改革，在中央层面（相应地，地方层面也一样），我国资源类国有资产的管理机构由建国初期的 15 个减少到目前的 5 个：国家发展和改革委员会、自然资源部（原国土资源部）、农业农村部、水利部、国家林业草原局（国务院直属机构）。

---

① 包括自然补偿（生物的自然繁殖，非生物的自然补充）和人工补偿（如植树、放养鱼苗——跟放生不是一回事，放生基本上是多此一举的行为，有时会破坏生态，危害放生地的居民，并使放生利益链上的既得利益群体产生更多不当行为，放生常常是宗教行为甚至迷信行为）

② 水体净化污染物，其净化能力被称为水环境容量；生态系统净化有害气体；等等。

国家发展和改革委员会在资源类国有资产管理中,主要推进可持续发展战略,负责节能减排的综合协调工作,参与编制资源节约和综合利用的重大问题。资源管理工作主要还是集中在其他四个部门,例如,农业农村部承担管理农村经营的责任,负责指导管理农村土地承包、耕地使用权流转等工作;水利部负责保障水资源的合理开发和利用,对生活、生产经营和生态环境用水统筹兼顾,对水资源实施统一监督管理。

知识点

由以上阐述可知,我国管理国有资产的除了国资委,还有自然资源管理部门、财政部门(管理行政事业单位的国有资产)、发改委(负责重大投资项目或海外投资项目)、国防科工委(管军队的国有资产)以及其他一些部门,例如中组部(负责国企高层任命)、管理中央直属机关的国有资产的部门。

由财政部履行出资者代表(代表国务院)职责或国有资产监管职能的企业,包括中国邮政集团、中国铁路总公司和中国烟草总公司等。金融类中管企业主要由财政部管理(管理二十几家金融机构),财政部持有部分中管金融企业的国有股权。中央汇金投资有限责任公司根据国务院授权,对一些中管金融企业进行股权投资,基于出资额行使出资者权利。还有一百多家(117家)文化类央企也由财政部履行出资者职责。

分别隶属于75个中央部委办局或单位(由中央有关部门直接管理)的5200余户一级法人企业,由财政部负责国有资本管理事项(专业管理方面)。[①] 参见

① 戴锦.国有企业的性质[M].北京:经济科学出版社,2016.

2.1.1 小节第一段、2.1.4 小节第(1)部分和 10.3 节第一段。国资委只是统一监督管理经营类国有资产，主要监管工业类国有企业。

有人呼吁由国资委统一管理所有的国有资产，包括资源类资产。此观点并不妥当，因为这样会使国资委过于庞大，机构过于臃肿、复杂后就难以保持工作的高效率和科学性。与其在国资委的下面设置若干大的部门，分别管理不同类别的国有资产，不如保持现有的管理体制，即不同类别的国有资产由不同的政府部门管理；也免得机构重组消耗大量的人力、财力、物力，并明显降低它们在重组期间的效率。参见 2.1.4 小节第(1)部分"国务院国资委以外的中央监管部门与非国资委监管的中管企业"部分提到的十九大精神。

在对资源类国有资产管理机构改革的同时，我国也加快了资源类国有资产管理的法律建设。于 1984 年出台了《中华人民共和国森林法》，随后在 1986 年相继出台了《中华人民共和国矿产资源法》《中华人民共和国土地管理法》，《中华人民共和国海洋环境保护法》(1999 年)和《中华人民共和国水法》(2002 年)也相继出台，还有《中华人民共和国草原法》等。但这些法律的制定时间较早，不足以满足当今经济发展的需要。

8.2.2　国有资源资产的管理原则

(1)遵循整体性和系统性原则。自然资源有整体性和系统性特征，如果把流域按行政区分割管理，就容易导致地方保护主义行为，各地争夺用水量，污染水源，却拒绝治污或在治污方面敷衍塞责。这必将使水资源的形势恶化——可使用的水量不足，污染严重。因此需要以流域为管理单元，进行全流域的整体化管理。[①]

① 黄炜. 全流域生态补偿标准设计依据和横向补偿模式[J]. 生态经济，2013(6).

我国成立了长江流域水资源保护局、黄河流域水资源保护局、松辽流域水资源保护局、珠江流域水资源保护局、淮河流域水资源保护局、太湖流域水资源保护局、海河流域水资源保护局。

(2)在国有资源资产的管理过程中既要考虑经济效益,又考虑生态效益,结合资源利用与环境保护(正确地反映了自然资源的系统性特征),提倡"绿色GDP(国内生产总值)"。前述的各个流域管理局就能比较有效地把资源利用与环境保护结合起来。

绿色GDP指扣除自然资产损失后新创造的国民财富的总量核算指标,就是从现行统计的GDP中扣除由于环境污染、自然资源退化、人口数量失控等因素引起的经济损失,从而得出真实的国民财富总量。

知识点

GDP只能反映经济发展总量,经济发展与社会发展是否协调以及一系列社会问题都无法由其体现。如果地方政府总是把GDP放在第一位,那么调整经济结构、转变发展方式就永远被放在次要地位。唯GDP是从的政绩考核理念正在发生变化,科学化、差异化、增长质量、重民生、绿色发展等,成为不少地方政府调整考核评价体系的关键词。

政绩考评将与人民的满意挂钩

今后考核干部不仅要看当地的经济发展水平,也要看当地的社会发展情况,其中和谐发展、稳定发展、公平发展将在干部政绩考核中占据重要地位。例如，当地的贫富差距程度、城乡一体化程度、政府公共服务的均等化提供程度、政府透明度、政府自身建设，以及反腐倡廉情况、就业、教育发展水平、治安情况、社会的诚信情况、道德状况等。十七届五中全会的一大亮点是改变以往的 GDP 政绩观，把保障和改善民生作为中国共产党的一个重要执政理念。卸掉不合理的政绩枷锁才能真正体现以人为本，干部的心思才会从只看经济转到关注民生上来。“指挥棒”发生了变化，“乐队”的行动也将发生变化。

(3)强调市场机制在配置资源方面的基础作用——为了提高资源类国有资产的开发、利用效率，所以须强调市场机制。但也要注意，市场和市场机制并不能解决经济运行中的所有问题，尤其在资源利用中产生的诸如污染、环境破坏、生态恶化等外部不经济问题(External diseconomy，对外部造成的不利影响)。

(4)国家必须凭借其拥有的资源资产所有权，加强宏观调控。在国有资源管理中必须坚持市场机制和宏观调控相结合的原则。根据国民经济核算体系发展的要求，将来资源资产的价值会被纳入整个国民经济核算，建立资源有偿使用制度，建立统一的环境与经济核算体系(实施绿色 GDP 概念)。

与其他类型国有资产的管理一样，资源类国有资产管理的关键也是产权管理，明确产权是进行资源勘探管理、开发利用管理的前提。

8.3 几类主要国有资源的管理

《宪法》第九条规定:“矿藏、水流、森林、山岭、草原、荒地、滩涂等自然资源,都属于国家所有,即全民所有;由法律规定属于集体所有的森林和山岭、草原、荒地、滩涂除外。”根据这一规定,矿藏、水流(包括海洋)只能国有。

8.3.1 土地资源的管理

我国不允许转让土地所有权。虽然土地的所有权归属无法改变,但土地使用权、占有权等产权的归属不是一成不变的,可以以优化土地资源配置为准则进行使用权、占有权归属的划分。土地使用权转让的形式包括出售、交换和赠与。目前在我国出让土地使用权主要采用挂牌交易的形式。

土地出让人发布挂牌公告,按公告规定的期限将拟出让标的的交易条件在指定的交易场所挂牌公布,接受竞买人的报价申请并更新挂牌价格(即新报价,就像拍卖一样,把当前最高价告知竞拍人,激励更高的报价出现),根据挂牌期限截止时的出价结果确定获得标的的竞买人。挂牌交易可以有效预防土地交易过程中的腐败问题。

出让土地使用权的最长年限:居住用地是70年,工业用地、教科文体用地以及综合用地是50年,商业、旅游、娱乐用地是40年。通过转让方式取得的土地使用权年限,是原土地出让合同规定的年限减去原土地使用者已使用年数后的剩余使用年数。为什么要设定此规则?否则所有者永远收不回土地,如果使用者在使用权快到期时就转让的话。① 这是一种嵌套计算规则,例如本段前文中“原土地出让合同规定的年限”可能已经是通过使用此计算规则算出的剩余使用年限,而不是原始使用年限。

---

① 从价值衡量角度看,也应设定此规则。因为可使用年数本身就体现着价值,土地使用者使用一定年数后,他们就消耗掉一定的价值了,就像物品被使用后会变旧,会失去一部分价值。所以土地使用者出售土地(使用权)时,该土地的可使用年数应该是原使用年数减掉已使用年数。不过,土地与一般物品的减值规律并不相同,前者的价值是可以再生的。前面所述的年数扣除,只是按一般商品的减值规律进行。

国家规定，土地使用权与其上的建筑物、附着物的所有权须同步变动/转让(须计入建筑物和附着物的价值)，否则转让土地使用权时比较麻烦，因为涉及地上建筑物、附着物独立的归属和使用——如果建筑物、附着物的所有权人不能就其所有权的转让与受让人达成协议，则土地使用权就无法被转让。反之亦然。土地使用权可以被抵押，其上建筑物、附着物随之被抵押，也应该纳入建筑物、附着物的抵押价值。反之，地上建筑物、附着物被抵押时，其使用范围内的土地使用权也随之被抵押。

未按(原)土地使用权出让合同规定的期限和条件投资开发、利用土地的，土地使用权不得出租。土地使用权证中的原登记事项发生变化，或者土地上的建筑物、其他附着物的所有权发生变化后，经县级以上人民政府的土地管理部门核实后，由同级人民政府更换或更改土地使用权证书。

中央一级的土地管理部门：国土资源管理局，2008年，升级成国土资源部，2018年(该年度的两会通过国家机关重组方案)，重组为自然资源部。省级的，例如，河南省自然资源厅，福建省自然资源厅，北京市规划和自然资源委员会，上海市规划和自然资源局；副省级的，例如，广州市规划和自然资源局，西安市自然资源和规划局；地市级的，例如，镇江市自然资源和规划局，无锡市自然资源和规划局；县级的，例如，江阴市自然资源和规划局，启东市自然资源局；乡镇级的，××国土资源管理所。

征用土地时，由用地单位支付土地补偿费和安置补助费。例如，对征用耕地，按该耕地在被征用前3年内平均年产值的3～6倍计算，也可能达到10倍；按照需要安置的农业劳动人口计算安置补助费，按该耕地被征用前3年内平均年产值的2～3倍计算，最多不得超过10倍；

土地补偿费和安置补助费的总和不得超过被征用耕地前 3 年平均年产值的 20 倍。

8.3.2 矿产资源的管理

在我国,矿产资源属于国家。地表或地下矿产资源的国家所有权不因矿产依附的土地的所有权或使用权的不同而不同,即集体所有土地下或地表的矿产也属国家。

开采矿产资源必须采取合理的开采顺序、开采方法和选矿工艺,采矿和选矿回收率必须达到设计要求。例如,按空间顺序开采,由上往下,不要只顾着挖地下深层的更值钱的矿产而破坏了上层的矿产布局,增加了往后开采上层矿产的难度和成本;或者按矿种顺序开采,可以先易后难地进行,提高开采效率。对有价值的共生和伴生矿产应统一规划、综合开采、综合利用,防止浪费。

我国开发、综合利用矿产资源的水平较低。矿产资源的一个重要特点是矿床伴生或共生多种有用矿物质,如能充分利用,将能获得十分可观的经济效益。但我国矿产资源的综合利用水平很低,有关部门对 1 845 个大型矿山的调查统计显示:综合利用率低于 25%的矿山占 75%;在 246 个共生或伴生大中型矿山中,有 32%的矿山从未被综合利用。

以煤炭开采为例,全国的煤炭回采率(从煤矿开采出的原煤占其可采储量的百分比)——小型煤矿 15%～20%,大型煤矿 45%;国外发达国家的是 60%～80%;我国目前有两家中管企业,一家是 72%,另一家是 86%。

下面具体分析一下综合利用水平较低的一个重要原因。

矿产资源开采者对矿产资源只有短期的使用权,为了短期利益,开采者不是通过创新的资源开发利用技术提高矿产资源的利用率,进而增加自身的经济收益,而是通过过度使用不属于自己的资源,耗竭性地开发资源,以实现其目的。这种行为的负外部性增加了社会成本(降低了开采企业的成本),造成矿产资源的严重浪费(这也是稍后的山西案例提到的“四害”之一形成的原因);有些甚至是耗竭性开采,给当地的生态环境带来了恶劣影响(同上)。

一个反面的案例：陕西多地疯狂采矿，山体遍体鳞伤，秦岭的部分山体已被切成峭壁（华商报，2014—4—22）。由于无节制地开采，我国矿区环境已受到严重破坏，治理工作刻不容缓。插图为铜川市的矿山。

知识点

山西煤炭业大重组

在山西，有人概括了小煤矿的“四害”：浪费资源、破坏生态、草菅人命[①]、腐蚀干部。“经济因煤而兴，问题由煤而生”，丰富的煤炭资源为山西带来高GDP的同时，也让该省付出了巨大代价。

以整合小煤矿为主的山西煤企大兼并，从一开始就引发了全国的高度关注。在矿难事故不断发生的背景下，山西一大批煤矿经历着这样一个改革的进程——停产、整顿、兼并、重组，一大批小煤矿迅速消亡。2009年9月，煤企重组按时间表进行，无数山西煤矿主面临“被转型”，他们有的已另谋出路，有的还在苦苦挣扎。此后一年内，这些一直处于社会舆论风口浪尖的富翁们将告别煤老板身份。

山西省当时加速推进史上规模最大的煤炭企业重组行动，涉及国有、民营煤炭企业超过2 200家。按计划，至2010年年底，全省的矿井总数由2 598座压缩到1 000座，煤炭企业数量从2009年9月的2

① 主要指对矿难事故不依规依法处理，不尊重矿工的生命，也包括黑社会行为。

200 个减至 100 个左右。山西终结小煤矿经济，迎来大矿时代。

前面阐述的是自然资源开发利用中企业的短期行为，例如上述案例中山西的私人煤矿，它们更有不顾社会利益的倾向。而国有企业则相对更有社会责任感，更有考虑社会利益的倾向，这体现了国有体制的影响。山西省采取上述措施就是希望通过国家控股煤矿企业，减少安全生产事故，减少滥采滥挖、破坏环境问题。企业的经济利益和资源环境目标有时是不一致的，而我国的现实情况是企业缺乏自律，政府的监管能力不足。如果这种情况长期没有实质性的改变，那么重要资源开发由国有企业实施，能更好地平衡企业的经济利益和资源环境的目标。

也有人认为，山西省上述的强制公私合营的力度过大，大量挤出民营企业。2007～2009 年发生在内蒙古、河南、河北、四川等地的煤矿产业整合曾有不小的负面结果。受融资成本高（当时需要筹措巨额并购资金）和大量冗员的影响，兼并民营煤矿的国有煤矿的经营不太顺利。为刺激本地经济发展，一些省后来又开始邀请私人投资者参与投资。当年很多被迫退出煤炭行业的江浙投资者的反应是“打死也不再到那里投资”。

西方发达国家在资源开发的有效性方面有值得我们借鉴之处。例如，他们在有色金属矿的选、冶过程中，能回收 70 余种有价值的元素。美国的选、冶综合回收率达 80%以上；日本能从铜及多金属矿中回收多种元素，综合利用系数达 85%以上。

经过半个多世纪的发展，中国的有关技术也开始具备一定的优势。例如，中国石油企业在复杂的地质情况和油田严重老化项目的勘探开发中，积累了丰富的经验，尤其注水开采和三次采油的技术明显优于中东国家和俄罗斯等资源国的，在国际上处于领先地位。这是我国石油企业的核心优势。申能集团旗下的上海外高桥第三发电公司的两台国产 100 万千瓦的超临界机组在 2011 年创造的 276 克/千瓦时发电煤耗指标，连续八年领先全球。实际运行中，最低供电煤耗达 274 克/千瓦时。

另外，我国的一些大型石油公司积累了雄厚的资本，资产负债率不到 30%，与依靠银行贷款保证现金流的外国油气公司相比具有很大的优势，[①]在跨国兼并时这也是重要优势。例如，在兼并沃尔沃时，民企吉利集团的两个竞争对手主要因短时间里筹不到并购资金不得不退出。

8.3.3　海洋资源的管理

我国大陆海岸线总长 1.8 万公里，岛屿岸线长 1.4 万多公里。我国管辖的海域包括热带、亚热带和温带地区，总面积超过 300 万平方公里。海洋生物、海底矿产、海洋空间（可供开发未来海底世界、海底城市）、海洋化学（从海洋水体、海洋生物体和海洋沉积层开发利用化学资源）、滨海旅游以及海洋能等资源是我国需要开发的主要海洋资源。

海洋资源管理的主要内容有海洋环境管理、明确和强化海洋主权、开发和合理管理海洋资源。海洋污染问题包括：赤潮（见插图），重金属污染，生活和工厂废水被排入大海。国家海洋局 2014 年 3 月发布的《2013 年中国海洋

① 李宏勋，王松乐. 全球金融危机下我国石油企业 SWOT 分析及应对策略[J]. 价值工程，2010(17).

环境质量公报》显示，2013 年全国疏浚物的海洋倾倒量高达 16.085 万立方米，我国海域的重度富营养化率达 15%。国家海洋局是属于自然资源部的国家局，监督管理海域的使用和海洋环境的保护，依法维护我国的海洋权益，组织海洋科技研究。

我国应该采用怎样的策略，明确和强化我国海洋主权？

第一，继续加强海军力量，提高海军装备的现代化水平，为我国的海洋资源的开发提供有效地保护。我国以前的海军力量不强，军舰甚至难以到达南海的远端，只能抗议东南亚国家在南海开采原油。[①] 我国当时的勘探和开采海洋原油的能力也不行；东南亚的一些国家在这方面的能力更不行，但它们与某些西方国家合作，西方国家得到很多好处。

现在我国的海军力量大增，已初步具备蓝水海军（全球海军）的实力，海洋原油的开采能力也大大增强，在前者的保护下，我国能深入南海开采原油。我国在南海已取得较大的控制权，例如填海造礁，建设飞机场，布设导弹。俄罗斯媒体认为，中国在南海已获得主导权，美国已无法逆转。

第二，从国家经济社会发展的大局出发，加强与周边国家的交往，服务于中国的整体发展战略和经济、政治利益。例如东海苏岩礁于 1964 年还被我国在一定程度上宣示过主权，1984 年后逐渐被韩国侵占，至今仍如此，但我国未曾与韩国为此交恶。不要四面为敌，需与东盟，包括与越南、印尼、马来西亚、文莱、菲律宾搞好关系。

第三，加强海洋行政执法力度，海监船和渔政船足够应付小型的非法活动，又具有宣示主权的意义，尽量不升级成军事冲突。

① 未被加工过的称为原油，加工过的称为石油。

8.3.4 草原资源的管理

草原是集维护生态平衡、保护水土、防风固沙等环境效益和生产饲料、燃料、工业原料(草可作为工业原料)等经济效益于一体的资源集群。草是保护草原地区水土的关键因素,例如,有关蒙古国与我国内蒙古自治区的湖泊退化比较研究的主要结论是,后者的退化更厉害,可能的原因是内蒙古草原被严重破坏,土地裸露,土层流失,裸露出砂石,地下水蒸发加快,导致湖水加速渗入地下,因此湖泊退化严重。

我国草原的生存状况如下。

国家林业局(原来的机构名称,现为国家林业和草原局)主持开展的“第二次全国荒漠化监测”的结果显示,1999 年我国荒漠化土地面积达 267.4 万平方公里,占全国土地总面积的 27.9%。内蒙古的沙漠化土地最多,达 80 560 平方公里;其次是新疆的,沙化面积是 30 471 平方公里;陕北地区沙化 21 686 平方公里;甘肃的沙化面积是 10 736 平方公里;宁夏的沙化面积是 10 215 平方公里;青海的沙化面积亦达到 4 400 多平方公里。在上述沙化土地中,正在沙漠化的土地约 67 000 平方公里,强烈沙漠化的土地约 60 000 平方公里,严重沙漠化的土地约 35 000 平方公里。

草原沙漠化最直接的后果之一就是灾害沙尘暴天气(影响畜牧业,影响草原地区人民的生活、生产),一次大的沙尘暴可以让上千万吨浮土远距离“大搬

家”，沙尘蔽日，在白天伸手也不见五指。风沙和浮尘带来大量有害物质，造成严重的空气污染，不仅给沙区人民的生产和生活造成极大的困难，而且还影响整个华北地区，甚至波及长江中下游地区，严重恶化了我国的整体生态环境。

我国水土流失[①]面积达 356 万平方公里，占国土面积的 37.1%；沙化土地面积约 174 万平方公里；草地退化面积达整个可利用草地面积的 2/3。[②]

《新民晚报》2017 年 9 月 12 日报道：国家林业局透露，我国荒漠化土地面积由 20 世纪末的每年增加 1.04 万平方公里，转变为每年缩减 2 424 平方公里，实现了从沙进人退到绿进沙退的历史性转变。2018 年 12 月 24 日，国新办举行新闻发布会，介绍《三北防护林体系建设 40 年综合报告》的相关情况，其中有这样一组数据：京津冀地区沙尘暴的发生频率从 1978 年的每年 5.1 天降至 2015 年的 0.1 天，这与三北防护林的建设密不可分（新华网 2018 年 12 月 25 日）。腾讯新闻 2019 年 3 月 27 日报道：中国每年造林一亿多亩，成为林业资源增速最快的国家。这几年中国的雾霾天数明显减少正是源于上述伟大成果。

专题分析

小说《狼图腾》告诉我们关于草原保护的内容

用休牧期、轮牧保护草原，减少沙化、石化情况。以前的游牧文化就遵循了这一规律。

---

① 水土指水资源和土地资源（包括草原资源）。不能有效储水，例如不能有效存于地下（受硬化路面阻碍），不能有效存于水库和湖泊（它们退化了，蓄水容量降低），而是流入大海，发生了水资源流失。土壤、河沙流向大海，草原退化，沙尘“搬家”，发生了土地资源流失。

② 前一段列出的数据是 1999 年的，这里的是 2010 年或其前两年的数据。

人、羊、马、狼、黄羊、旱獭、鼠等和草原共同构成了一个生态圈。在这个生态圈里，草原是其他生物生存的基础，草原是“大命”，其他生物是“小命”，“小命”依赖“大命”，而狼则是其中的关键一环，是影响草原生态圈的重要力量。

平衡的草原生态圈是一个完整的系统，各个部分相互依赖又互相争斗，形成了一个稳定有序的结构。狼是草原人民最为头痛的问题之一(另外两个严重问题是雪灾和大风)，因为狼会捕食羊和马，这导致人们不得不付出巨大的精力打狼。

但同时狼又帮助人们平衡草原的生态圈。狼捕食大批消耗草料的黄羊，因而有利于牧民及其牲口；对草原上的羊、马进行“计划生育”(吃掉一些牲口，有利于保护草原)和质量控制——例如瘦弱、有病、跑不快的牲口被吃掉，再如骁勇善战的儿马子(种马)和猎狗在与狼的厮杀中积累战争的经验，此乃游牧民族向外扩张的本钱。旱獭和老鼠是草原破坏者(喜好打洞)，也是威胁牧民和马安全的一大隐患，而狼正好是它们的天敌。

《狼图腾》告诉我们：正是上述这种相互制衡带来了草原生态圈的整体利益，这就是“共赢，共生，共利”。平衡的生态圈可以形成良性循环。在古代，一些蒙古部落首领遵从一条铁律——围师必阙，打狼绝不会赶尽杀绝。因为他们知道，只有生态圈里的各个组成部分相互依赖、相互制约，这个生态圈才是平衡的生态圈。

《成吉思汗法典》里有：“其禁草而生地创者，遗火而焚草者，诛其家”。意思是小草发芽之后(须禁草)，凡是破坏草原的人，哪怕是挖坑或者不小心失火的，都要对他全家处以死刑。须保护马匹，在春天的时候，只要战争一停止就要把战马放到好的草场上，不得骑乘，也不能让马乱跑(以免丢失)，打马的头和眼部的，也要处以死刑(即必须把马当朋友一样对待)。保护(饮用)水源，不仅不允许人们在河流中洗手，连对溺水这种意外也要杜绝发生。

8.4 完善国有资源资产的管理

8.4.1 应对资源稀缺的5条策略

在世界196个[①]国家中，我国主要资源的人均占有量都很靠后，土地、耕地、森林等的人均占有量均排在100位以后。我国的人均耕地面积仅有1.41亩，不到世界平均水平的一半；人均淡水占有量仅是世界平均水平的1/4。

但仍有很多单位和个人大肆侵占耕地——用于商业开发、建商品房和别墅等。很多城市无视相关法律、法规和中央的三令五申，无视农民兄弟的反对，无节制地侵占耕地，一度大量兴建耗费大量土地资源和水资源的高尔夫球场、别墅群、主题公园、娱乐场馆等，盲目扩大城市化，造成农民赖以生存的耕地资源的流失。还有许多高校从政府那里获得土地使用权，大量占用土地，甚至使很多土地闲置着。

案例

从2018年7月开始，秦岭违建别墅备受社会关注。中央、省、市三级打响秦岭保卫战。习近平总书记对秦岭违建别墅严重破坏生态问题和秦岭生态环境保护先后六次做出重要批示、指示。对这次拆违整治，中央派中纪委副书记、国家监委副主任徐令义担任专项整治工作组组长。清查出1 194栋违建别墅，依法拆除其中的1 185栋，依法没收9栋；依法收回国有土地4 557亩，退还集体土地3 257亩；实现了从全面拆除到全面复绿；一些党员干部因违纪违法被立案调查（新华网，2019-1-10）。

---

① 也有统计为194或199个国家。

由于缺乏科学的、实事求是的调研、论证和规划，新建的大批楼盘长期空置，新建的诸多“××城”(例如商城)、住宅区，甚至包括一些大学城，其客户、住户流失，遭遇人员大撤退；甚至从未招到大量的业主，招商引资的宏伟计划只是一个个美丽的泡沫。这导致全国出现多处“鬼城”(即空城、无人居住的城区)。

案例

德国政府下狠心，用价格杠杆管理水资源。从 1990 年到 2010 年，水价几乎翻了一倍。现在，生活用水水价高达 4 欧元/立方米(包含 2 欧元水费和 2 欧元排污费)。这使德国居民节水成风，惜水如油。

案例简析

反观我国，不管在城市还是农村，不管是组织还是个人，浪费水的现象几乎无处不在。

在具有战略性质的矿产资源中，我国的石油、天然气、铜和铝等重要资源的人均储量，仅分别相当于世界人均水平的 8.3%、4.1%、25.5%和 9.7%。

针对上述国情，我们应该如何应对？

(1)节约使用资源。我们既不能为了经济利益和虚荣心(例如前文提到的，类似高校这样的单位在土地资源占有和使用方面太奢侈了)而侵占、浪费耕地，在生活和生产中也不能浪费水等宝贵资源，在这方面需要加强公民教育和引领。在开发中保护，在保护中开发，增强人们保护和科学利用资源的意识。

(2)研发、采用先进技术，提高资源利用率、转化率和回收率。

(3)构建我国能源、矿产资源开发的国际战略，多渠道进口，抓住低价机遇期，及时储备。坚持务实风格，例如与俄罗斯合作的情况。俄罗斯曾经以与我国签订石油和天然气销售协议，要求我国支持他们达到这样或那样的政治、经济目的，却一直不签协议；或者对我国提出苛刻的合作条件。上述情况引自郎咸平教授的文章。也有在中俄石油、天然气销售谈判中中方亲历的官员发文，详述谈判之异常艰辛与旷日持久。但在西方国家制裁俄罗斯期间,我国却没有意气用事,故意为难俄罗斯,而是大量购买其能源,这帮助了俄罗斯,支持了它的经济运行。当然,这对我国自身也有好处。

中国尊重别国的主权,不干涉别国的内政。伊拉克、利比亚新政府当然更愿意跟中国合作开发能源。[①] 我国应加强对外资源贸易,在全球范围优化资源配置,积极与国外资源企业合作。例如 2011 年中石化以 35.4 亿美元收购葡萄牙能源公司 30%的股权;中化集团以 30.7 亿美元收购挪威石油公司巴西 Peregrino 油田 40%的股权;2013 年中国海洋石油公司以 148 亿美元收购加拿大尼克森公司 100%的股权。[②]

开拓国际资源进口市场,打通国际资源合作路线。避免过度依赖马六甲海峡通道,大力推进实施一带一路战略/倡议,拓宽西部能源和资源通道。

针对巴西、澳大利亚铁矿石的高价位,我国需与其他国家合作,例如,采用合资勘探、开发的方式,在全球寻找新矿源。

案例

相较于国外的三水软铝石型矿,国内的一水硬铝石型矿品位较低,且制取氧化铝的能耗高。在控制了全球铝土矿 54%的资源量的世界五大生产企业中,没有一家中国企业。在这种情况中,我国用 2.3%的铝土矿资源支撑着

① 一些国家在 20 世纪初的伊拉克以及利比亚战争后愤愤不平地说,得益的是中国。伊拉克、利比亚新政府与人民对别国的侵略、破坏行为(包括损坏古迹)肯定是仇视的,知道它们的私心和利益企图,反对它们的霸权行为,所以更愿意与中国合作开发能源。

② 刘建丽等.国有企业跨国投资与政府监管问题研究[M].北京:经济管理出版社,2018.

全球 40%以上的铝产品生产(国内需求)。未来中国铝工业或许会重蹈需高价进口铁矿石的覆辙,所以我国需谋求在全球配置高品位铝土矿资源——与一些国际铝土矿资源企业合资或并购这些企业(参见 8.4.2 小节最后的案例)。

(4)开发新能源和可再生资源。最近几年,我国平均每小时都在安装足球场面积大小的太阳能电池板,平均每小时都在安装两台风力发电机。我国水电、风电、太阳能发电(装机容量,煤电也是第一)稳居全球首位,核电在建规模世界第一,我国已成为全球能源转型的第一动力。这也是我国对全球环境保护的巨大贡献。

(5)结合市场调节与政府干预,合理配置资源,建立资源开发准入制度。完善资源管理方面的法律法规,加强资源开发利用方面的监管力度。深化国有资源开发利用的市场化改革,改革资源市场的价格体系和税收体系,逐步取消国有资源无偿使用和划拨制度,提高资源使用企业的获取成本,强化资源资产化管理。

8.4.2　国内外能源、资源(潜在)供给状况与对策

2014 年国内新增探明石油地质储量 6.9 亿吨、天然气地质储量 4 840 亿立方米,新增探明油气储量当量①连续第八年超过 10 亿吨。我国在鄂尔多斯盆地(地跨陕甘宁蒙晋)、四川盆

① 标准油气当量是根据原油和天然气的热值折算而成的油气产量,一般取 1255 立方米天然气=1 吨原油。为了简化,通常取 1000 立方米天然气=1 吨原油,这是国内的一贯用法。

地、塔里木盆地探明三个万亿立方米的天然气规模储量区，在柴达木盆地（青海）探明了单个油藏规模大、丰度高[①]、开发效益佳的大油田，鄂尔多斯、松辽等盆地的致密油勘探也有积极进展。

我国估计仍拥有 1 500 亿吨的常规石油资源量（注意，不是储量）。2015 年我国石油年产量达 2.15 亿吨，随后逐渐下降，2017 年 1.92 亿吨，2019 年 1.95 亿吨。具体如图 8—2 所示。

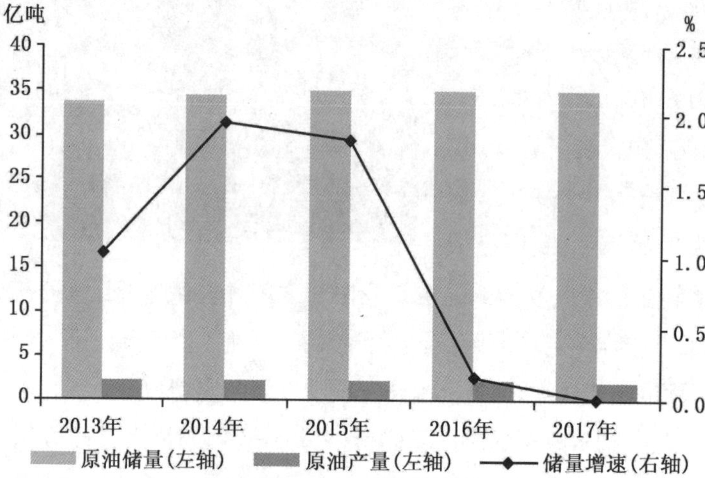

图 8—2　我国原油储量和产量[②]

近年来随着全球能源需求（长期趋势[③]）和油气生产压力（可采储量减少、产能不足等压力）日益增加，作为非常规石油资源，致密油已成为继页岩气之后全球非常规油

① 指单位面积地质储量（万吨/平方千米）高。
② 中国产业信息网，2018—11—11，http://www.chyxx.com/industry/201811/690866.html.
③ 短期内可能出现需求减少的情况。

气勘探开发的新热点。致密油是致密储层(致密砂岩、致密灰岩和碳酸盐岩)油的简称。致密油是美国人的称呼(根据他们的储油圈层情况),而我国仍称页岩油。我国估计拥有 1 000 亿吨的页岩油资源量。页岩油的开采难度大于常规石油的,但它仍可能助力我国恢复到石油年产量 2.15 亿吨。美国近年来借助开采致密油,其石油年产量达 5 亿吨左右。

2014 年,世界石油供需持续宽松,市场失衡,油价大幅下跌。全球石油需求 9 244 万桶/日,供应量为 9 320 万桶/日,供大于需 76 万桶/日。自 2014 年下半年后,受美国原油产量大幅度增长、地缘政治、美元汇率和欧佩克①内部的分歧加大等因素的影响,布伦特②油价由 2014 年 6 月的 115.06 美元/桶的年内最高点跌至 12 月份的 57.33 美元/桶的低点,全年均价 99.45 美元/桶,同比下降 9.21 美元/桶。2016 年纽约和伦敦布伦特原油价格跌破每桶 30 美元,比 2014 年 6 月份的油价跌去七成多。

我国应积极开展与石油消费大国如美国、日本的合作,争取国际石油定价的话语权,参与国际石油交易谈判,发挥我国作为石油消费大国对石油价格形成应有的作用——就像上海黄金交易所推出的"上海金"定价合约那样(初步具备国际黄金定价权)。

我国也应努力成为国际原油交易中心,我国应该拥有原油交易定价的话语权。要加快我国现代原油市场体系的建设,发展我国的原油期货市场,增强我国石油产业的国际话语权。完善我国战略石油储备体系,充分利用期货市场"高抛低吸",最终影响国际原油价格,参见 1.3.2 小节第(1)部分第①项。

这一努力,也是多年的努力,已开花结果——上海期货交易所子公司上海国际能源交易中心于 2018 年 3 月推出以人民币计价的中国原油期货交易。截至 2019 年 3 月 25 日(恰逢我国原油期货合约上市一周年),累计成交金额 17.12 万亿元(单边)。从 2018 年

① 石油输出国组织(Organization of Petroleum Exporting Countries,OPEC)

② 即伦敦油价,伦敦是较大的国际原油期货交易中心之一。较大的国际原油期货交易中心还有纽约、迪拜和新加坡(新加坡既非产油国,又非石油消费大国,主要靠港口位置获得这样的地位),加上其原油期货交易始于 2018 年的上海——很快就成为国际第三大原油期货交易中心。

3 月到同年 12 月的 9 个月内，中国原油期货的交易量已超越迪拜商品交易所的同类指标，成为世界第三的原油期货交易品种，拥有 6%的市场份额。中国原油期货上市的“初心”在于：建立中国乃至亚太地区原油价格基准，推动人民币国际化进程等（金十数据、央广网，2019—3—26）。

由于美国的经济霸权行为，对国际社会不负责任地滥印美元，在他国身上肆意“剪羊毛”以获取私利（2008 年国际金融危机发生后及多次在其他危机发生后，美国就惯用这种恶劣的手段，把原本它自己应该承担的巨额损失转嫁到国际社会），再加上其无理遏制他国发展，已有不少国家计划去美元化。伊朗和俄罗斯在 2021 年年中已大规模采取行动，这些行动包括不使用美元结算石油交易，大幅度采用人民币结算，主权基金大量抛售美国国债。

中国是“中心—外围”体系之外的独立自主的一极，外围国家加强与中国的合作，将能逐渐减少对中心国家的依附，改变自身供养者的角色。中心国家特别是美国，今后各种“剪羊毛”的难度就越来越大，想通过发动一场金融战就洗劫他国的卑鄙手段越来越难以奏效。

案例

2008 年 2 月，中国铝业公司购买力拓（Rio Tinto plc）12%的股份，成为阻挡必和必拓并购力拓的重要原因。假如“两拓”合并，将使我国在采购铁矿石的谈判中更被动，并且压缩了我国电解铝企业的利润空间。由于国际几大矿业巨头已基本上瓜分了全球矿产资源，我国企业购买其股权是一个较现实的选择，并且可规避买矿建厂的风险和建成后的高昂管理成本。2008 年，中铝成为力拓公司单一第一大股东后，获得了矿业定价话语权和垄断收益权，在一定程度上摆脱了国际垄断势力在资源定价方面对我国的钳制。①

8.4.3 完善战略原油储备体系

受国内产量下降和进口增加的影响，2016 年，中国原油对外依存度是

① 刘继鹏.凤凰涅槃——刘继鹏论国资改革[M].北京：东方出版社，2016.

65.4%(目前,我国天然气对外依存度也超过 30%),比 2015 年上升 4.6 个百分点,与美国历史上的最高水平 66%非常接近。2017 年,我国进口原油 4.2 亿吨,进口依存度 68%(芯片进口依存度更高,从 2020 年开始被美国断供打压后,我国更发力于自研);进口天然气 914 亿方,进口依存度 39%。我国是全球最大的原油进口国,占全球贸易总量的 19%。在全球每年的石油消费增量中,中国占比 41%(见图 8－3,中国产业信息网,2018-11-11)。考虑长期能源安全,加速向非化石能源(核能、水能、风能、太阳能等)转型才是必由之路。

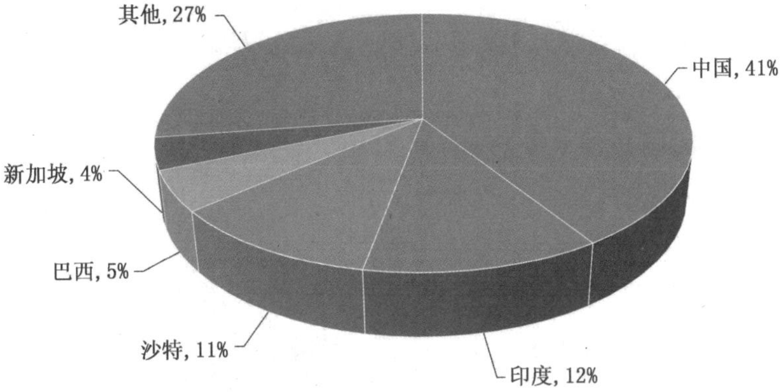

图 8－3　2001～2017 年全球石油消费增量结构①

国际能源署设定的一国石油储备安全标准线是 90 天。而据多方测算,中国目前的原油储备仅相当于不足 40 天的石油净进口量。金联创的数据显示,美国目前的战略储备

约是 9 365 万吨,足以支持 149 天的进口保护;日本的战略储备也接近 150 天;德国的战略储备是 100 天。能源安全已成为我国国家安全最核心的部分。

① 中国产业信息网,2018－11－11,http://www.chyxx.com/industry/201811/690866.html.图 8－3 中,印度占比 12%,沙特占比 11%,巴西占比 5%,其他占比 27%。

按照我国《国家石油储备中长期规划》，到2020年前形成相当于100天的石油净进口量的储备规模。在低油价机遇期，我国大量进口原油，以作战略储备。我国已建成许多储油罐，还在继续建设储油罐。石油储备体系的建设周期长，投资巨大，而中国的民营企业拥有很大的储备空间。如果能抓住油价较低的时机，把信誉好、实力强的民营企业纳入国家石油储备体系，既可以节约时间，又降低储备成本。

8.4.4 我国资源的开发利用浪费严重、效率不高的情形与对策

虽然我国的人均占有资源很匮乏，但我国资源开发利用的各个环节都存在高消耗、低产出的严重浪费现象。据统计，我国能源利用效率、工业用水的重复利用[①]率、矿产资源的总回收率分别比国际先进水平低10个百分点、25个百分点和20个百分点。

我国几种主要原材料的GNP消耗强度（每万元国民生产总值消耗的原材料）比发达国家的普遍高5～10倍，这种高消耗、低产出的状况造成了矿产资源的巨大浪费，加剧了我国矿产资源供应的紧张状况，同时对生态环境造成了极大的压力。

另外有这样一组数据，2012年我国的一次能源消费量是36.2亿吨标煤，消耗了全世界20%的能源；单位GDP能耗约是世界平均水平的1.8倍[②]。2017

① 净化后重复使用，否则就要与农业、服务业、居民生活抢夺水资源；把热水、受污染的工业用水直接排入自然水体会破坏水生态环境，从这个角度考虑，也要求重复利用工业用水。

② 换个角度看即：中国每消耗1吨标煤的能源仅创造14 000元人民币的GDP，而全球平均水平是消耗1吨标煤创造2 5000元GDP，约是我国的1.8倍。

年，我国一次能源消费量31.32亿吨油当量，占全球能源消费量的23%，连续17年居全球能源消费增长的榜首。2017年，我国GDP能耗是3.1吨油当量/万美元，美国是1.3吨油当量/万美元(中国产业信息网，2018—11—11)。按照2015年美元价格和汇率计算，2016年我国单位GDP能耗是3.7吨标准煤/万美元，是2015年世界能耗强度平均水平的1.4倍，是发达国家平均水平的2.1倍(中国产业信息网，2018—4—12)。

(1)我国资源的开发利用浪费严重、效率不高的7个原因

①国有资源长期被无偿划拨使用，资源类国有资产的价格背离价值。在对资源类国有资产定价时，一般只考虑勘探、开发及运营成本，对资源作为资本进入市场带来的投资收益，以及自然资源独有的生态效益基本忽视。

这致使资源产品的价格过低，价值规律无法发挥作用，资源得不到合理配置(例如在一定程度上配置到经济效益更高的产业)。目前，我国资源类国有资产管理只注重国有资产的实物形态的管理，重点考虑国有资源的勘探、开发、使用和保护；忽视其商品属性和价值管理，没有把自然资源作为国有资产核算，未纳入国民经济核算体系，进而导致资源定价过低。制定国有资源价格时没有把资源所有者的收益考虑在内(参见上一段)，国家作为资源的所有者获得的权益甚少。

价格过低刺激了资源产品的需求，开采量很大，使用量也很大；不是节约使用，而是以资源的使用数量求效益——造成自然资源的过度使用，对生态环境、经济可持续发展都产生不利的影响。低成本获得资源的开采、使用权，使企业没有必要花费额外成本研发、提高其开采和生产技术，以提高资源的开采利用率，进而造成资源产品的浪费。

②我国现行的资源税税目只有7个：原油、天然气、煤炭、黑色金属矿原矿、有色金属矿原矿、其他非金属矿原矿和盐。水(国内外只有很少的地方试行征收其使用税)、海洋、森林等资源不在征收范围

内，资源获取成本过低。[1]

③与世界平均水平相比，我国矿产资源补偿费（交给国家的）的费率普遍过低，过低的费率使资源类国有资产的权益（收益）被采矿企业大量占有。例如，煤老板之所以那么富有，是因为这些企业付出的成本较低，却可以以较高的价格卖出其产品，从而获取高额利润。

过低的费率还导致企业乱采现象严重，开采得越多利润越大，但造成了资源的过度开采与浪费。这些企业不重视生产场所是否符合安全规定，也不愿意积极提升开发利用技术；他们更不会把破坏环境、浪费资源、开采利用率低等事情放在心里；也不会有节制地开发。这往往也是由某些企业尤其是私营企业的经营理念和企业文化决定的。

④目前，由于我国的资源有偿使用制度以及生态环境补偿体制尚未建立健全（国外也不普及），政府仍然主要以行政手段将资源使用权授予相关企业[2]，市场配置资源的功能难以实现。

⑤国有资源的资产管理部门既是所有者，又是行政管理部门，导致在资源资产管理领域无法使国家的所有者管理职能与行政管理职能分离，不利于资源型企业的政企分开。

为什么前面的“无法分离”导致后面的“不利于分开”？与经营类国有资产的管理情况类似，例如，所有者代表不能真正到位（没有“专职所有者”），对资源资产经营的行政干涉太多，这些是“无法分离”导致的，进而导致“不利于分开”。虽然经营性国有资产管理领域内的政企分开情况较好，但目前我国资源类国有资产管理领域内的政企不分的情况仍比较明显。

不能实现政企分开，（地方）政府就会袒护一些国有企业的不恰当甚至不合法的经营行为，包括过度开采，浪费资源，低效利用，严重破坏环境；政府也能从这些袒护行为中获得好处（领导者个人的好处，地方的 GDP 增加），地方保护主义严重。不能实现政企分开也会一定程度地妨碍资源开发企业提高效率和发展。

① 具备相关资质就可能获得相关资源。

② 例如在新疆发现了某油田，以前的国土资源部将其开采、销售权赋予某中管石油企业。

这就是体制、机制[1]方面的原因。

⑥资源资产的所有权主体缺位。尽管我国法律规定自然资源属于国家或集体，但由于资源产权虚设，在许多情况中并没有资源类资产的具体的产权主体代表（就像以往经营类国有资产的管理情况那样），导致国家级层面、地方及个人（例如8.3.2小节中的案例提到的山西煤老板）等各级层面的开发者争夺资源开发权益，不顾资源的可持续利用，不顾国家的整体利益。而能源企业的资产链条很长，更加大了国家的监管难度。

⑦执法和执法监察机构被纳入属地化管理，使得其执法地位不高（因为与其他地方部门平级），执法力度不强。资源监管部门受制于地方领导（由于被纳入属地化管理，是地方政府的下级单位），在国家利益与地方利益发生冲突时，资源监管部门为了地方经济发展的需要，不能及时、有效地制止和纠正有关资源方面的违法行为，地方保护主义严重。

在资源类国有资产管理中，地方政府和企业容易有短期行为；一些地区由于政府的不当干预，出现国有资产的流失，甚至出现权力寻租的现象。应考虑是否有必要对资源类国有资产实行垂直管理（中央资源管理部门直接管理地方的相关部门），以平衡地方和中央的目标和利益，促进此领域的政企分开，并推动上述问题的解决。或者也可以考虑结合水平与垂直管理。另外，虽然针对资源类国有资产的法律有《中华人民共和国矿产资源法》《中华人民共和国土地法》等，但是这些法律的制定时间较早，不能满足当今经济发展的需要。

（2）针对资源的开发利用浪费严重、效率不高的现象，可采取4方面的对策

①深化国有资源开发利用的市场化改革，逐步取消国有资源的无偿分配和无偿划拨制度。资源类国有资产由行政化管理向资产化管理转变是必然趋势，国有资源作为生产要素产品进入市场流通是促进资源优化配置的有效方式，建立并完善资源定价体系是我国资源类国有资产管理体制改革的重点。

肯定国有资源的资产性与商品性，增强资源资产的流动性。通过资源资产产权（原始产权都归国家）的流动，例如出售给民营企业，实现优化配置。以国

---

① 体制指国家机关、企业、事业单位等的组织架构（即“体”）与制度、运行机制；机制泛指一个工作系统的组织或部分相互作用的过程和方式。

家开采为主,集体和个体开采为辅。注重开发与保护并重,防止和减少环境污染、生态破坏和损失浪费。

资源类资产只有进入市场,其价值才能更好地得到实现。因此,应当培育和规范资源类国有资产产权交易市场。

②2010 年,作为试点,新疆率先展开资源税改革,这是我国资源税改革序幕拉开的标志。既然资源税改革势在必行,它有利于全国的资源开采利用效率提高,有利于资源开采利用地区的生态环境的保护,有利于增进全社会的整体利益,那么以新疆为突破口,通过资源税改革,为当地、为各少数民族带来更多的资源权益,缓解社会矛盾。此乃一举两得的举措。资源税改革是促进资源类国有资产利用水平提高的有效手段,极大地推进了我国资源类产品的价格机制的完善。

③建立规范的资源开发准入制度。制定资源勘探开发的资金、技术、回收利用等方面的严格规范,对浪费严重、污染严重、破坏性开发严重的中小资源企业应坚决予以取缔(因此要大规模重组山西煤矿企业,参见8.3.2小节中的案例)。使从事资源开发、利用的企业基于其较好的资质(行业准入标准严了,进入该行业的企业的资质就高了),有效减少浪费严重、污染严重等情况的发生。

对现有企业应加大管理力度,使它们减少重复投资、低效投资。虽然国企改革的大趋势是政企分开,但对特殊行业(例如资源行业、能源行业)以及问题严重的行业(例如行业的整体经营效率不高)应特殊对待,可以加大规范与管理力度。也要促使现有企业共享资源,例如信息资源,并用严格的制度作保证,以有效降低成本、提高经营效率。

④坚持在保护中开发,在开发中保护。在保护环境的前提下开发,在保护环境、保护生态措施的基础上开发。严格执行刚性环保政策,例如,企业某建设项目的环评不达标,环保部门就不签发许可证,企业如果仍自说自话地建厂房

或者商品房，就是违规建筑。

对从资源勘查、开发利用到环境恢复等各个环节都应当核算环境成本。采取有效的措施恢复开采地的环境，例如绿化，清理处置废弃物——包括无毒化处理、降解有害物质（如建立人工湿地降解），帮助恢复生态系统等。

环境成本须被计入资源开发利用企业的账目中——企业自行计入，以便合理地规划业务，例如节约使用资源，提高开发、利用效率。换一个角度看，就是政府须向企业收取资源开采、利用的合理的税费，在这样的政策指引及经济压力下，企业自然会认真地考虑环境成本。现在的情况是，有的资源未被征收相关的税费，有的则是税费标准太低。

第9章　其他国家的国有资产的管理

国有经济与国有资产的存在是全球性的，其经营管理有其共性，也有其普遍性的规律。

历史背景

第二次世界大战后至20世纪70年代末，在许多国家，政府的宏观调控思维和模式深受凯恩斯主义的经济理论和政策主张（主要指，主张国家采用扩张经济政策，通过增加需求促进经济增长）的影响，全球国有经济快速扩张。苏联、东欧、中国、印度等许多国家实行计划经济，西欧等地区的国家亦纷纷建立国有企业以实现其政策目标。

但是随时间推移，政府深度干预宏观经济的运行遭遇重挫[①]，20世纪70年代，发达国家普遍陷入"滞涨"（经济停滞、失业及通货膨胀同时持续高涨），凯恩斯主义宏观调控走入绝境，重回市场成为共识。从20世纪80年代起，以英国为代表的发达国家掀起以私有化为核心的国企改革浪潮（英国在国有化[②]、私有化的来回折腾中，财富、效率的损失不算小），与其他进行私有化的国家相比，英

① 20世纪70年代后，日本、英国等大部分国家的国有企业纷纷陷入困境，主要是因为政企不分，这些企业缺乏追求利润的动机，缺乏竞争意识，管理僵化，效率低下。我国于70年代后进入改革开放阶段，但改革方案还不够完善，尤其产权改革不到位，所以在20世纪90年代和21世纪初，我国国企也陷入困境。

② 从19世纪末到20世纪70年代，英国经历了三次国有化浪潮。在1974～1979年间国有化高峰时期（第三次或称第三阶段），国有企业产值占GDP的11%，其固定资本占英国总投资的17%，员工达176万人，占员工总数的7%。

国的私有化更彻底。

20 世纪 90 年代初，苏联、东欧剧变，原来的这些社会主义国家和众多新兴市场国家纷纷加入私有化大潮，全球国有经济进入大收缩、大调整时期。20 世纪 90 年代末，在发达国家的竞争领域，私有化已基本完成，自然垄断行业成为开展私有化的重点领域。

其他国家的国资管理体制首先可分成两类。第一类以美国、瑞典的体制为代表，国会或议会对国有资产拥有所有权，主要通过立法和审计监管，授权政府有关部门进行日常监管。第二类以德国、法国、意大利、澳大利亚等国的体制为代表，政府是主导者，立法机关和司法机关辅助。我国的体制与第二类更相似，但目前正向第一类靠拢，即赋予全国和地方人民代表大会法定的监管权力。

根据政府部门的分工，又可把其他国家的国资管理体制分成三种。第一种是财政部与各部相结合，财政部为主，例如德国国有企业的成立、合并、解散、股权买卖等重大事项均由财政部审批。第二种是财政部与各部相结合、各部为主的体制，例如英国的体制。第三种是设立专门机构负责国有资产（包括国有企业）管理，例如意大利的国家参与部通过各大控股公司专职管理国家参与制企业。这三种体制在我国的国资管理体制中均显现部分身影，但我国的体制更接近第三种，其次接近第一种，与第二种的差别相对较大。结合我国的经营类国有资产与行政事业单位国有资产（非经营类）的管理体制和实践即可作上述判断。

自 20 世纪 80 年代以后，发达国家一直是国企改革理论研究、实践和法规制定的引领者，发展中国家基本上参照发达国家的理念和路径推进私有化。但是目前发展中国家与西方国家的私有化进程处于不同阶段。发达国家的国有企业和国有资产在国民经济中的比重不大，便于政府监管；国有企业主要集中在基础设施建设、公用事业、科学尖端技术等领域，发挥克服市场失灵、提供公共物品等作用。因为尚未完成工业化和现代化，许多发展中国家在工业领域大量投资形成经营类国有资产，国有经济在发展中国家（包括资本主义国家）仍发挥着关键和战略作用。参见 9.3 节的论述。

本章主要论述其他有代表性的国家关于经营类国有资产有特色的管理，即主要论述它们做得好的方面以资借鉴。整体而言，一方面，各国政府普遍倾向于把国有企业作为商品生产者看待，因而希望国有企业能获得和私人企业一样的利润；另一方面，政府又通过向国企董事会和(或)监事会派驻政府代表，通过制定和调整财政、信贷、价格等方面的政策，以及各种检查、监督手段，对国有企业实施管理和控制。

9.1 一些有代表性的案例

本节内容表明：日本之所以能建立高度集权的国有资产管理模式，与其强大的中央集权制度、特定的社会文化有关；而美国的联邦制、美国人信奉的市场理念与法制精神，使其在国有资产管理领域倾向于市场化而非集权……因此对国有资产采用的监管模式须适应本国国情，兼顾历史传统与民众的接受能力。

9.1.1 亚洲国家的国有资产管理

9.1.1.1 新加坡国有资产管理

新加坡政府在外国公司有可能形成垄断的重要领域投资，发展国有企业，造就能够与外国公司匹敌的国有企业，以保护自由竞争，增强国家经济实力和维护国家主权。

一方面，新加坡是一个自由的市场经济国家，另一方面，其政府也强有力地干预经济生活。新加坡政府拥有重要的经济资源。全国土地的75%归新加坡政府拥有，对其余25%的土地，政府仍有权力随时征用，而且征用价格比市场价格低30%。政府又是劳动力的最大雇主，全国就业人口的20%是政府雇员。政府还是最大的资本占有者，政府通过财政收入、公共机构收入和中央公积金等渠道，控制了国民收入的较大部分，尤其国内建设资金的主要部分。

新加坡财政部全资拥有淡马锡控股(私人)有限公司(在新加坡和其他一些资本主义国家,即使像淡马锡这样的公司,也常常被冠以私人公司的公司名),但不干预该集团在运营或商业方面的决定,管理模式是国家控股(政府的权力被限制在资本层面)、公司化运作、集团化管理。淡马锡控股、参股企业的市值占新加坡股市总市值的近一半,但很少有人怀疑新加坡经济的自由开放性。

对监管企业,新加坡以《公司法》为唯一法源,基本原则是要求公司所有权和经营权分离。2009 年,在淡马锡修订的公司宪章中,淡马锡再次强调了其作为市场化公司的本质,还放弃了肩负改善新加坡经济状况职责的说法。意大利、奥地利、瑞典、赞比亚等国也采用了类似的大型控股公司管理国有资产的方式,也就是间接管理模式。

借鉴分析

在我国发展混合所有制、建立现代公司体制的进程中,作为国有资本出资者,国资委应逐渐退居幕后,成为与私人投资者、外国投资者无本质差异的股东主体之一。新加坡的以及 9.1.2 小节中德国的情况表明:国家股东从控制、经营政府企业,到卸下包袱退到二线的监督制约,对改善公司的治理结构和提高公司的运营效率都有积极的意义。作为股东,国家获得的回报反而更多。①

在淡马锡公司董事会的构成方面,独立董事占绝大多数,独立董事基本上是私营企业领域的商业领袖。上述特点也使淡马锡在国外(包括西方国家)的投资、经营,包括其海外并购行动,广泛获得东道国的认可。其非执行董事一般已有丰厚的经济来源,担任淡马锡的非执行董事多为尽义务(可能有政治目的,积累从政资本),不追求物质待遇,对董事长、总裁无依赖关系。这有利于非执行董事独立判断。

财政部代表政府作为淡马锡的唯一大股东,只派出一两名股东董事,共 10 位董事组成的董事会具有极强的专业性。为了保证公正性和中立性,公务员董

① 方艳.国有企业改革新路[M].北京:中国财政经济出版社,2017.

事不在淡马锡领取薪酬，其薪酬由政府支付。根据公司的经营状况，政府奖惩委派的董事：业绩好，公务员董事可获升迁机会，担任更重要的职务，获得更多的薪酬；业绩不佳，不再委任其做董事。政府主要通过提名、审计、财务事项管控国有企业，不具体插手其日常商业运作。① 所有董事都须经过特别遴选，严格遴选程序产生的拟任董事由董事会报告给股东大会，并获总统批准后方可确定。

新加坡国企董事中的国家代表，在接受聘书的同时要写一封辞职信，签好名字空着日期，交给政府董事委员会。政府在认为此人不再胜任工作时，可代为填写日期将其辞退。新加坡政府还鼓励新闻媒体曝光侵吞国家财产和贪赃枉法的行为。新加坡法律规定，国有企业无论是否上市，其基本情况都应当公开，任何机构或个人只需付5新元即可查阅任何一家国有企业的资料。由于有政府和社会的严格监督，新加坡国企系统的贪污受贿现象不多。

9.1.1.2 日本国有资产管理

日本国有企业分成三种类型：直营事业、特殊法人和第三部门。直营事业是由日本地方公共团队投资兴建并直接经营的国有企业。直营事业不是独立的经营实体。特殊法人是政府投资，根据特别法律设立的特殊法人企业。特殊法人实行独立经营、独立核算制度。第三部门指由中央政府、地方公共团体和私人企业共同投资，以股份公司形式经营的国有企业。

日本政府对国有企业实行高度集权的管理模式。政府受国会委托，对大部分国有企业，依据国会制定的特别法律设立、经营和管理。② 据经合组织报告，日本是世界上国企数量最少的国家之一，国家控股的特殊公司仅剩下日本邮政股份公司。不过据日本内务府公布的数据，2018 年年底，日本国家总资产达10 883万亿日元，按当时的汇率计算，折合98.2万亿美元，位居全球第三。

9.1.1.3 印度国有资产管理

国有经济在印度国民经济中占主导地位，并发挥着重大作用。印度政府对国有企业的管理是典型的集权管理，包括实行直接的人事管理、工资管理、外汇

---

① 涂颖清.创新国资监管体制深化国有企业改革[J].经济师，2016(8).

② 刘玉平.国有资产管理(第三版)[M].北京：中国人民大学出版社，2016.

使用管理，还实施强有力的经营计划与许可证制度。印度政府在 20 世纪 70 年代甚至还全面控制私营企业，从船舶到鞋类。印度的国有企业分成三类。

第一类是非股份制的部属企业。部属企业一般不是独立的经济实体，其重大经营活动须得到主管部门的批准，企业收支被纳入政府预算管理。它们实质上是政府分支机构，而不是真正的企业。

第二类是非股份制的公营公司，是国家根据特定法律建立的，拥有较大独立性。公营公司目前是印度国有企业的主要组织形式。在管理体制方面，印度政府通过各主管部门（包括审计委员会）管理国有企业，并设置了一个具有咨询、服务和监督职能的国资管理机构——公营企业局。该局并不独立行使国家所有者职能，而是一个为政府各部门更好地行使所有权职能提供服务的综合协调机构。但在协调的同时，它有全面监督所有国有企业的经营活动的职责。

第三类是政府公司。①

9.1.2　欧洲国家的国有资产管理

9.1.2.1　法国国有资产管理

法国是西方发达国家中国有化程度比较高的国家，设有专门的管理机构负责管理国有企业，20 世纪 80 年代初，法国的国有经济比重曾高达 40%。法国统计局数据显示，虽然目前法国国有企业数量占全国企业总数的 4%以下，但国有企业资产占总资产的 70%左右。按自有资本排名，法国最大的 25 家工商业公司中，国有企业占 15 家；按在职员工数排名，最大的 20 家工商企业中，国有企业占 17 家。② 法国国家参股局 2019 年的报告显示，当时的几年里法国国企总营业额占国内生产总值的比例稳定在 10%左右。

法国的国有企业主要采用股份公司形式，大部分国有企业是国家和私人相互参股的混合公司。国家股占 90%以上的国有企业，其董事长由政府任命；国家股占 50%以上的国有企业，其董事长虽经选举产生，但基本上由政府掌握。在国外，国企董事的任期越来越得到重视，例如法国国有公司每年更新三分之

① 以上内容源自 2008 年之前的文献。

② 涂颖清. 创新国资监管体制深化国有企业改革[J]. 经济师，2016(8). 从 20 世纪 30 年代中期到 80 年代，法国开展了三次较大规模的国有化运动。

一的董事。

法国重视有效监管企业和保持企业经营活力的结合。政府的管理限于任命企业的主要领导和监督资产的流入流出，不过多干预企业的生产经营活动。政府对国有企业的控制一般只限于控制总公司和母公司的股份。

法国的国有资产管理分为事先管理和事后管理。在事先管理方面，有两个重要特点(事后管理主要是监督，这里不展开论述)。第一，财政经济部向国有企业派驻国家监督员。第二，通过合同明确国家与国有企业的权责关系，这是法国国有资产管理更鲜明的特色。合同制把国家监督和国企自主管理有效地融合起来，实践证明，这是一种有效的方式。国家与国有企业签订的经营合同保证了国家间接管理国有企业的有效性，也成为落实国家计划的重要手段。①

我国在改革开放初期，通过比较国际经验，选择重点向法国学习国资管理方面的经验。当时国家计委与法国经济管理部门合作开展培训项目，向他们取经。包括我国由“国营”理念向“国有”理念转变，政府对国有企业放权，以产权管理为主，其中亦有法国的建议。(实际上，法国与中国在不少方面都比较相似，包括文化、国民个性、思想方面，国有经济在国民经济中的占比大也是一个相似点。)

由于欧债危机，2009～2018年，法国的公共债务占国内生产总值的比例从83％升至98.4％，欧债危机结束后此情况丝毫未得到缓解。一个重要的原因是国有企业僵化，因此马克龙总统上任后国有资产私有化成为马克龙经济改革的重要一环。

马克龙政府制定了《促进增长和企业转型行动计划》，经国民议会审批通过，于2019年5月颁布。其中有一条，取消国家必须持有国有企业50％以上股份的限制。法国财政部长勒梅尔指出：“政府不能只是国有企业的拥有者或管理者，更应是决策者。”在四十多年的国有资产私有化进程中，法国一向有用私有化后盘活的资金促进创新的传统。

9.1.2.2　英国国有资产管理

英国的国有企业分成三种类型：国有企业、国有公司和国有股份公司。国

① 德国也采用此方法，例如政府与柏林运输公司订立合同确定后者的服务目标，并未后者提供补贴。

有企业由政府有关机构直接控制，企业的各项生产经营活动被纳入预算管理，企业不具有经济独立性。国有公司具有法人地位，基于议会的有关法律成立，具有相对独立性。对国有股份公司，国家只拥有部分股权，公司在生产经营方面具有独立性，其运作方式与私营企业的一致。

在管理体制方面，英国实行主管部门与财政部相结合、以主管部门为主的模式，议会是国有资产管理的最高机构。财政部确定对国有企业的资助额，审批各主管部门提交的投资报告。议会通过立法管理和控制国有企业，有关国有企业的建立、改组以及私有化等重大事项，必须由议会通过专门的法令决定。①

9.1.2.3　德国国有资产管理

德国也是西方发达国家中国有企业比重较大的国家之一。在电力企业中，国有企业占 90%；在制铝企业中，国有企业占 70%；在采矿、钢铁、有色金属、造船、炼油、化工和电影业中，政府占有约 70%的股份；在银行业中，政府占有大量股份。在德国，联邦、州、地方三级政府都拥有各自的国有企业，并按行政隶属关系分级独立管理，上级政府无权干涉下级政府所辖国有企业的经营活动。

在国有企业股份制改造中，政府控股的企业也实行市场化经营。例如，大众汽车(原来是国企)仍有 20%的股份由地方政府持有，但政府早已完全不介入经营。但政府对自身逐步退出、不再绝对控股的部分企业专门立法，保证自身的利益不受损害。例如，对大众汽车公司专门出台《大众法》，保障持股的联邦和地方政府在特殊情况中的否决权，②英国、意大利等国也采用了类似方法(黄金股)。

德国所有的高速公路都是国有的，一律不收过路费。德国国有企业有相当一部分是微利或亏损的。国有资产在社会经济发展中起导向作用，填补并维护经济社会均衡发展。

德国国有公司必须设立股东会、监事会、董事会三个机构(级别由高到低排列)，分别拥有所有权、监督权和执行权。董事会独立领导公司，研究市场形势，制定生产和销售战略规划，董事长负责企业的总体经营决策。德国实行的是监

① 刘玉平. 国有资产管理(第三版)[M]. 北京：中国人民大学出版社，2016.

② 方艳. 国有企业改革新路[M]. 北京：中国财政经济出版社，2017.

事会任命下的董事会负责制。监事会是控制机构，监事会对（执行）董事会有权任命、解职和监督，地位在董事会之上。

德国的监事会即双层董事会中的地位较高的董事会。双层董事会是由一个地位较高的董事会，监管一个代表相关利益者的执行董事会的董事会模式，是社会导向型（即利益相关者共管）的，又称欧洲大陆模式。德国、奥地利、荷兰采用双层制董事会，法国部分公司也采用双层制（这几个国家也是相邻国家）。①

德国国企监事会的监事名额由股东代表、员工代表和工会各占三分之一（公司利润是劳动和资本共同创造的，理应如此）组成，监事均是非执行人员（在国有公司无其他高管职务）。德国独一无二的《共同决定法》和企业的共决制度激发了员工参与管理的热情和创造力，增强了员工的归属感和认同感，减弱了劳资矛盾，保障了德国的整体竞争优势。

联邦一级主要国有企业的国有股股东代表由联邦财政部部长确定，他们主要来自私人公司的董事或经理、政府官员、银行家和大学教授群体。监事会主席由联邦财政部部长提名，经选举产生；副主席由员工代表担任。监事和董事不能兼任。②

在非经营类国有资产管理方面，德国联邦资产管理局统一提供联邦政府用房，并负责维修，由其向财政部和国会申请房产购置、维修等费用的预算。而需要使用房产的各部门向财政部和国会申请使用房产的预算。政府资产管理局与使用房产的部门签订用房协议，确定使用年限和租金。

德国联邦政府资产管理局和车辆管理中心为了更有效地对政府办公用户提供设备和车辆管理服务，采用招标的方式，从企业中选取合作的对象。③④

① 美、英、意等国采用单层制。日本、中国则吸取美英模式与德国模式各自的长处，并弥补他们的短处，其模式也可称水平式双层制。在这方面中国尤为突出——设立监事会监督董事与其他高管，但监事会与董事会平级，且无决策权。

② 涂颖清.创新国资监管体制深化国有企业改革[J].经济师，2016(8).

③ 刘玉平.国有资产管理（第三版）[M].北京：中国人民大学出版社，2016.欧洲国家的经济总量排名：德国、英国、法国、意大利……

④ 澳大利亚联邦政府也通过财政部和金融管理部下设的资产管理机构，对政府资产实行商业化管理。资产管理机构的主要任务是为政府各部门提供办公楼宇以及设施设备建设、安装和维护服务，以帮助各级政府部门更好地利用这些资产。

9.1.2.4 瑞典国有资产管理

瑞典对国有企业的管理公开透明，对公司的董事任命、高管任命、审计监督、财务报表等都有具体的规定。国有企业股东大会也充分体现了全民所有，瑞典公民均可参加国有企业股东大会，并有权质询。国有企业即使没有上市，其信息公开的程度也不得低于上市公司的。政府代表在董事会中不享有额外特权，不能代表政府直接监督董事会（即只能受委托行使董事职权）；政府代表有助于政府与国有公司沟通，促使董事会正确、合理地决策。

(5)挪威的北方海德鲁公司

按法律规定，北方海德鲁公司的资产并不是国有资产，而是企业法人资产。国家只在该企业拥有股份，该企业不需要特别向政府呈报预算，也不需要政府审批其投资经营决策。

北方海德鲁公司的最高权力机构是公司大会（Corporate Assembly），负责监督董事会和首席执行官，类似监事会的作用。挪威贸易、工业和渔业部以国有股持有和行使机构介入北方海德鲁公司的治理，与其他股东同股同权。挪威贸易、工业和渔业部以股东身份参与公司大会，并影响大会主席的产生。不过，挪威国会也适当地监督北方海德鲁公司。

9.1.3 美国的国有资产管理

美国的国有企业有不同的称呼，包括管理局（如田纳西河流域管理局）、政府公司、混合所有制公司、政府赞助企业、特别基金管理机构、基金会、银行、总署或总局、管理委员会等。美国国有企业的外部监管主体包括国会、政府和公民。美国审计署监控国有企业的经营状况、财务收支和债务前景。美国审计署是一个地位很高的机构，署长由国会任命，任期长达15年，向国会负责，预算由国会批准。审计署对国有企业的监控有以下三个机制。

第一，企业内部审核机制，要求企业按规定提交报表，说明财务情况，审计署对这些报表进行审计。第二，在各级政府，包括联邦政府有关部门和州、市、镇政府，也要设一定的机构审核。第三，任何公民觉得国有企业有舞弊现象，均可给议员[1]写信，议员转给审计署，审计署则应调查，并做出结论。每年，审计署把国有企业的审计情况和结论报予国会，并由国会批准执行。

在美国，很多人认为，国有化形成的人为垄断和官僚机制会阻碍市场机制的发挥，美国政府历来反对利用国有化干预经济运行，因此国有企业(或称联邦公司)的创办和发展一直受政府的严格控制。早在20世纪40年代下半期，美国政府把二次大战时国家兴建的、投资总额超过100亿美元的绝大部分军工企业先后转卖给各私人垄断组织。

总体来看，美国的国有企业比例非常低，其生产总值仅占全国国内生产总值的5%～10%，在工业领域不足1%。但在基础设施、公用事业、科学技术研究等方面，国有企业比重较高，在尖端科学技术(例如航天、核工业科技)研究领域，政府投资更是占80%以上。

美国对国有企业主要采取国有民营(publicly owned privately managed)的形式，对绝大部分国有企业实行租赁经营或承包制的方式运作，[2]国有资产所有权和经营权分离，政府派代表进入企业董事会。政府为承租者提供生产资料，支付管理费和工人工资；承租者销售产品，定期向政府支付租金，租金包括部分利润，也可能包括折旧费。国有企业的财产所有权归政府拥有，但国有企业须自负盈亏。

西方国家的私有化也非绝对单向推进，在出现问题时或特殊时期，国有资本就会在一些行业时进时出，体现了灵活性。金融危机爆发后，私有化激进的英国政府毫不犹豫地对银行大规模国有化。2009年，美国政府也对实体企业通用汽车公司和克莱斯勒公司实施了一定时期的国有化——大规模注资，成为它们的大股东，以帮助其渡过难关。等它们恢复元气后，再出售股份，恢复它们的私有公司的性质，免得民众批评它们是政府公司，例如称GM是Government Motor(政府汽车)，而不是General Motor(通用汽车)。联邦政府的投资还在这个过程中获得了增值。

① 议员负责各选区有关事务，参见美国电视剧《纸牌屋》。
② 涂颖清. 创新国资监管体制深化国有企业改革[J]. 经济师，2016(8).

9.2　外国国有资产的管理经验总结及其对我国的启发

各国对国有经济都有明确的市场定位，即国有经济应主要分布在市场价值规律难以有效发挥配置资源作用的领域。国有资产管理法律的立法层次较高，一般由国会或国家立法机构制定。

9.2.1　分类管理，设立国有控股公司

不同的国有资产难以有效兼顾多个目标——整体上分成社会目标和经济目标两类。对国有资产分类，有利于不同的国有资产承担不同的主要目标，增强管理国有资产的针对性，有助于协调不同的政策目标。而不同行业或部门的不同性质、强竞争性与弱竞争性等，以及公司的股权结构等情况，为分类管理提供了客观基础。在国民经济的关键和主导产业中，国有企业须担负起产业领导的责任。

国外国有资产管理比较成功的一些国家，例如，新加坡、奥地利、意大利、加拿大，在其国内设立若干个国有控股公司，政府授权国有控股公司管理国有企业的股权，从而加强对国有资产的管理。一方面，这些国有控股公司对该国政府的国有资产管理部门负责，承担对国有资产保值、增值的责任；另一方面，这些国有控股公司通过参股、控股方式，以股东身份对子公司进行产权经营和管理。①

9.2.2　使国有企业形成多元化的股权结构

(1)股权多元化的优点

股权结构指一家股份制公司里各股东所持股份的占比，体现各股东对股份的控制程度。西方国家的一些人士认为：在传统的国有企业中，单一的国家股东对企业经营决策的绝对控制(易形成一家之言)，加上缺乏有力的监督机制，

① 我国也是这么做的。在政府与基层企业之间设立中介性的国有控股公司，等于设立了一个“隔离带”，能有效防止政府过多干预国有企业。

是造成国有企业经营低效和亏损严重的重要原因。英国、日本、韩国、巴西、墨西哥等国的国有企业，都把股权的多元化改造作为国企改革的重要步骤(我国也在推广混合所有制)。这些国家的实践显示，股权多元化具有如下优点。

①丰富了企业内部的所有权约束机制

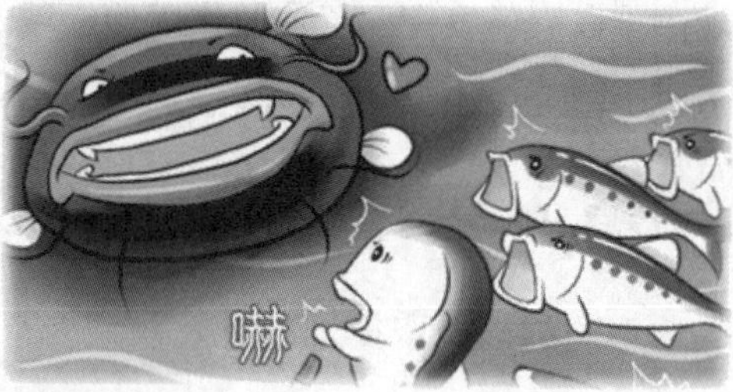

在国家股东之外引入新股东，产生了对企业控制权的新的争夺者[①]和企业新的经营、监督者，丰富了企业内不同形式的监督、约束机制，在一定程度上解决了国企监管中普遍存在的信息不对称问题。

以前遇到问题时，可能都由国家股东内部处理、内部消化，外界可能并不知情。现在国家股东必须与其他股东协商处理，其他股东便可知情，增加了信息的传播通道；其他股东甚至可能会把一些重大问题公之于众——也许是出于利益考量(例如事态很严重，责任很大，不敢隐瞒)，也许是出于社会责任感。

②促进国有股东的行为市场化，促进国有企业市场化

改制后的国有股份公司的所有者不再唯一，作为股东之一的政府无法过多地直接干预企业的生产经营，企业独立的法人财产权得以实现，企业可以按照市场要求独立地经营运作。

政府原来可能会调用企业的法人财产，它作为唯一的产权所有者，不受其他所有者阻拦。但其他股东进入企业后，这些新进入的股东就不会允许国家股东抽调企业的法人财产，因为任何股东都没有权利调用企业的法人财产。1.2.1 小节第(2)部分讲过，法人财产是独立于股东的(投资者投入资本后获得了产权)，只有企业经营者才能调用。

它对我国的启发如下：1.2.1 小节第(2)部分第三段指出，政企分开改革的目的之一就是要求政府不可过多地直接干预国有企业的经营。政府如果想影响企业的经营，可通过董事会进行决策影响，这是比较立竿见影的方法；也可通过制定调整金融、税收、环保、产业、社会保险等方面的政策和法律及其他法律、

① 产生鲶鱼效应。唯一的股东就可能像沙丁鱼一样——沉闷、安逸，企业也易陷入停滞。

法规，影响企业的决策和行为，这是远期的、更持久的影响。

③加强了企业决策的科学性

多元化股权企业的重大决策往往需要经过股东大会或董事会周详的论证之后才能通过，解决了一元化股权结构中的“拍脑袋”决策、长官意志带来的弊端。

④实现股权多元化后，政府可根据国家的产业政策要求，增加投资或转让股份，有利于国有资产的流动和优化重组。

(2)产权多元化有利于(国企)转让股权

我国国有企业增加投资或转让股份的选择分析如下。

依据当前的产业政策，应当在其中增加投资的产业：新兴战略性产业、高科技产业、大型装备产业[①]；保密行业、涉及国家安全的行业，例如国防行业等；能源行业等(涉及国家战略安全)；公用事业[②]等。应当转让股份的产业：不涉及重要国计民生、国家安全、国家战略且国有企业在其中没有优势的产业。还要考虑：转让能否获得更高的效率、更大的效益？不能盲目退出某个行业、盲目转让。

在单一所有制情况中转让不便——企业只有一个产权/股权所有者，在企业内转让给谁呢？如果国有股权持有者出售股权(出售给该企业以外的投资者)，又会影响企业经营。这是因为引入了新股东，假如是出售部分产权的话；或者更换了企业所有者，假如是出售全部产权的话。

在多元化的股权结构中转让股份就比较方便。国有性质的股东可把股份转让给本企业的其他股东，而非出售给本企业以外的投资者，就不会引入新股东，不会导致本企业的股权结构发生重大变化，进而可能给企业经营带来负面影响。如果是股权均衡的股权结构而非一股独大或股权过于集中的情况，则股权转让的副作用更小。

① 需要巨大投资，私人投资者往往心有余而力不足。

② 需要巨额投资；利润率低，例如公交公司、地铁公司常常亏本，需要财政资金支持；资金回收周期长，例如高速公路、铁路的经营情况。

结语

各国以股权多元化为目标的产权结构调整，不同程度地促进了经济效率的提高，也有利于国有资产的保值和增值。资产流动和优化重组是实现资产保值和增值的手段之一。① 这为我国当前大力推行混合所有制树立了信心。

9.3 基于国外的情况审视我国国有资产的管理水平

我国不断探索和创立适应当今不断变化的社会经济现实的国有资产管理新实践、新理论。例如，国企党建与现代企业制度融合的实践与理论，其中比较有特色的是“双向进入、交叉任职”的实践和理论；还有高度统一的国有资产监督管理体系、实践与理论；等等。

印度的部属企业实质上是政府的分支机构，政府直接管理国有企业的工资和外汇使用；日本对国有企业实行高度集权的管理；目前，俄罗斯的国有企业市场化程度不高，在市场中的主体地位还不够明确。我国已在很大程度上实现了政企分开，尤其在商业类国有企业的领域。

2014 年 7 月，国务院国资委公布了首批国企改革试点名单，选择中粮集团、国投公司开展国有资本投资运营公司试点工作，陆续把重大决策、高级管理人员任免、经营业绩考核、薪酬管理、激励约束等 21 项权利归位于或授予企业。2019 年，增加到 21 家试点公司，约占央企总数的五分之一。2018 年 1 月 22 日，国务院国资委网站发布《11 家央企 80 位领导人员职务变动》的信息提到，国企总经理和副总经理不再由国资委单方面任命，而是由企业董事会提名选出。

2019 年 6 月，国务院国资委向各中管企业、地方国资委印发《关于印发〈国务院国资委授权放权清单（2019 年版）〉的通知》，要求各中管企业、地方国资委

① 其他方法还有：提高资产经营管理效率，防止国有资产流失，改革经营管理体制等，并把国有资产配置到人民最需要的产业和领域，配置到经济效益较高的领域。

编制授权[1]清单，赋予出资企业更多的自主权。该《清单》重点选取了五大类 35 项授权事项，包括战略规划投资与主业管理类 8 项，产权管理类 12 项，选人用人类 2 项，企业负责人薪酬管理、工资总额管理与中长期激励（股权激励）类 10 项，重大财务事项管理类 3 项。当然，上述及类似的改革已突破了当前《企业国有资产法》的规定。

上市公司作为央企资本运作的平台，一系列的权力下放后，在重组、产权和股权的划转上也有更大空间。例如，中管企业可审批国有股东持有的上市公司股份在集团内部的无偿划转、非公开协议转让事项；中管企业可审批国有参股股东持有的上市公司国有股权的公开征集转让等事项；中管企业可审批未导致上市公司控股权转移的国有股东通过证券交易系统增持、协议受让上市公司股票等事项；中管企业可审批未达到证监会规定的重大资产重组标准的国有股东与所控股上市公司进行资产重组的事项[2]。

我国的国有资产的规模、国有企业的数量在全球都名列前茅[3]，在这样的大环境中，我国的国有资产的管理理念和方法受到较好的锤炼，获得了较好的发展。别的国家（包括资本主义国家和社会主义国家）没有我国的这一研究、实践和发展的条件和环境。我国政府也把不少精力放在国有资产的经营管理方面，

① 按《公司法》与《国有资产法》的规定，其中的很多“授权”称谓实际上应改为“还权”，还权于国有公司董事会与经理团队；或者改成“分权”，通过制度向出资企业分权。当然，这些权利亦非各级国资委或央企集团总部从出资公司夺去的，本来就在它们那里。这与我国国情有关，原来都是国营企业，并无董事会、经理团队，遵循上级主管部门的计划生产、经营，上级部门也包销，因此这些企业自然没有现代企业体制规定的诸多权利。

② 通过印发分权清单，国资委把经营管理权利归位于央企集团，但是集团总部管得过多、过死也达不到较好的改革效果，所以集团总部也须对出资企业、关联企业同步分权。分权者须注意责权利统一，接受权利的各级企业须加强自身的管理能力，改革管理体制；国资委在分权的同时，须着力强化监管，加大事中、事后监管力度。

③ 为什么会出现这样的局面？

第一，资本主义国家不像我国这样看重国有（公有）资产和国有企业，他们不会大力发展国有资产和国有企业。

第二，社会主义国家必须大力发展国有资产和国有企业，而在社会主义国家中，我国又是最大的国家。

第三，我国近几十年来获得了长足发展，国有资产和国有企业也获得了巨大发展。

2018 年，美国国家总资产是 386 万亿美元，中国 185 万亿美元，日本 98.2 万亿美元，俄罗斯 15.3 万亿美元（俄罗斯联邦统计局数据）。不过从领土面积和自然资源的角度看，俄罗斯的国家资产又应该是第一。

因为国有资产、国有企业是我国的重要经济支柱，我们在主观方面也更有发展和完善国有资产管理的理念和方法的强大动力。在资本主义国家，国有经济主要作为克服、调节市场失灵的工具存在。

在更高的层面，我国在经济发展中博采众长、兼收并蓄。既尊重经济社会发展的一般规律，又体现中国的基本制度、基本国情和历史传统；既发挥社会主义制度的优势，又利用市场经济的长处。我国因而在理论和实践方面都超越了以私有制为基础的资本主义市场经济的诸多教条，创造了经济发展和制度变迁的新模式和新道路。（正如我国在政治体制方面超越西方资本主义国家一样。）

党的十八大以来，国务院国资委多次应邀在经济合作与发展组织等国际组织、会议和其他场合介绍中国国有企业改革的经验、做法，在国内外举办了14次中国国有企业改革发展培训班，古巴、越南、南非等31个国家和地区的350人次参加了培训交流。境外各类组织就国有企业改革的有关问题来访102次，人数达596人。中国国有企业改革在国际上的影响空前扩大，受到国际社会的普遍关注和赞誉。[①]

社会主义运动在20世纪90年代初遇到低谷，参见5.1.1小节最后的内容，很多人对社会主义制度失去信心。而最近40多年来，中国的全面复兴，尤其中国国有经济的蓬勃发展，能为这些人重建信心，为社会主义运动带来新的活力和动力。

---

① 国务院国资委改革办. 国企改革探索与实践——中央企业集团15例[M]. 北京：中国经济出版社，2018.

第10章　国资国企改革的对策

国企改革的出发点是解决国企发展面临的现实问题，不是乌托邦式改革，应始终脚踏实地、稳步推进。就像华为公司在世界通信领域一骑绝尘一样，已到无人区，没有经验、范本和对标企业可借鉴，从另一个角度看，也没有束缚和无用的说教，可以充分发挥自身的创造力和潜力。中国国资国企的改革和发展也是如此，就是走在世界的最前沿，以前可以多借鉴西方国家的经验，现在则需要自己闯、自己试，继续探索并蹚出一条具有中国特色的国资国企改革之路，为民族复兴的伟业贡献自己的力量，也为全球国资国企的改革发展贡献自己的力量。

10.1　规范国有企业改制

企业改制包括公司制改革、股份制改革。凡国有企业改制为非国有企业，必须对企业法定代表人进行离任审计。必须聘请资产评估事务所评估要改制企业的资产，企业的土地使用权、专利权、非专利技术、商标权、商誉等必须纳入评估的范围。

非上市企业的国有产权转让必须进入产权交易市场交易，不受地区、行业、出资和隶属关系的限制（即可自由交易），应当

公开信息，竞价转让。在有些情况中也可采用拍卖、招投标、协议转让等交易方式。值得注意的是，招投标方式中也有不少不规范的行为。只有在特殊情况中，例如，竞购者很少，或者此项产权非常特殊，不宜被出售给一般经营者，才可采用协议转让方式。

向非国有企业或个人转让国有产权的底价，或者以存量国有资产吸收非国有资本所有者投资时，国有产权的折股价格[1]由批准国有企业改制和批准国有产权转让的单位决定。确定底价主要依据资产评估结果，同时也要考虑产权交易市场的供求状况、同类资产的市场价格、职工安置、引进的先进技术等因素。

因此国有企业出售资产时也不能自说自话，结果有价无市。我国有明文规定，当转让价格低于评估价值的90%时，须报经国有资产管理部门批准。从另一角度理解此规定的内涵，即管理部门考虑了市场供求状况，不能僵化地固守评估价，须面向市场。

买方承诺安置职工，则卖方的出价可低一些。因为对接盘企业而言，职工安置是一个较重的负担；对出售企业而言，则是一个必须解决的问题。还有，如果转让国有产权的企业可从对方引进先进的技术，是转让企业急需的技术，可考虑出价低一些。

对上市公司国有股的转让价格，在不低于每股净资产的基础上，参考上市公司的盈利能力和市场的表现合理定价。上市公司的每股净资产又称股票净值或账面价值，是每股股票代表的实际价值。在没有优先股[2]时，每股净资产等于公司净资产除以发行在外的普通股的总股份。

而股票市价一般由股票的内在价值决定，但同时也受其他许多因素的影

① 折算成股份的价格。这句话的主语是“底价”和“折股价格”。

② 优先股是享有优先权的股票。优先股股东对公司利润、剩余资产分配等享有优先权，其风险较小，但是优先股股东对公司事务无表决权。

响。影响股票价格的其他因素包括：供求关系、公司经营状况、宏观经济因素、政治因素、股民的心理因素、政策与制度因素、操纵因素等。其中，供求关系是最直接的影响因素，其他因素都是通过作用于供求关系而影响股票价格的。由于股票价格受上述因素影响，因此股票市价一般总是不等于股票的账面价值，在一般情况中，股票市价高于账面价值，所以上段第一行说“在不低于每股净资产的基础上”。

受让方对转让价款采用分期付款方式时，首期付款不得低于总价款的 30%，剩余欠款应当由受让方提供合法的担保，并在首期付款之日起一年内支付完毕。有的投资企业可能在这些方面不遵守规范，例如郑州小龙武校购买土地使用权的案例。[①]

转让国有产权的收款须被优先用于支付转让企业的被解除劳动合同的职工的经济补偿金和社会保险费，[②]以及偿还拖欠职工的工资、转让企业的债务和企业欠缴的社会保险费。维护职工合法权益，国有企业改制的方案和国有控股企业被改制为非国有企业的方案必须提交给企业职工代表大会或职工大会审议。

国有企业改制须征得金融机构债权人的同意，同时维护其他债权人的利益。金融债务未落实的企业不得改制。但当前仍有机构未能严格遵循这一点，例如，对待央企的贷款债务问题，一些管理部门仍因循过去的思维，向银行提出不合理的要求，希望银行帮助一些中管企业消化债务。对中钢集团的处理方案之一就是其中的一个案例，即重组中钢，后未实施该方案，因为债权银行反对。[③]

① 黄炜. 国有资产经营与管理案例及专题分析[M]. 郑州：郑州大学出版社，2017.

② 先解决被辞退员工的问题，消除引起社会不稳定的因素。

③ 黄炜. 国有资产经营与管理案例及专题分析[M]. 郑州：郑州大学出版社，2017.

10.2 国有企业(尤其大型国企)如何改革

国有企业应积极推进混合所有制改革、市场化改革，并成为参与供给侧改革的主力军。只有持续深化改革(例如完善现代国有企业体制)、扩大开放(例如持续主办进博会)，助推产业升级，建立新的发展方式，与世界经济深度融合(例如实施“一带一路”倡议，打破西方一些国家的封锁)，才能克服当前的种种困难，形成我国发展的强劲动力，赢得新的发展机遇期，再上一个台阶，使我国跨越中等收入陷阱。这是我国国有企业义不容辞的使命。下面是国企改革中的两点注意事项。

第一，不能把有些国有企业转让给外国企业，不能让外国企业控制中国的经济命脉。[①]

第二，不能把国有企业转让给处于家族企业阶段的民营企业，因为这样做不但转让企业的职工不能接受，例如，身份改变，由国企员工的身份转为民企员工的身份，而且企业的治理、管理、文化很可能倒退，对企业的发展不利。在适合向非国有企业出售控股权的情况中，为获得原国企职工的支持，可允许他们购买本公司一定的股票或给予其他优惠。

在我国当前的国情条件下、在国有大企业改革的现阶段，已经不能再简单沿用以前国有中小企业改革的办法，把这些大企业简单地转让给别的经营主体。改革方式需要转变，就是依托资本市场，在国有体制中对这些企业直接进行市场化改造；通过上市对其实现公众公司化改革，实现国有企业的(股权)多元化、市场化和国有资产的证券化。上述内容体现了抓大放小的思想。

多数国家的政府投资建立国有企业，主要都不是为了利润，而是为了实现一定的政策目标。国企改革应该是在保留国企基本属性和主要功能的基础上的改革，而不是简单地把国有企业私有化。

依托资本市场，对国有大企业进行公众公司化改革，这就是国资委这几年

① 外国政府也是这么做的，在中国企业并购外国企业的若干尝试过程中已显现出这一点。即外国政府出面阻挠，例如中海油收购优尼科(Unocal, Union Oil Company of California)时被美国政府阻挠。而南非等一些国家在无奈中向外国企业转让国内企业，已尝到本国经济被外国掌控的苦果。

在积极推进的整体上市工作。对整体上市工作须注意以下两点事项。

第一，这几年国有大企业上市的模式和前几年的不一样了。国资委成立之前，很多企业上市时，拿出一块优良资产进行包装，实现部分上市。现在的改革方向是整体上市，至少做到主营业务整体上市，所以，现在上市公司的业务链是完整的，具备独立经营能力。现在其主营业务整体上市的集团公司，逐步把存续企业[①]消化后再整体上市。

本书多次提到整体上市，需要注意的是，整体上市并非在各种情景中都是正确的选择。企业要考虑对自身的价值管理、发展和经营而言，到底是整体上市还是分步上市更有利。主管部门要考虑股票市场的资本容量是否适应许多大公司的整体上市要求。当年，我国四大银行重组并整体上市后，就出现股市难以消化的问题，四大银行的股价长期低迷。

第二，依托的资本市场。公司治理水平与其依托的资本市场是相关的。如果依托的资本市场是成熟的、规范的，公司治理水平也容易提高，否则资本市场会纠正它；如果依托的资本市场是不太成熟、不太规范的，那么公司治理就主要靠自觉和其他外部治理体制了。

所以，推动中管企业境外上市，就是希望把境外成熟、规范的资本市场机制的影响引入企业内部，规范企业经营。现在看来，境外上市对企业规范的效果是明显的，企业不容易做假账，透明度明显提高，运作比较规范，政府干预也减少了（因为有国外利益相关者的抵制）。

境内市场也需要一批优质、规范的上市公司，所以我国企业的上市选择应该是境内加境外。另外，境外上市的风险也不小，有不少企业最终不得不黯然退市，境外上市的成本也比境内的高很多，参见 5.4.4 小节第（2）部分。

国有商业类大企业最终很可能改革到按资本市场的要求运营。改革到这样一个状态，就较好实现了国有资产的资本化，流动性好，较容易调整，有助于发挥调控宏观经济的作用。一旦国家需要资金，通过资本市场可以顺畅地变现。

---

① 存续企业（remainder enterprise）指企业采取分立式改制后继续保留的企业。

10.3 中管企业的垄断问题、解决措施及其辩证认识

阅读提示

本节论述了央企垄断的形成原因和整体情况，我国目前解决央企垄断的有效措施。深入分析我国的垄断型央企可发现，它们并非典型意义上的垄断企业。而面向全球竞争、面对当前的国际竞争形势以及在国际比较后，更能清晰地认识到：不应一味否定垄断，我国应适当鼓励强强联合，与西方国家对标，形成适当的垄断性和集中度，以增强央企的国际竞争力，增强我国的整体实力。

广义的中管企业包括三类：由国务院国资委履行出资者职责的企业，例如军工、石油、电信、机械等行业的中管企业；由财政部履行出资者职责的企业，例如金融、保险等领域的中管企业；由国家其他有关部门（主要是国务院的下属部门）管辖或履行出资者职责的企业，例如教育部、工业和信息化部和最高人民检察院下辖的企业，还有广播、电视、出版等领域的中管企业。[①] 参见 2.1.1 小节的第一段、2.1.4 小节第(1)部分和 8.2.1 小节中的"知识点"部分。

狭义的中管企业就是上述第一类企业。许多中管企业从其名称以"中国"打头，人们大致就能猜出它们的属性，但也有一些中管企业的名称与之不同，仅从名称看，人们可能不知其为中管企业，以为是地方国有企业乃至民营企业、外资企业。例如，上海诺基亚贝尔股份有限公司、新兴际华集团有限公司、华侨城集团有限公司、中国冶金地质总局、中国煤炭地质总局、鞍钢集团有限公司、有研科技集团有限公司、机械科学研究总院集团有限公司。

10.3.1 中管企业的垄断问题及其解决措施

对垄断问题大家比较关注，它也是外部对中管企业责难较多的问题。我国国有企业的行政性垄断有别于市场竞争导致的经营集中而形成的经济性垄断，

① 2.1.4 小节介绍了央企的另一种分类方法，并把央企分成六类。

是缺乏竞争体制形成的垄断。破除垄断、引入竞争是国企改革的另一条主线。[①]目前中管企业中确实有一些特殊企业，其经营含有垄断因素。第一种是真正垄断的企业，有国家电网、南方电网、中盐总公司三家；第二种是寡头竞争企业，有中石油、中石化、中国电信、中国移动、中国联通。

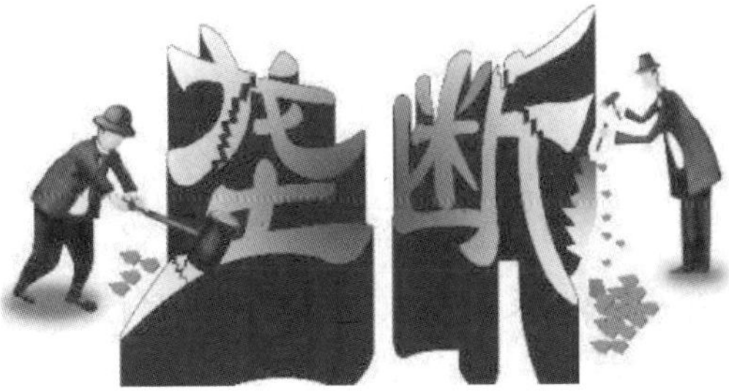

这八家企业的共同特点是，其经营领域存在市场禁入，且价格由政府控制。这八家企业的规模很大，除中盐总公司，其他均是世界 500 强企业。从这八家企业的经营情况看，在其经营领域实行市场禁入都是有一定道理的。例如，两家电网公司或者说整个电网行业是自然垄断，不可能再建新的电网。电网就像自来水管网[②]一样，需要优化配置，统一施工，否则浪费大量的资源。其他企业则处于公益领域或稀缺能源开发利用领域，公益事业往往需要国有企业承担，集中由几家公司经营有利于实现规模经营、提高效率；对石油这样的战略资源，绝大多数国家都采取集中开采、利用的策略，并且往往由国有公司经营，参见 8.1 节。

反面案例

英国的铁路行业起初并非国有化，导致该行业没有整体规划，铁路建设重复，竞争无序。例如从伦敦到曼彻斯特就有三家铁路公司分别提供服务。20 世

① 还有一条主线就是前文一直在讨论的政企分开、政资分开，变管资产为以管资本为主，还有发展混合所有制经济。这两条主线分别对应着产权改革论（指政企分开等）与市场化改革论（指引入竞争等）。

产权改革论又内含四种理论，其中以经济学家厉以宁为代表支持的股份制改革论推动了国资委的成立，推动了出资者所有权与企业法人财产权的分离，推动了国有企业产权的多元化，股份制改革与资本市场建设相互促进。

市场化改革论推动了价格改革、剥离国有企业不合理的政策负担和垄断行业改革。

这两种改革论都否定国有企业完成一定公共政策目标的合理性（戴锦. 国有企业的性质[M]. 北京：经济科学出版社，2016.）。参见 1.3.1 小节“宏观调控国民经济”的第一段。

实际上国企改革还有一条主线是供给侧改革，它是以产业结构调整、优化为主要内容的改革。我们需要在国企领域落实与深化供给侧结构改革。而这三条主线又可归结为按市场需求配置资源。

② 自来水公司都是地方国企，非中管企业。

纪80年代美国也发生过类似情况。当时美国大量拆除铁路,原因是铁路公司高度竞争造成产能(即铁路)过剩,当这些铁路公司合并后,就需要拆除一些铁路。

基于上述案例及前一段中相同的道理,2014年我国三大电信运营商整合了其铁塔资源,共同出资组建中国铁塔公司,为三大电信公司提供共享的基础网络服务,这是同行业内的横向整合,也是竞合行为。减少铁塔重复建设56.8万座,节约投资1 003亿元,节约土地2.77万亩。[①] 上述做法既不违背自然垄断行业的规律,又能有效整合行业资源、提高行业效率,可谓是保持拆分与垄断的有机统一。

上例中,铁塔资源共建、共享,其他业务仍由三家电信运营商展开充分竞争。一定程度上这与下文的石化行业的开放销售、炼油环节的竞争,保留石油开采的垄断,以及电力行业的开放发电、配电、送电环节的竞争,保留输电环节的垄断对照,展现出一个逆向改革思路。不过他们的做法都达到了提高经营效率的效果。之所以电信行业的改革与其他两个行业的成逆向,是因为电信行业过去把不需要竞争的环节(基础电信网建设)设定成竞争环节了。国务院国资委原主任肖亚庆说,铁塔模式在国资系统备受推崇。接下来介绍的是又一个采用铁塔模式的行业。

2019年12月央企国家石油天然气管网集团有限公司成立,油气管网与大型石油、石化公司分离,一方面实现了国内油气一张网,管道资源共享,从而避免重复投资和重复建设,另一方面有利于引入多元化的投资,实现管网设施投资主体的多元化,从

① 国务院国资委改革办.国企改革探索与实践——中央企业集团15例[M].北京:中国经济出版社,2018.

而加快我国管网建设，并完善治理体制和管理体制，提高建设、维护、经营、管理水平。

今后管道这一中间环节不属于任何一家上游公司，这将会刺激更多的企业进入天然气进口领域，从而扩大天然气的供给、加强竞争、提高行业运营效率。但也应防止类似钢铁行业的竞争过度、无序竞争情况的出现，避免太多的企业，尤其中小企业，进入天然气进口领域，进而导致我国进口企业的竞争力降低，在国际天然气市场中的话语权被削弱。

非常规油气勘探领域已放开竞争，油气管网的独立将有力地促进该领域的竞争，或者说促进“三桶油”以外的企业，尤其是民营企业，进入该领域。三大石油公司可集中精力于油气勘探开发和下游的炼化、销售业务。国家管网公司的成立撬动了石油、天然气全产业链的改革，带动和促进上下游扩大开放、加快市场化进程，促进居民与非营利组织用气价格的合理化和企业用气价格的市场化。

石油和石化行业的销售环节已放开（民企也可经营，参见 5.3.2 小节中的案例），炼油环节现在也有很多不同所有制、不同类型的经营者，例如外资炼油厂、地方炼油厂。唯一没有放开的是石油开采，石油是不可再生的短缺资源，大多数国家都采用国有石油公司体制，以提高开采和利用效率，我国也必须如此。

在电信领域，基础电信网服务未放开竞争，增值服务已放开。因而微信、QQ、微信音视频电话、QQ 电话等风头正健；电信公司的语音服务，中国移动和中国联通的语音服务、短消息服务等日趋衰微。建设一个基础电信网需要巨额投资，现在三家已经不少了，再增加基础电信网运营商徒耗国家资源，并且这三家正是我国政府以前根据社会实际需要和若干家基础电信网运营商的经营情况，把它们兼并重组后形成的。

面对诸多既有利益集团的强烈反对，我国政府仍支持上述网络通信应用以及支付宝、财付通、微信支付等，正反映了我国真正的（经济）民主、自由与开放，这是西方的许多资本主义（发达）国家做不到的。因为他们没有代表整体利益的党，而是代表部分群体的党，无法顶住庞大利益集团的压力，也没有强大的执行力和人民的充分支持，进而推动大的改革。

拆分也是解决央企垄断的一个措施，一个案例是拆分国家电力总公司（原国家电力部）。根据2002年国务院第五号文件，拆分了国家电力公司，实施厂网分开，把国家电力公司管理的资产按发电和电网两类业务划分，重组了发电和电网企业。发电环节变成竞争环节，发电企业（华能、大唐、华电、国电、电力投资5家）必须降低成本、提高效率，竞价上网，从而有利于降低电价。[①]

后来再度把国家电网公司拆分成国家电网有限公司和中国南方电网有限公司，也体现了竞争思维，尽管输电环节的竞争性不容易体现。配电、售电环节也可实现竞争。据不完全统计，截至2017年12月底全国各地已成立的售电公司达上万家。比电力公司更早拆分的是1999年2月中国电信公司的拆分，而早在1994年7月组建中国联合通信有限公司就打破了电信行业一家垄断的局面。

10.3.2 对央企而言，适当的垄断性与规模经营是必须的

上一小节论述的一些领域的市场禁入有其合理性，在现阶段继续放开或拆分会出现一些问题。例如，南车、北车集团的过度竞争使我国在高铁技术设备出口领域遭受了巨大损失，后来合并它们在很大程度上也是基于这方面的考虑。另外，合并南车与北车集团更是为"一带一路"倡议服务，有助于中国高铁制造企业在国外形成合力与对手竞争。

对这类国有企业的重组，不能把眼光局限于国内市场，进而简单地认为它们形成垄断、不利于竞争。这类企业的竞争对手不只是国内（民营）企业，还有国外的大企业，而且这类企业不仅面对国外的商业竞争，往往还背负着国家间地缘政治竞争与经济竞争的重大使命。为国际竞争而集中，许多跨国公司通过并购实现跨越式发展、保持市场强势地位，其所在国也进一步实现产业集中。

在全球化大背景下，在激烈的国际竞争中，需重新审视垄断与反垄断，例如不应局限于某个区域，甚至不应局限于某个国家。如果国外企业也是本国企业的主要竞争对手，则不应限制本国企业一定程度的垄断性质，甚至需鼓励它们强强联合。

---

① 上述降价是从生产、供应的角度讲的。而从环保和低碳的要求出发，国家应提高企事业单位和居民用电价格和水价以促进全民的节约、环保意识。关于电价提价事项，2021年6月，发改委已提上议事日程。

随着经济的发展，西方各国对兼并重组的审查标准有所放宽。先是美国修改了相关法律，其反垄断的标准不断提高，大大抬高了反垄断法的介入门槛，美国政府对以往必被禁止的巨型企业合并大开绿灯。欧洲多国也效仿美国，目前企业合并申请的否决率极低，西方国家正经历又一次兼并潮。

5.4.4 小节与本小节第一段提到机车制造行业的例子，不独该行业如此，其他行业（例如石油行业）亦如此。西方国家的石油工业集约化现象即证明了此点：欧盟支持美国的雪佛龙兼并德士古[①]，支持英国的不列颠石油公司兼并美国的两家公司，支持法国的两大国有公司合并并兼并比利时的一家公司，支持挪威国内“三分天下”的三家公司合并成一家。

全球电梯产业中，排名前四位的电梯公司占据该产业市场份额的 82%；微软公司占有全球个人计算机操作系统市场的 85%左右[②]；高通公司和苹果公司占全球智能手机芯片市场份额的 60%左右。还有，全球前三大通信公司拥有全球移动通信设备市场的 70%以上和全球移动终端电话市场的 65%左右的份额；全球前三大公司拥有全球液晶市场 50%以上的份额；全球前四大公司拥有全球电脑市场 55%左右的份额（本段数据经百度检索查证）。

美国彼得森国际经济研究所高级研究员 Nicholas R. Lardy（2014）认为，中国国有企业的垄断只存在于极少数行业，大部分行业的竞争度都在不断提升，即使被视为支柱行业的重工业也不例外。在一些关键行业，我国的产业集中度比西方发达国家的低。为了摆脱在国际产业链中的低端位置与不利竞争态势等因素，我国需要有相当实力的大公司扮演国际竞争中的主角，例如宝钢、武钢重组可谓恰逢其时。在国际大企业时代，我国大企业的发展在一定程度上决定了我国的发展，[③]其中国有大企业是一支重要的力量。

根据国务院 2016 年发布的《关于推进钢铁产业兼并重组处置僵尸企业的指导意见》，到 2025 年，中国钢铁产业 60%～70%的产量将集中在约 10 家大集

① 美国德士古公司又称得克萨斯石油公司。美国的某些商业行为需获得欧盟的支持，是因为需要在欧盟经营，否则会遭到欧盟的反垄断制裁。这种国际商业限制、审批等也是相互的。

② 数码人科技. 全球 PC 操作系统市场份额数据大曝光！微软成最大赢家：份额全球第一. 2019－8－4，https://baijiahao.baidu.com/s?id=1640863571662676976&wfr=spider&for=pc.

③ 李锦. 国企供给侧改革——难点与对策[M]. 北京：研究出版社，2016.

团内，包括8 000万吨级年钢产量的钢铁集团3家或4家、4 000万吨级的钢铁集团6～8家，以及一些专业化的钢铁集团。

按2018年粗钢产量口径测算，中国宝武钢铁集团有限公司重组马钢集团后，中国钢铁行业前十的累计产量将从35%上升至37%，距离60%～70%的目标产能集中度仍有较大差距。2017年韩国前两家钢铁企业的产量之和占其全国总产量的比例是89.2%；日本前三家钢铁企业的产量之和占全国总产量的比例是81.5%；俄罗斯前四家钢铁企业的产量之和占全国总产量的78.0%；美国前三家钢铁企业的产量之和占全国总产量的57.7%。中国钢铁产业集中度与韩国、日本、俄罗斯、美国等国的水平还有很大差距。(https://baijiahao.baidu.com/s? id=1635583861401742192&wfr=spider&for=pc)

对目前具有垄断经营因素的企业，重要的是建立一套完善的社会监管体系和内部治理体制(这需要推进其混合所有制改革和股权多元化改革)，防止这些企业利用垄断条件和地位损害社会利益和公众利益，[①]监管其价格水平、服务标准、成本控制、资源分配等，加强内部治理和管理，这是其他国家普遍采用的做法。

小知识

关于国有垄断经济的数据

从行业角度看，我国国有经济在8个行业处于绝对控制地位：烟草制品业(99.35%)，电力、热力生产和供应业(93.5%)，石油和天然气开采业(89.43%)，开采辅助活动(84.91%)，石油加工、炼焦和核燃料加工业(69.68%)，水生产和供应业(69.25%)，煤炭开采和洗选业(59.2%)，燃气生产和供应业(51.01%)(漏掉盐业)。[②]

财政部的数据显示，国有资本在垄断行业的占比已从2003年的49.44%下降到2014年的30.08%。[③] 在我国28个主导行业中，外资控股企业居垄断地位

① 例如店大欺客，手机流量清零，客户存款莫名其妙地消失、银行却不肯承担责任，以及许多霸王条款。

② 刘建丽. 国有企业跨国投资与政府监管问题研究[M]. 北京：经济管理出版社，2018.

③ 马俊，张文魁，张永伟，袁东明，等. 国企改革路线图探析[M]. 北京：中国发展出版社，2016.

的达 21 个，控制了 4.1 万家重要工业企业。①

关于国企垄断，刘继鹏(2016)提出了不同的观点。他认为：界定垄断企业的标准是，它是否能通过垄断价格攫取垄断利润，而我国的"垄断"国有企业普遍没有定价权，其价格由发改委审批设定。而发改委的价格审批与行业准入审批均有其合理性，例如，制定较低的电价、水价以满足人民的生活需要，对某些重要行业设定禁入门槛，以保证国家对这些行业的控制力以及这些行业的规模生产效应，参见稍前关于钢铁行业的阐述。企业的规模大、市场占有率高与垄断性并无必然关系，只要没有滥用市场支配地位等垄断行为，就不能说此企业是垄断企业。在西方许多小国家，只有壳牌一家公司的加油站，但它的价格稳定，在这些国家没有人控诉它垄断。②③

10.4　大中型国企完善现代企业体制与加强管理的策略和措施

建立和完善具有中国特色的现代国有企业体制是国企改革的重中之重。现代国有企业制度中的一些重要规范如下。企业以其全部法人财产独立承担民事责任，政府以投入企业的资本额为限对企业的债务承担有限责任。政府与被授权的大型企业、企业集团或国有资产经营公司等签订授权经营协议，制定国有资产经营责任制度。9.1.2 小节提到，这(合同制)也是法国国资管理的特点。被授权企业对被授权范围内的国有资产，依法行使资产收益权、重大决策权和选择管理者的权利，并承担国有资产保值、增值的责任。

可从三个层次看待企业体制。从底层看，企业体制是占有生产要素的安排，即生产资料所有制，体现了企业资本的由来及其占有关系，决定了企业性质。从中间层看，企业体制是企业产权安排，强调责、权、利平衡，是企业管理的基础。从表层看则是资源配置机制，决定了企业功能的发挥和效率的高低。

---

① 宗寒. 深化改革必须进一步发展壮大国有企业[J]. 中华魂，2014(12).

② 刘继鹏. 凤凰涅槃——刘继鹏论国资改革[M]. 北京：东方出版社，2016.

③ 黄炜. 央企的垄断问题、解决措施及其辩证认识[J]. 河北企业，2022.

10.4.1 规范国有公司治理的6项重要工作

关于公司治理的狭义理解是:股东对经理团队实施的监督与制衡机制,以股东利益最大化为目标,合理配置责、权、利以平衡股东和经理团队间的利益冲突。从广义的角度理解,李维安和张俊喜(2003)认为:公司治理指设计一套体制,以协调公司与所有利益相关者间的利益冲突,促进公司决策的科学化,并平衡所有利益相关者间的利益关系。[①]

公司治理制度(2.1.7小节第(2)部分已论述之)是现代企业制度的重要组成部分。规范公司治理的目的是加强监督各治理主体,尤其重要的是,监督经营者对资本所有者尽职的情况。1999年5月经济合作与发展组织理事会通过了《公司治理结构原则》,可资参考。

该《原则》的主要内容包括:第一,公司治理结构框架应维护股东权利;第二,上述框架应确保包括小股东和外国股东在内的全体股东享有平等待遇(在实践中常常做不到,例如,大股东削弱小股东的话语权,特殊股权的存在,同股不同权);第三,上述框架应确认利益相关者的合法权利;第四,上述框架应保证及时准确地披露与公司有关的任何重大问题;第五,上述框架应确保董事会对公司的战略指导和有效监督管理人员,并确保董事会对公司和股东负责。在德国、奥地利、荷兰等国,第五项职能并非由董事会履行,而是由监事会履行。

建立规范的公司治理结构与机制,包括以下重要工作及需要注意的方面和解决的问题。

(1)建立集体决策与加强个人责任的董事会议事制度

集体决策(例如董事会决策)有过于保守(集体博弈、折中的结果)或过于激进[②]的缺点,没有具体的成员承担责任。因此需完善董事会集体决策制度,例如,认真执行会议记录及存档制度,加强个人责任,要求董事在董事会决策中表明自己的主张,长期不表态的董事应被撤销董事资格。

国际上,越来越多的股东、政府机构和顾客把董事们的欺诈、疏忽、不准确

① 李维安,张俊喜.公司治理前沿(经典篇)[M].北京:中国财政经济出版社,2003.

② 一些决策者认为,四平八稳、中规中矩、没有太大风险的决策显示不出他们的能力和魄力,因此倾向激进的决策。

的信息披露、尽职调查不足、蓄意漠视企业运营等行为诉诸法律。这乃至导致针对董事的责任保险费变得非常昂贵，进而导致许多董事辞职。[①]

董事会制度提倡的是董事个人的独立分析、判断，独立投票、担责。甚至股东也不能左右董事个人的投票决定——股东如果对某董事不满，可按程序罢免之，或在下一轮选举中不选该董事。例如瑞典的政府董事在国企董事会独立表决，不必事先请示政府有关部门。

不过我国有强调代表国家股东的董事须严格遵循股东的指令、传达国家股东意志的倾向，有强调成为董事或高级经理的党委委员须表达党组织意愿的倾向，例如《中国共产党国有企业基层组织工作条例(试行)》(2019)中的有关规定。

应把上述两种倾向或态度融合一下，才比较符合客观情况，适应实际工作。实际上这些董事在决策时，一般会在一定程度上综合考虑和纳入国家利益与意愿及国企党组织的意愿，因此应尊重他们的独立判断与决策。

在董事会中设独立董事也有助于完善董事会集体决策。独立董事与公司无利益关系(在该公司领取董事薪酬与购买该公司的少量股票除外)且不在该公司任董事会之外的其他职务，独立董事也不是该公司的重要机构的股东和各子公司的员工，又称无关联关系的非执行董事或独立的非执行董事。他们在董事会决策中更有可能持中立、公平的态度，重视公司的全局利益和长远发展，并兼顾顾客利益、社会利益等。

为加强国有公司治理，解决"内部人控制"的问题，平衡各利益相关方，维持公平，应适量设置(具有专业资质的)非执行董事[含独董，参见 10.4.2 小节(1)(3)部分]，充分发挥非执行董事的监督作用——监督高层经理，监督董事会自身。非执行董事有任期限制，一般是三年，在同一家公司至多连任两届。非执行董事可在两三家公司兼职，但专职(非执行)董事不得兼职。

(2)因地制宜对待董事会与高级经理团队之间的成员重叠

董事会与经理团队须减少交叉任职，以便董事会独立于经理团队，更理性地决策，更有效地监督经理团队，从而有助于两者相互制衡，否则易产生"一把

---

① (美国)弗雷德·R. 戴维，福里斯特·R. 戴维. 李晓阳译. 战略管理——概念部分(第 15 版)[M]. 北京：清华大学出版社，2017.

手”现象。参见本小节第(4)部分的论述。

公司规模较小时，董事长和总经理两职合一可提高决策效率，结合决策与执行职能。

公司规模较大，并且资本市场和职业经理市场尚不成熟，对职业经理的约束力偏弱时，同时担任董事长的总经理的权力(仅指总经理职位的权力)被放大的可能性变大，总经理受到的监督可能弱化，总经理侵害股东等利益相关者的利益的可能性变大。换一个角度看，总经理兼任董事长后，容易支配董事会，总经理既是决策者又是实施者，很可能降低董事会的监督效率。所以，公司规模较大时，两职最好由不同的人担任。

但国内外的一些大公司也有董事长和首席执行官职位由一人兼任的情况。例如21世纪初，美国惠普公司的董事会主席和首席执行官职位就由卡莉·菲奥莉娜兼任。国内也有兼任情况，例如，海尔集团的董事局主席和首席执行官职位由张瑞敏兼任，联想集团的董事长和首席执行官职位由杨元庆兼任。

还有，2018年10月全国工商联发布的《改革开放40年百名杰出民营企业家名单》中的部分企业家也身兼两职，摘录几例如下。马化腾任腾讯公司董事会主席兼首席执行官，李东生任TCL集团股份有限公司董事长兼首席执行官，雷军任小米科技有限责任公司董事长兼执行官，李彦宏任百度公司董事长兼首席执行官，周海江任红豆集团董事局主席兼首席执行官。

就股权的整体性质而言，虽然上述几例多是民营公司，包括联想集团，但它们的情况和做法也可作为国有公司的借鉴。各公司的内外经营环境和战略目标不尽相同，所以这两个高管岗位是否可由一人兼任应因地制宜地决定。

(3)合理设定董事会的规模

尚无明显证据表明董事会的规模与公司的绩效相关。影响董事会规模的主要因素如下所述。

第一，行业性质，例如美国的银行和教育机构董事会的人数较多。

第二，是否发生兼并。刚刚兼并后，一般不会大量解聘董事，双方的董事一起共事，董事会的规模较大；之后，董事会的规模逐渐缩小。

第三，外部压力，随着增加非执行董事、妇女董事的社会呼声日渐提高，董事会的规模会有所增加。

第四，董事会的内部结构，设置多个下属（职能）委员会的董事会的规模较大。许多国家（包括我国）的有关规章或条例规定，这些委员会仍由董事组成。

以下两组数据可供确定董事会的规模时参考。

1935 年，全美 155 家最大公司的董事会的平均人数是 13.5 人；1947 年，全美 101 家最大公司的董事会的平均人数是 12.3 人；1985 年，全美 200 家最大公司的董事会的平均人数是 13 人。

2003 年，南开大学国际商学院、南开大学公司治理研究中心调研我国 931 家上市公司，发现它们的董事会的平均人数是 11 人。我国《公司法》对董事会规模的上下限有明确规定：股份有限公司董事会的成员数是 5～19 人，有限责任公司董事会的成员数是 3～13 人。①

（4）破除"一把手"观念

在公司治理范畴，主要是契约关系（例如委托代理关系）、分权制衡关系，这些关系要求避免"一把手"的治理观念。"一把手"观念会使公司治理变得扭曲，削弱权力制衡的效果，形成公司治理的官僚化，而这又是官商勾结和腐败的土壤。"一把手"观念还会增加董事长与（总）经理的矛盾和冲突。

不少人以为一个组织的发展就靠"一把手"引领了，实际上"一把手"观念一定程度上就是个人英雄主义。该观念与现象导致的问题太多了，弊大于利。不少人还在探讨如何监督、限制、规范"一把手"行权。与其采用改良策略不如采用改革策略，破除"一把手"观念，消除"一把手"现象。现在仍有不少组织持"一把手"观点，例如在规划中把某项工作设为"一把手"工程以示重要。

不应把董事长视作"一把手"，也不应把董事长看作董事会中的特殊人物，更不应把董事长视为具体的经营者。董事长不是董事会中的指挥者，并非凌驾于其他董事和总经理之上的领导，只是董事会会议的召集人②、主持人和董事会的发言人。例如，韩国的公企业（国有企业）不设董事长，而是在独立董事中选一人做董事会议长。

---

① 徐志坚，汪丽．资本经营与公司治理[M]．北京：清华大学出版社，2018.

② 可从董事会会议桌开始改革，用圆桌而非椭圆桌，更非长条形桌——在座位安排方面否定董事会中存在领导或特殊成员（尽管圆桌座次仍有主次之分）。国内的《董事会》杂志社每年对我国上市公司董事会评选"金圆桌奖"。

董事长有组织、协调、代表的作用，不过应限于董事会的职责范围。例如如果在总经理和董事长中选择，公司发言人最好由总经理担任。如果公司章程赋予董事长更多的权利，另作他论。向(总)经理分权或授权的应该是董事会而非董事长，或者说由董事长代表董事会分权。

即使在民营企业，董事长一人独大也会使公司治理充满独裁色彩，使公司治理本应具有的契约属性基本上不复存在，例如用友软件公司的老板王文京和他曾经聘请的总裁何经华就有这样的情况，董事长和总裁难以长期合作。

在民营企业董事长常常由自然人大股东担任，股权力量使这样的董事长不怒自威，成为“一把手”。构建有效的治理制度和机制比人治更重要，更有利于基业长青。有的企业甚至让独立董事担任董事长，包括中集集团和国药集团这样的中管企业，他们认为这样能更有效地发挥现代公司体制的功效。张瑞敏宣称“让制度选人”，马云先辞任董事局主席，9 年后又辞任董事，只做公司合伙人，都体现了淡化人治的思想，他们的言行实质上就是反对“一把手”现象的。公司的发展必须依赖某一位高管是很危险的。

案例

中集集团副董事长陈冲是非执行董事，2020 年下半年之前，中集集团董事长王宏也是非执行董事(国药集团前董事长宋志平也是国药集团的非执行董事)，基于这样的职务安排，董事长只能通过董事会行使职权，而不能干预日常经营。这样的安排突出了董事会的战略规划功能，厘清了董事长与总经理的责权关系，保障了总经理的管理权与工作效率。中集集团的董事会被充分授权，能决定职业经理的去留和薪酬，可确保经理向董事会负责(马俊等，2016)。

许多公司开会时，董事与经理均参加，主要是董事尤其董事长过多参与公司的经营、管理会议。这可能是董事兼任具体的经营管理职务导致的，董事长兼任总经理易导致“一把手”现象，也可能是这些人未认识到董事会与经理团队是各司其职的两个团体，还可能是董事长(民企的老板或政府主管部门、国有投资经营公司等组织派遣到国家出资公司的股权代表)的控制欲过强，等等。这些公司应当尽早终止这种情况。

正因为许多国有、民营公司的治理体系不规范、不完善，还有，很多人未认识到，董事会是集体决策，而非董事长负责制，所以很多人总是把董事长或老板看作“一把手”，看作总经理理所当然的上司——也是东亚公司家族式治理的典型表现。因而在公司的很多事务中出现了不合公司治理规范的言行。这些不合规范的公司治理行为进一步误导更多的人，使他们以为这些错误做法就是正确的公司治理规范。一方面，国内很多公司都号称建立了现代公司体制，另一方面，这种公司体制并不规范、完善，或者仅有一个外表。这样的改革是不彻底的，一定要纠正。

因此在我国参考欧美国家成熟、规范的公司治理体系，加强完善公司治理体系的力度，不管在国有还是民营公司应成为一种共识。不过类似存在于我国的前述错误观念在欧美国家也有不少市场，例如在国际商业机器公司，人们也把总裁看作董事长的下属。我国的上述错误观念与欧美的相同错误观念有一定的传承关联，另外还传承于我国的一些传统观念——“一山不容二虎”“天无二日”“民无二主”……

(5)主管部门应支持董事会在经营管理方面的决策中心作用

政府不应直接指定、选聘国企经营者，并且应该把重大事项的决策权和薪酬的分配权也充分归位于国企董事会。不管从投资者权限的角度看，还是从提高公司经营效率的角度看，都应如此。连民营公司华为与联想公司都提倡，让“听得见炮声的人”做决定。不过各级国资委当前在这方面做得还不够。国资委分权不充分，往往也传导到董事会向高级经理团队分权的决策中，导致所有权与经营权分离不充分，决策权与执行权分离不充分。

做得好的例子则有国务院国资委对中粮集团的放权。中粮集团可自主决定五年发展规划和年度投资计划；享有较大范围的国有资产配置权；获得业务领域的自主决定权；董事会在选人用人和薪酬分配方面真正发挥决定作用；国资委将不再延伸监管中粮集团投资的企业；等等。

中国国际海运集装箱(集团)股份有限公司(其两大股东招商局与中远集

团[1]的股权接近)的总经理不是由股东派遣,而是由董事会选聘,因而保持了职业经理的独立身份——独立于政府。其他主要高管由总经理提名,经董事会批准聘任;若董事会不同意提名人选,总经理再次提名,由董事会审核,直至获批。这类似美国总统与国会就政府高级官员等的聘任形成的制衡机制。董事会不能绕过总经理而直接任命某些高管,这就保障了总经理的用人权。总经理与其他经营高管没有行政级别,不受行政体制保护,这激励或者说迫使他们更努力地履职。

2015 年 7 月四川长虹电子控股集团启动了面向全球的总经理公开招聘工作。2015 年 10 月央企新兴际华集团召开干部大会,由董事会直接选聘总经理。参见 2.3.1 小节的论述与案例。

(6)加强国企党建

本部分首先论述了国企党建与政府干预的关系,接着论述了我国建设现代企业体制不能机械套用西方现代企业体制,资本力量不应成为国企党建的阻碍,论述了加强国企党建的一些实践,最后论述了应支持"三会一层"有效发挥作用。

①国企党建与政府干预的关系

我国重视国企党建工作(它是实行我国政治制度、组织制度等的基础之一),这一政策是当前和未来国资国企改革和发展中的重要政策。国企党委、国企党建是国企组成和内部活动,不应把它们与政企不分混为一谈。

实际上政企分开也是更好地发挥国企党组织核心作用的基础。如果仍停留在政府部门过多地干预国有公司的状态,那么国企党组织难以发挥好核心作用。反过来看,国企党组织的作用加强了,政府主管部门也更能放心地实施政企分开和政资分开,因为国有企业内又有一个强有力的守护者。因此加强国企党建与规范国有公司治理是协调一致的。

②我国建设现代企业体制不能机械套用西方现代企业体制

而且说到现代企业体制,不能只想到"三会一层"和来自西方的其他理念,虽然这些是我们学习的对象,但不是必须被套用的模板,我们的思维与工作不能被它们套住。西方的现代企业体制在西方资本主义国家也未完美解决公司

① 相对于国资委,国有法人股东的监管可能更到位。

治理问题，原先遗留的和现代企业体制本身导致的问题还很多。借鉴它们时必须采取扬弃策略，修订不妥之处、弥补欠缺之处。而具有中国特色的现代国有企业体制就有自身的创新与实践、独特的内容与理念，加强国企党建就是其中之一。国企党组织与职代会、工会等原有治理或管理主体协调、配合，尊重它们的作用，这些也是国有企业的重要特色，有利于国有企业发展。

案例

2008 年国际金融危机中雷曼兄弟、美国国际集团、美林等巨型企业轰然倒闭，让这些公司陷入绝境的高管不仅没有受到应有的惩罚，而且还在申请政府援助的同时拿走数千万美元的薪酬。这些公司看似合理的治理体制几乎完全失灵，对董事会、经理团队未能形成有效地监督制约，使股东和社会遭受巨大的损失。

③资本力量不应成为国企党建的阻碍

在国有公司，不能把维护资本的权力作为不支持党建与党的领导的理由，否则就会落入资本主义国家强调资本是决定力量的窠臼与困境——资本的力量过于强大正是西方资本主义国家严重的政体困境和社会困境的重要原因之一。本来资本是为人服务的，在西方资本主义国家恰好颠倒过来了，是资本至上社会主义国家则可以利用资本运作的规律，[①]从中挖掘效率和效益，但不应受资本主义国家的影响，在国有企业也把资本的权力看得高于一切。

我国以前较长时间、较大范围的现代企业体制建设陷入了套用西方模板的错误模式，没有为国企党组织留出治理位置和空间。另一方面，我国是人民当

---

① 古代中国的市场经济就很发达，只是历代中央集权的朝廷不允许资本的力量壮大而损害朝廷的权威，所以才重农抑商。社会主义中国自然要打破这种限制，不仅发展自身的资本力量，还要吸纳国际资本为我所用。外国投资者越愿意来中国，越说明中国有吸引力和竞争力，有国际影响力。当前中国政府对内外资企业一视同仁并加强管控资本。中国与资本力量形成良性互动更有助于中国的复兴。电影《白银帝国》里的山西某票号东家说“财东不管事是老规矩”，这与西方的股东、董事不从事具体的经营管理事务不是一个道理吗？电影故事的时代背景是 1900 年前后。中国古人早有合股、参股做生意的做法。这些与西方的(现代)企业体制在本质上不是一样的吗？

家做主的国家，职工是国有企业的主人，德国都能为工会与工人提供很大的治理权(如“平等对决”“一般对决”)，我国更不能忽略这方面的工作。

西方国家的现代公司体制也并不一样——德国、日本等国的就属于利益相关者的模式，同时也是双层制；美国、英国等国的则是股东至上的模式，同时也是单层制。现代企业体制并无普遍适用的模式，以适应国情为佳。

而且即使从股权角度看，国有股权代理行使者(例如一部分董事)代表国有资本投资者；作为党的一部分，国企党组织不也能代表国有资本的投资者、代表终极所有者——人民吗？在国资经营监管方面，党组织可辅助出资者履行职责。即使国家参股的混合所有制公司的发展，也需要多方的共同努力，一味强调资本的力量只会妨碍公司的发展。例如轻视员工的力量就是发展的大忌。

随着资本所有权与企业经营权的分离，许多人不再把企业仅仅看成投资者的企业，而看成一个由各要素所有者(例如知识资本所有者、劳动力所有者)为实现自身利益而组建的契约组织——资本力量被适当淡化，尤其在中国，以人为本更受重视。新中国能如此快速地发展，伟大的人民居功至伟。不管政治建设、经济建设还是文化建设，一切都离不开人民的支持和参与。

在西方资本主义国家，虽然实际操作中强势方强调资本的作用，竭力保护投资者的利益，但在观念和理论方面，他们也认识到企业是各方利益集中的地方。彼得·F.德鲁克在其《21世纪的管理挑战》一书里写道：“任何国家都不认为，企业，特别是大企业的经营活动应完全或主要代表股东的权益。在美国，20世纪20年代后期，人们普遍认为企业的经营活动应均衡地代表各方(客户、员工和股东等)……英国或多或少也有同样的经历。在日本和斯堪的纳维亚半岛，人们一直认为大企业的主要任务是创造和保持和谐社会，其实际含义是，大企业代表着体力劳动者的利益。”

另外，信息时代与工业时代的一个重要不同点是，知识(包括技术、专利)更显其重要性。为公司提供重要知识的人应获得股权和民主，正如在工业时代和当代提供资本者应获得股权和民主一样。还有一点也很重要，当今资本并不稀缺，稀缺的是关键的知识和创新。因此企业必须满足参与企业契约的各利益相关方的要求。参见10.4.3小节第(1)部分第②项第七条的第一、二段。社会主义与资本主义的对抗正体现在人们的自觉组织与资本的对抗方面，尤其在早期阶段。这样的平衡和制衡需要长期保持下去。

案例

美国著名的仙童公司的迅速成功马上导致了它的第一次分家。1959 年，总经理 Edward Baldwin 带领八名员工创办了自己的半导体公司。这诠释了后工业时代企业的一个重要特征——一家企业很难像在工业时代那样通过拥有生产资料和资本牢固地凝聚员工。因为另立门户的成本降低了，对某些产业或业务而言，创办公司更重要的资源是技术、专利、创新等，可凭借它们“雇用”资本(风投、天使投资、众筹)和员工。

在建设和完善现代国有企业体制时，我国需要借鉴西方的模式，但不能照搬照抄，须适应我国的社会制度、意识形态和传统文化等——这一点正是我国 40 多年改革开放取得巨大成功的关键经验，反过来看，也正是俄罗斯、南非、埃及、菲律宾乃至马来西亚、东欧诸国失策与重大挫折的重要教训。

④加强国企党建的一些实践

根据我国国情，在国企改革中需加强党建。把党建工作写入公司章程，做到“六个进入”，即党组织的地位作用、党组织的设置、党委纪委的职权、党务工作人员的配备、党建活动、党建经费安排进章程。加强党组织机构的设置、公司党委的职权和公司纪委的职权；把党的领导融入公司治理，明确党在引领国企经营方向、参与决策、精神文明建设、用人与监督等方面的职权。在这方面也是有例可循的，例如上汽集团、一汽集团的做法。国企党组织要提前介入内部改革、整合重组方案的研究制定，根据企业体制架构的变化，理顺党组织与企业的关系。企业党组织需切实加强思想政治工作，充分调动职工支持改革、参与改革的积极性。

案例

2017 年 6 月 28 日，在上海、香港、纽约、伦敦四地上市的中国石油化工股份有限公司在北京召开股东大会。会上，中国石化对把党建工作要求写入公司章程的议案投票。投票结果令人振奋：99.96%的支持率，获得境内外股东高票通过。其中，参与表决的境外股东合计持有132亿股，占外资股总股数的53.2%，投票赞成的比例是99.68%。

⑤加强国企党建的同时支持“三会一层”有效发挥作用

国企党组织是党的组成部分，“三会一层”中的许多管理者也是党员，是党的干部，因此国有公司的“三会一层”在很大程度上也是党的组成部分。党能够指导、引领国企党组织，当然也能指导、引领“董监高”的党员。当前国有公司的诸多高管仍由相应级别的政府或国资委任命，即使未来市场化招聘程度更高了，政府或其他国有资本持有者仍可以大股东身份有效地影响选聘“董监高”。可见，政府或上级党委能有效地管控国有公司的“董监高”。

因此在加强国企党建、支持国企党组织参与公司治理、加强党组织监督引导“三会一层”力度的同时，仍应授予或尽量保留“三会一层”的职权、权威，减少对它们的干预与牵制，以充分发挥其治理作用，充分利用现代公司体制的效率与活力。否则难以完善现代国有公司体制，出现董事会形同虚设等情况。

结语

公司治理就是围绕决策、执行、监督这三个权力展开，实现三权分立、三权制约、三权促进。应采用信息技术等手段（例如网络视频投票），大幅降低股东行权、维权的成本，增强中小股东参与公司治理的动力。

需要注意的是，尽管权力制衡是公司治理的核心理念，但公司治理的目的不是制衡，而是保证公司的科学决策与健康运营。有的人过于强调制衡，甚至把制衡当作目的，实际上它只是手段。而且权力制衡也不一定能保证各方利益最大化，过分强调权力制衡正是西方资本主义国家的政体缺陷、劣政的写照，例如扯皮、效率低下。[①]

① 黄炜.规范国有公司治理的6项重要工作[J].企业管理，2021(2).

名称解析

是“外部董事”还是“非执行董事”？如何正确理解“非执行董事”？

许多人、许多文献对“外部董事”/“非执行董事”(non-executive director)的理解与阐述模糊不清，而且还存在不少错误的观点，例如认为非执行董事不开展管理工作。董事是高管，当然开展管理工作。非执行董事/外部董事由股东(大)会聘用，对执行董事起监督、检查和平衡的作用，避免董事与经理高度重合(因为非执行董事在该公司不担任董事会之外的职务)，能促使、监督董事会摆脱经理团队的不当影响，有助于解决董事会低效、失灵甚至腐败的问题；有权向股东大会汇报情况，有权提议召开临时股东大会。

外部董事(包括独立董事)即非执行董事，以某公司(即某非执行董事就该非执行董事之职的公司)及其若干大股东公司(例如前五位)和各子公司为考量范围(以下简称“考量范围”)，在董事会之外无其他职务。一般而言，非执行董事当初均是从该公司外部被聘用而来(应该是“外部董事”名称的由来)，即原来不在该公司任职，可以是股东(代表)。

也有人用无其他管理职务(尤其经理团队的高管职务)作判断是否为非执行董事的标准，但这一标准不正确。例如职工董事不能算非执行董事，尽管在其雇主公司，其董事之外的职务是非管理职务——普通职工的职务。

不过在我国，职工董事往往不是普通职工而是工会主席(比较常见)，甚至是纪委书记、党委副书记——明明是高管，抑或是集团主要部门的负责人或下属子公司的负责人(类似局长进市委的做法)。与其说上述董事是职工董事，不如说是执行董事。也不能说上述任职安排一定不妥——普通职工自觉人微言轻，即使担任董事后也不大敢发言，更不大敢提反对意见，这也是保住职位的内在需要，而高管担任董事后相对更敢发言。

董事是管理职务，属于高管，有的非执行董事还是董事会下辖的提名委员会、薪酬委员会、审计委员会等委员会的成员，有的执行董事还是执行委员会成员，这些董事除了行使决策、监督职权，还行使管理职权。因此非执行的内涵是不涉及考量范围业务的具体经营管理或操作，比“无其他管理职务”的限制范围更广、要求更严，也就是在考量范围无其他职务——董事会下辖专业委员会中的职务除外。

非执行董事也是聘其为非执行董事的公司的员工，即使是兼职员工或董事。既然聘任某董事了，即使是独董，也是聘用公司的自己人，而且还是高管，不能再见外，称他们“外部董事”了。也不能称“外聘董事”，因为除了老板和其亲友，或者国家独资、控股、参股公司的公职代表，其他职工几乎都是外聘的，既然不称这些职工为“外聘××”，为何单单把某董事称为“外聘董事”呢？

所以说外部董事并非外人，也是雇主公司的员工，因此称“非执行董事”更恰当。还真有不少公司把外部董事，包括独董，视为外人，因此必须在观念和称呼方面都要改变这一状况。如果用分类概念衡量，“外部董事”这一称呼也不合适，因为商界、学术界少有“内部董事”之称与之对应，一般只有“执行董事”与之对应。所以应该用“非执行董事”代替“外部董事”，否则“外部董事”与“执行董事”就成为一对不正确的分类名称。

也不能怪国人在此名称方面混淆不清，因为西方资本主义国家在此方面首先就混淆不清，有如很多美国人称“外部董事”(outside director)的，也有如很多英国人和英联邦国家的人称“非执行董事”的。这一不当称呼也传到我国。翻译外国文献时，尤其那些肩负介绍国外新概念责任的人在翻译时，还应更多地思考、判断，不要把“内部董事”“外部董事”“经理层”这样的不规范、不合理的称谓介绍到国内，而要认真检查外国文献中有无其他更合理的称谓，把后者介绍到国内。①

考虑到公司经营的独立性，减少政府的直接干预，可把代表政府的董事设为非执行董事。

10.4.2 关于国有企业独立董事的正确认知与管理

阅读提示

本小节从三个方面对比分析了是否应使独立董事在国企董事会里占多数，

① 在人文、社会科学领域，国外的一些理论、概念、说法可能是错误的，这些错误的东西被我们国内的很多人人云亦云了很多年。有许多错误是西方人故意这样讲的，以维持“西方中心论”和种族歧视。国人今后不能再这样“拿来主义”、教条主义了，要谨慎思辨、批判学习。

结论是否定的，应适当引入独立董事，这与大多数人的结论不同。论述了聘请独立董事的标准，以及如何安排独立董事的报酬。

除了在股东（代表）中选举董事，也可外聘独立董事——或称独立非执行董事。独立董事与任此职所在的公司及其重要股东、各子公司、经营管理者无直接或明显的利益关系（在该公司领取薪酬、购买其少量股票除外），包括没有重要的业务联系和专业联系，也无直接或明显的利害冲突。他们常被视作中立者，代表的是诸多不同利益相关者的利益，[①]从而比较能为该公司的运营和长远发展提供合理、公正的建议，也比较能公正地监督该公司的运营情况（独立监事也有类似的作用）。

我国董事会中也有“内部人控制”的现象，聘请独立董事有其必要，同时需发挥股东（大）会、监事会、国企党组织、职代会、工会等监督主体的监督作用，以及外部利益相关者、其他机构与公众的监督作用。截至 2019 年 3 月，97 家中管企业中有 83 家[②]建立了非执行董事占多数的董事会。对“在董事会中是否应使独立董事占多数”这个问题，有关研究成果达到惊人的一致，即持肯定答复。[③]

（1）独立董事在董事会中是否应占多数

针对国有企业或国家参股企业，作者对独立董事在董事会里占多数的观点持反对意见，一些重要的理由如下，另参见本小节第（3）部分。

①担心出现外行（不熟悉所在公司或行业情况的董事）[④]决策的情况（如苏格兰皇家银行的教训值得吸取，独立董事不熟悉银行核心业务，对业务风险不敏感），以及非执行董事（含独董）投入雇主公司的精力太少。有的非执行董事除了开董事会会议，基本上不到雇主公司办公，对公司了解甚少，不仅起不了有

① 股东董事代表的基本上是股东利益，总经理代表的可能是他/她个人的利益。有时候（总）经理与股东的利益、观点不一致，不一定意味总经理有明显的不当行为，而可能表现为经营理念不一致。例如（总）经理倾向于快速实现较好的经营业绩，不愿为远期目标投资，包括购买大型生产设备，唯恐拉低了近几年的绩效水平，从而保障、提升自己的职业经理身价。但这种心态与经营理念可能恰恰成为这些经理被解雇的原因，例如联想集团收购 IBM 个人电脑业务后聘请的首席执行官阿梅里奥就有这样的情况。

② 其实在更早的时间（2018 年上半年）就达到这一数字。

③ 杨勇，张永岳. 公司治理[M]. 北京：清华大学出版社，2012.

④ 有的非执行董事则是专家、行业精英，聘请他们，可与执行董事在专业知识和实践经验方面实现互补。

效监管作用，而且在董事会参与决策的质量都堪忧。正面的例子是，中国建材集团和国药集团的非执行董事每年在各自的集团调研的时间超过60天。①

21世纪初，惠普计算机公司新聘任的董事会主席兼首席执行官Carly Fiorina是一位银行家。下属向她建议，董事会应寻找有前景的新科技让公司着力开发。她却认为董事会只要做好"守夜人"就可以了，只需关注会计部门是否正常、员工是否遵守规则，制订未来的科技计划与董事会无关。2014年，惠普陷入经营困境，不得不拆分重组，裁员26%。被辞退时Fiorina还拿走了2 140万美元的解约金。尽管此例中Fiorina是执行董事，但她不熟悉行业情况的教训值得其他公司吸取。

②我国的公司治理结构与美国、英国等国的不同，它们的往往是一元制治理结构(单层制)，有董事会，无监事会；我国上市公司有专司监督的监事会(尽管其监督职能与效果仍需加强)，无须较多的独立董事(代替监事)行使监督的职能。还有，美国的公司股权非常分散，这也是他们需要独立董事的一个重要原因；而时至今日，学界公认的是，我国(上市)公司的股权集中度在全球资本市场都属于高水平，大股东们有委派董事的强烈需求与实现这一目标的能力。

美国还有一个情况，董事长兼任总裁或首席执行官②的情况比较多，惠普公司就有此情况。美国国内排名500强的公司里，有超过70%的公司其董事和首席执行官由一人担任，③这也需要增加独立董事以加强监督。而据"中国会计视野"对2015年我国2 693家A股上市公司的分析，董事长兼总经理的有785人，占29%。

反面借鉴

在公司治理结构方面与我国最接近的日本(都是单层二元制，即有董事会和监事会，两者地位平等)在英美单层一元制(指无监事会)公司治理模式的影

① 宋志平. 经营心得[M]. 北京：中信出版集团，2018.

② 在一些欧美公司，一些重大事项的执行权由CEO掌握，例如大政方针、较大人事任命和比较大规模的投资，一个公司只有一个CEO；而一般政策、一般人事任命和一般规模的投资等由总裁掌握，一个公司可能有几个总裁。在有的公司也可把总裁与CEO看作同一职位，即不分权。

③ 宁向东. 独立董事制度的美国新招[J]. 中国企业家，2012(14).

响下，于 2002 年修改商法时吸收了独立董事和委员会制度，结果招致实务界很多反对的呼声。一个重要的原因是，日本企业多是家族企业，划分所有权与经营权困难，配置独立董事恐难发挥其监督作用，独立董事行使职责将流于形式。日本企业有终身雇佣和年功序列的文化，并不适应由外来的专业人士管理，这也是一个原因。还有，日本有传统的二元制模式，当时的经济不景气，成本控制成为重要考量，这些也是缘由。

日本立法者用一种折中的方式回应：传统的监事会或者独立董事主导的委员会都可作为允许的监督模式。日本监事协会的数据表明，2002 年日本修改创设此项制度时，采用独立董事的公司有 70 家，到 2009 年增加到 109 家，随后呈现不断减少的趋势，截至 2011 年 8 月 9 日，采用独立董事模式的公司只有 87 家，占日本全国上市公司总体的比例不足 2%，设置传统监事会的公司仍有压倒性优势。①

③强调或提倡民营公司使独立董事占董事的多数，往往还因为它们的民营或私有性质。为了抑制私人投资者一味追逐利润、淡漠于社会责任、损害其他股东的情况，需要更多的独立董事承担这样的监督、控制责任。不过在民营公司增加独立董事的阻力并不小，因为股东自然希望拥有更多的董事席位。而国有企业本身就具有很强的公益性、公正性，比非国有企业承担更多的社会责任，它们的大股东也是政府部门或其出资企业，(更多地)代表全民利益。从这个角度看，我国国有公司也并不像民营公司那样需要较大比例的独立董事。参见 10.4.1 小节第(1)部分最后一段。

相对于国家全资、控股、参股公司，国有独资公司可适当提高独立董事、独立监事的比例，因为独资公司缺乏其他股东(代表)的监管。由于国内的相关规定，当前国有公司的独董数量还是比较多的(见下述数据)，尽管有不少人认为仍不够。北京师范大学公司治理与企业发展研究中心发布的《中国上市公司中小投资者权益指数报告 2015》显示：在 1 008 家国有控股上市公司中，达到规定比例 1/3 但不足 1/2 的有 964 家，占 95.64%；达 1/2 但不足 2/3 的 32 家，占

① 季奎明. 中国式公司内部监督机制的重构[J]. 西南民族大学学报(人文社科版)，2020(4).

3.17%；达 2/3 的 3 家，占 0.3%；未达到 1/3 的 9 家，占 0.89%。

(2)聘请独立董事的标准

聘请的独立董事必须具有高度专业化的资质。另外在我国，下列人士不得担任上市公司的独立董事：第一，在该上市公司或其附属企业任职的人员及其直系亲属、主要社会关系人员；第二，直接或间接持有该上市公司已发行股份1%以上的或者该上市公司前十名股东中的自然人股东及其直系亲属；第三，在直接或间接持有该上市公司已发行股份 5%以上的股东单位或者在该上市公司的前五名股东单位任职的人员及其直系亲属；第四，最近一年内有前三项情形的人员；第五，为该上市公司或其附属企业提供财务、法律、咨询服务的人员；第六，该公司的章程规定的其他人员；第七，中国证监会认定的其他人员。

独立董事具有四项重要的(道德)责任：对公司和董事会审议的问题提出独立见解；为执行董事的领导工作提供帮助；监控高层经理的有效性，协助他们加强管理；确保高标准的财务信用。

(3)不能迷信独立董事的作用

独立董事的平均现场办公时间畸少，出席董事会会议的比例偏低，尤其是大股东、董事会提名的独立董事对相关事项提出异议的次数微乎其微。上海证券交易所 2013 年发布的一份报告显示，当年共有 26 家公司的 38 位独立董事对有关事项提出异议，占独立董事总人数的 1.23%。①

也要看到事情的另一方面，即许多公司及其董事会、高级经理团队妨碍独立董事发挥作用。同样是上述报告披露：1/3 以上的独立董事表示，自己无法获得与执行董事获得的同等的信息；约 1/7 的独立董事表示，就职公司曾欺骗自己或阻挠自己行权。一些独立董事发表了异议但未被采纳，投了反对票但也难以实质性地影响公司或董事会决策。

国内外企业常常出现令公众诟病的这样一个现象：为什么某企业的丑闻是媒体曝光的，而不是独立董事(或监事)曝光的？独立董事应该更有可能比媒体早知情呀。美国安然公司有多名独立董事，其中不乏财务专业人士，然而却因多年财务重大造假的丑闻破产了。倚重独立董事的美国还有世通、安达信、通

① 总体上，独董的存在及其比例与公司业绩的关联不明显，对公司治理的影响力也不足。

用电气等知名公司犯了类似的罪行。在我国对深圳股市中小企业板的研究甚至表明，独立董事的数量、任期与公司业绩成反比，与其行业专长对公司业绩的促进作用同样成反比。①

在欧美国家，大部分独立董事来自其他公司的现任高管，受经理市场和资本市场的约束很强。一位高管被其他公司聘为独立董事，意味着市场对他/她的评价较高，从而可能增加该高管现在或未来的薪酬。因而该高管在独董职位上倾向于保持较强的独立性、客观性与公正性，否则可能失去市场声誉，这是不划算的。

而在我国，有相当一部分独立董事来自高校、科研机构和政府，经理市场和资本市场难以客观地评价这些独立董事的能力和声誉，也难以有效地约束他们。这会削弱独立董事的作用。另外，大股东在股东(大)会中掌握了独立董事的任免权，这也会导致独立董事不独立，不敢得罪大股东。企业解聘某独立董事，也会不利于该独立董事的声誉，因此独立董事对在董事会或企业中秉公行使表决权、监督权心存顾虑。②

(4)对执行董事和非执行董事(含独董)都不应有刻板印象

一些人提到非执行董事(含独董)的优越性时往往有主观倾向，例如，说他们更会质疑总经理的专权，但能否把这种动机强于执行董事的相应动机论述清楚呢？实际情况是，执行董事由于也是高管，常常天然地不唯总经理的马首是瞻，甚至喜欢与后者博弈。而说到执行董事，一些人又认为，他们会为了个人利益而在董事会做出不利于公司的决策。类似这样的观点不免也是一种刻板印象，为什么不从另一个角度看待——执行董事由于其高管位置，做决策时更有主人翁精神呢？何况不少执行董事还是股东。谁又能保证非执行董事都是带着一颗水晶心来公司履职呢？参见本小节第(1)部分。

(5)如何安排独立董事的报酬

---

① 朱慈蕴，林凯. 公司制度趋同理论检视下的中国公司治理评析[J]. 法学研究，2013(5).

② 相应地，为了减少职工董事、监事与党委委员在决策和监督工作中的顾虑，保障他们的利益，例如工作、薪酬的稳定性，减少他们受大股东、其他董事和经营管理人员打击报复的可能性，应妥善设计针对他们的考核、评价机制。例如考虑是否在公司现有考核、评价系统外，为职工董事、监事与党委委员另设考核系统？由上级主管部门、国资持股机构、上级党组织等机构考核？

独立董事的报酬也常常是一个敏感甚至难解的问题——能否在企业领取报酬？领，则独立性令人质疑；不领，则独立董事的工作积极性和效果可能令一部分人质疑，尽管有人主要是为了荣誉或其他精神方面的回报（政治资本、任职经历等）而愿意担任独立董事。

对独立董事的报酬，国际通行的做法是车马费加少量津贴。给予独立董事与其知识、经验、思想、人脉等价值相称的报酬是合理的。不过，上段中的问题对国有企业而言相对好解决一些，即可由政府部门或国有企业的上级主管部门、控股公司、集团公司向独立董事发薪。如果民营企业或外资企业有上级集团公司，也可照此处理。还有一个处理办法就是，由股东大会决定独立董事的报酬，这样，独立董事与董事长、总裁等高管就没有经济方面的牵连。

本小节第一段提到，独立董事可持有就职公司的少量股票，能否用股权激励独立董事有效履职呢？中国证监会 2005 年颁布的《上市公司股权激励管理办法（试行）》第八条规定：股权激励计划的激励对象……不应当包括独立董事。尽管国外的许多公司给予独立董事股权激励，例如许多世界 500 强公司，但我国的规定也是有其道理的。例如，独立董事并非只负责代表股东或公司的利益，他们也是其他利益相关者的代言人，包括社会利益的代言人，因此用股权激励他们“像股东一样思考”是片面的。参见本部分第一段，激励独立董事可能不像激励职业经理那样需要注重金钱类型的激励，可对独立董事加强名誉、地位方面的激励。[①]

案例

上海市国资委建立了非执行董事公开征聘制度，由来自不同领域的 11～13 位专家组成的专业资格认定委员会审核市管国企级别的非执行董事、监事候选人，择优纳入非执行董事人才库，再根据企业的需要挑选合适人选并公示（马俊等，2016）。市管国有企业专职董事、监事管理中心是上海市国资委的 6 家直属事业单位之一。

① 黄炜. 关于国企独立董事的正确认知与管理[J]. 河北企业，2021(6)：58－60.

一些中管企业，例如，国家开发投资公司，通过全集团的推荐选拔，也向社会公开招聘，建立了一支包括行业战略管理、人力资源管理、审计与风险管理专家在内的专职股权董事人才队伍。当前，国投公司的股权董事库拥有 30 多人，已任职的有 9 人；独立董事库拥有人才 30 人，已任职 5 人。①

汇金公司多年向社会公开招聘专职派出董事，派出董事制度较好地解决了长期困扰国有金融资产管理的所有权虚置问题，使国有股东的人格化落到实处。这些非执行董事全职在控股、参股公司工作，其薪酬、行政、组织关系等保留在汇金公司。

10.4.3　论国有公司的控股权和控制权管理与股权制衡

本小节论述了需要保持国有控股权或控制权的情况；在保持控股地位方面一些民营企业家和国外企业家提供的经验教训；国有投资者对其他公司投资时可谋求控股权或控制权；还论述了保持国有控股权或实现国有控股的其他方法；如控股权不可得，应争取掌握控制权。在公司治理实践中也不能偏废股权制衡，累积投票方法有助于实现股权制衡；通过出让国有（控）股权、降低国有股比例、引入非国有战略投资者、引入国有法人股东、跨行政区和跨部门参股投资可实现股权制衡。最后论述了正确认识控股权与控制权。

（1）保障混合所有制企业中的国家控股权或控制权

①需要保持国有控股权的情况

在逐步推进混合所有制的过程中，是否应使国有股持有者保持控股权？此问题应是国资管理者们考虑的重点问题之一。如果混合所有制企业所处的行业是政府应当控制和主导的行业（包括涉及国家安全、国家经济命脉、国家战略的行业），例如，石油开采、矿产开采、电信、基础设施建设、城市公共交通，那么上述问题的答案是肯定的；对经营、盈利情况良好的国有企业或混合所有制企业，答案也是肯定的（有些学者持反对意见）。保持国家拥有控股权能更好地保

① 国务院国资委改革办. 国企改革探索与实践——中央企业集团 15 例[M]. 北京：中国经济出版社，2018.

障国家和全体人民的权益,也是防止国有资本权益受损或国有资产流失的一种措施。在担当国际竞争主力军的国有公司,也应继续保持国有控股,发挥国有公司的融资优势、抗压和抗风险能力。

在一轮轮扩股增资过程中,原始股东的股份可能被一再稀释,控股权也随之逐渐失去,联想集团、TCL 集团中的国有股就属于这种情况。不过它们所在行业是充分竞争的行业,国有投资机构可不必过多介入。参见 5.3.3 小节第(1)部分。

②在保持控股地位方面,民营企业家和国外企业家提供的经验教训

在需要国家控制、引领的行业,国资管理者须谨慎管理,确保国家的控股权不旁落。在这方面,一些民营企业家(包括国外的企业家)成功和失败的案例可资借鉴——在资本市场中,国有、私有、外国资本运作遵循的是同一套法则,所以不同所有制类型的投资者可相互借鉴,见以下七条内容。

第一,百度公司的同股不同权。百度公司多轮融资后,其上市(IPO)时李彦宏仅持股 20%,但他的一股股票包含的投票权是 10 票,而其他股东一股一票,所以李彦宏能牢牢控制百度的发展。有的企业到香港上市,但香港交易所不允许同股不同权,就不能学百度。2014 年阿里巴巴就被香港交易所拒之门外,参见稍后的第七条。

第二,美国的脸书原公司不但强势实行双重股权结构[①](A、B 股),投资者还要与脸书原公司签表决权代理协议(授权给扎克伯格),这些措施保证创始人扎克伯格在脸书原公司经历 10 次融资后,以 28%的股权掌握了 58.9%的投票权。看来扎克伯格主要是为了引资而不是引智;他更重视自己未来在公司的决策而不是新股东的决策。

再如福特家族与丰田家族,各自虽然只有不到 5%的股权,但因为有“创始人保护条款”保护,他们都牢牢掌握着各自公司的控制权,从而避免了与经理团队的控制权纷争。而像国美公司的黄光裕那样,在狱中还要使出浑身解数与总经理陈晓(来自被国美兼并的永乐电器)争夺控制权,日子可不是好过的。

第三,雷士照明的创始股东吴长江对大手笔的投资者缺乏必要的警惕,“引

① 其他一些高科技公司如阿里巴巴和谷歌也采用了双重股权结构,同股不同权。

狼入室”浑然不知，终至被迫离开自己缔造的公司，但这里面也有他自己的重要责任。

吴长江倡导家文化，把员工、供应商、经销商视为兄弟姐妹，并以一家之主自居。他与公司内外各方的高信任度与稳固的关系，在前两次外来投资者的夺权与驱逐吴长江的过程中，有效捍卫了他的地位。捍卫的手段包括集会、高管大量辞职、员工集体罢工、经销商停止下单、供应商停止供货。

但在外部资本进入甚至入主后，吴长江未转变角色，始终以家长自居，后期多次发生无视董事会和上市公司章程的行为。2014 年 8 月，董事长王冬雷指责首席执行官吴长江利用职权牟取个人利益等一系列不当行为，进而通过董事会决议罢免吴长江的一切职务。

这一次吴长江之前的同盟军没有再整体支持他，例如雷士在全国拥有的 38 家经销商中有 33 家服从董事会决议。吴长江也失去了员工的信任与支持，毕竟他们还要吃饭。2016 年 12 月吴长江因挪用资金与职务侵占罪被判 14 年有期徒刑，他不但丢弃了企业家精神，还突破了道德底线，其他企业家当引以为戒。

题外话

企业领导人或灵魂人物的离职、更换对企业的发展可能是不利的，当年的苹果公司在一定程度上①即如此，常见的情况是导致该公司（如果是上市公司的话）的股价（短期大幅）下跌。有利的例子则是通用汽车公司的创始人杜兰特的出局，他尽管收购了好几家汽车公司，也曾有过一些贡献，但两次执掌公司都未能带领公司走上正轨，于是就有了杜兰特的第二次出局，通用汽车公司迎来了兴盛的“斯隆时代”。斯隆执掌通用 27 年，他也是一位儒商，其管理学研究成果亦令后人景仰。

---

① 之所以说“一定程度上”，是因为苹果计算机公司当时在乔布斯的领导下，其经营状况也很不妙，再加上乔布斯当时的领导风格过于专制、粗暴，否则苹果公司的董事会也不至于让他出局。在当时的消费大环境中，乔布斯还不适时宜地过度追求产品品质的极致。

第四，万科创始人王石也差点遭遇吴长江的厄运。客观原因包括：万科股票无A、B股之分，创始人的股票没有特权，创始人更无一票否决权；创始人没有对大部分董事的提名权。总之万科的公司章程没有为创始人保留控制公司的权力。不过王石后来还是退出了万科的核心管理团队。

第五，在新希望集团的投资决策委员会中，董事长刘永好有一票否决权，但没有一票赞成权。这一制度既充分利用创始人的智慧和经验，又避免了（老板）个人头脑发热的风险。百度公司首席执行官李彦宏说，首席执行官最主要的工作是否定（下属的）想法，下属可能提供10个想法，9个他都会说不。

有一个类似的方法是设"（黄）金股"，即特权股。金股通常只有一股且无实际经济价值，权益表现为否决权，而非受益权或其他表决权。如果通过立法、公司章程或股权出售协议确立国有股持有者持有黄金股，则国有股持有者就不一定非要追求控股权也能对特定事项行使否决权。这些事项包括可能出现非国有股一股独大倾向的股权收购、恶意收购、外国资本所有者收购我国重要战略行业企业的资产、企业经营目标发生重大改变、出售企业战略资源或核心资产等。

上述确立黄金股的方式中，后两种方法的保障作用可能会被削弱甚至消失，因为在公司的发展过程中章程会被修改，股权也会易主。而立法的保障性是持久的、稳定的，但该实现方法的社会成本较大。

国有投资机构拥有黄金股，既能在关键时刻为企业把关，又能避免因实际投资占用大量资金，降低国有投资机构的投资风险，还能更好地实现政企分开，因为国有投资机构可以不参与日常决策，还能为其他投资者留出更多的可购股份和决策权，激发他们参与国企混合所有制改革的积极性。

第六，方太集团董事长茅理翔认为：在中国的家族企业中，家族必须绝对控股，家族企业的股权比例安全值在70%～90%。尽管西方国家家族企业的发展轨迹显示，家族企业想做大做强，股权稀释是正理，但茅理翔的结论也是基于方太在中国的成功事实上。

有一个原因可以解释上述不一致。欧美国家的现代法制建设的时间长，法制建设较完善，执行较有力，包括在投资人保护的法律方面。所以股权稀释后，原有投资者的权益受损害甚至被侵害的可能性降低，原有投资者为了融资和做大、做强企业，能够接受其股权被稀释。

而我国的现代法制建设的时间相对较短，包括在投资者保护的法律方面还有待继续加强、完善。在这样的法律环境中，投资者，包括私人投资者和国有投资者，倾向于自身保持较高的股权比例，以保持更大的控制权，避免投资利益受损。

当然，还有其他原因可以解释中国和欧美国家在这方面的不一致，例如，文化、传统差异，思想观念差异，经营、管理风格差异，投资目的、经营目的/动机差异。

在我国金融、法律、国企治理软约束的环境中，国有企业青睐债权融资——相应的融资压力小，不足以使融资决策者必须非常谨慎地选择债权融资；而且减少股权融资也能使国有股权持有者继续保持较高的股权比例，即实现茅理翔希望实现的类似目标。但从另一个角度看，国企经营者又是青睐股权的——现有的国有股权，因为融资成本低（缘于分红少等原因）。不过这两点不矛盾，前者与融资相关，后者既与融资有关，也指保持国有股，并且这两点实质上是一致的，国有股持有者倾向于保持国有控股权。

第七，在阿里巴巴集团购买雅虎公司股票的交易中，作为交易的一部分条件，雅虎放弃委任第二名董事的权力，同时也放弃了未来否决阿里巴巴集团的战略和经营决策的一系列权力。阿里巴巴集团董事会维持 2:1:1（阿里巴巴：雅虎：软银）的比例。尽管阿里巴巴集团董事会的席位表面上没有变化，但阿里巴巴管理团队的实际控制权进一步强化，关键时刻阿里管理团队的投票权可以超过 50%。[①]

阿里合伙人制度赋予合伙人董事提名权，合伙人可提名董事数占董事总数的一半以上，并且任命临时董事也几乎由合伙人说了算。原股东采用 AB 股权结构以便更有力地控制公司，另外还有其他考虑。该体制以掌握公司控制权为手段，保障核心创始人和管理团队的权益，保障传承他们代表的企业文化、坚守

① 阿里巴巴以合伙人制度在美国上市时，当时持股 31.8%的软银和持股 15.3%的雅虎等大股东同意持股 13%的马云等合伙人对董事会的安排具有实质影响。大股东们对管理团队的要求除了上述 13%的比例，还要求马云的持股比例不低于 1%。把核心人物的利益与公司捆绑，大股东们对自身在公司里的利益和公司的经营才更放心。

创建公司时确定的宗旨和使命。后来的股东对公司的初心并没有那么强烈的感情,尤其财务投资者有更多的逐利性,追求短期绩效。

小知识

成为合伙人的最重要的资格要求是:工作时间长,持有股份。合伙人制度使公司创始人在接受外部投资时少一些顾虑,有利于资金进入。阿里巴巴的合伙人是分层的,马云和蔡崇信是永久合伙人,普通合伙人 30 多位,还有荣誉合伙人。[①] AB 股权结构、合伙人制度充分体现了人力资本在企业创造价值和发展中的主导作用。

上述的经验教训是国资管理者可以借鉴的。

③对其他公司投资时谋求控股权或控制权

前面第②项中的案例主要涉及企业创始人保持自己的控股权或控制权,而美国康柏计算机公司的创始人在对其他公司投资时,也认为应该拥有对方的控股权或控制权。这一经验来自其投资基金一开始的几次失败投资,针对这些失败,该基金经营者总结出以下教训:投资额太小,未获得控制权,未参与关键的决策。

因此他们此后再投资时,要么不投,要投就投入大额资金,以获得控股权或控制权。然后介入对方的管理与决策,而不是像有些股东(董事)那样只持有股份,做甩手掌柜,任由被投资公司自由发展。实践证明,康柏的经验教训指导其后续的投资管理是成功的,例如投资莲花公司的策略与管理。康柏的经验教训也值得国资管理者借鉴。关于相反的经营思路,参见 5.2.3 小节最后“知识点”前的一段。

④国有公司还可采用下述方法保持国有控股权或实现国家控股

第一,采用定向增发的方法。它是向少数符合条件的投资者非公开发行股

① 蔡崇信当初放弃高职高薪来到初创的阿里巴巴,只拿几十块钱的月薪,却为阿里立下诸多大功,帮助阿里走出困境。

份的行为。国有公司可与意向投资者签订协议,例如达成保持公司战略的连续性、控制权分配的一致意见。

例如在 2016 年由于国企伊利公司的市场价值被低估,其股票成为二级市场机构投资者的追逐目标。为防止阳光保险集团的收购稀释伊利的控股权,伊利公司拟以每股 15.33 元的发行价格向 5 位特定的投资者非公开发行约 5.87 亿股股票,筹资总额约 90 亿元,通过定向增发的方式引入国有投资机构。

第二,采用杠杆控股方法。

国有投资机构和其他投资者按 51∶49 的投资比例成立一家合资公司,再让这家合资公司收购并最终持有某公司 51%的股份。虽然该国有投资机构实际仅持有该公司 26.01%的股份,但是该国有投资机构及其一致行动人掌握着该公司 51%的决策投票权。

还可把此方法灵活用于某国有投资机构原来控股的公司,其重要的功能是使该公司可大幅融资(引入新股东)却仍保留该国有投资机构的控制权。也就是说,尽管该国有投资机构的股份被明显稀释,但控制权仍牢牢在握。

⑤如控股权不可得,争取掌握控制权

在公司治理中掌握稀缺或关键资源有助于股东掌握控制权。高超的经营能力就是一种稀缺和关键的资源,这方面的例子很多。例如任正非和董明珠在各自的公司拥有的股份比例很小,相对控股的地位都未达到,2019 年年底之前格力电器股份有限公司还是国有相对控股公司,但他们在各自的公司却拥有很强的控制力,最重要的原因是他们都是优秀的企业家。千军易得,一将难求,优秀的企业家永远是企业最宝贵的"资产",所以他们能在很大程度上影响乃至控制公司。据说董明珠在格力集团就是"神一样的存在"。

并非只有非国有性质的股东和企业家个人能利用、掌握这种控制力,国有性质的股东也可以。例如,国有性质的股东向混合所有制公司派出的董事具有很强的经营管理能力,他们就可以利用自身对公司的影响力保障国有性质的股东对公司的控制力。例如董明珠曾宣称她也是"国资委派来的"——因为有人批评她与其他国有股东代表的意见不合。她的意思是,她维护的也是国资委的利益。

前面第②项中的采用 AB 股(权)、黄金股也是掌握控制权的方法。

(2)在公司治理实践中不偏废股权制衡及实现方法

前一部分论述的双重股权结构也有其不足，例如，缺乏公平性，可能破坏公司治理机制，导致独裁和谋求私利。国有控股者可能会利用对某企业的控股权谋求额外的政治利益，其代理者（经营管理者）倾向于过度投资以求获得更多政治资本。所以国资管理者也不可一味只考虑保住控股权或控制权，还需有全局眼光和长远眼光，考虑整个公司的经营效率和效果。参见 5.3.3 小节第（1）部分。

需避免国有股权过于集中导致政企不分、所有权和经营权不分、国有性质的股东用行政手段干预经营，例如，政府任命干部的情况偏多，市场化选聘偏少；避免国有股一股独大阻碍有效制衡的公司治理体制的形成和完善、导致公司治理效率降低、侵犯其他股东的利益；避免国有股一股独大导致内部人控制（不仅股权分散会导致内部人控制，国有股过于集中也会导致此点，因为国有股东到位不足、监管和控制弱——相较于私人股东），出现像中国石油集团曾经出现过的高管利益输送的情形。

所以在推进混合所有制改革中，须保护各类投资者参与其中的权益，使各投资方都能按自己的股权行使表决权。从这个角度看，本小节第（1）部分的许多技巧就不宜使用。

并且第（1）部分主要论述的是董事会中的控制权保持的技巧，而在股东大会的选举中，在全球范围基本上都采用一股一票制。但这一制度有效、公平实施的前提是大小股东的利益基本一致，股东与公司的利益基本一致。[①] 而实际情况可能并非如此，并且大股东在股东大会中有可能表现出专制的言行。所以需考虑完善一股一票制度的方法。

例如，采用累积投票制度、代理投票制度等（参见本小节最后一段），帮助中小股东实现其意愿。控制了股东大会也就间接控制了公司的董监高；对中小股东而言，可能需换一个说法——能有效地影响股东大会，也就能有效地间接影响董监高。而采用累积投票制度、代理投票制度等，就是为了达到这样的效果，在公司治理体系中实现更合理的公平。

2002 年中国证监会出台的《上市公司治理准则》第三十一条规定："控股股

① 钟海燕. 政府干预、内部人控制与国有企业投资行为研究[M]. 北京：中国社会科学出版社，2017.

东控股比例在30%以上的上市公司，应当采用累积投票制度。”2005年我国修订的《公司法》引进了累积投票制度，该制度只用于股东会或股东大会选举董事、监事，并且非强制使用，而是按公司章程或股东大会决议的规定确定是否使用。参见《公司法》(2018年修订版)第一百零五条。

累积投票制度的运作原理如下。

把总股数乘以一个倍数(此倍数可以是欲选董事数)，例如5倍，得到总投票数，即放大了总投票数。这一方法与一股一票一样，是在尊重股权基础上的一种平等。各股东可以投票给一位或几位董事候选人，按得票数排序确定当选人。我国现行《公司法》第一百零五条的叙述“每一股份拥有与应选董事或者监事人数相同的表决权，股东拥有的表决权可以集中使用”，则可从另一个角度帮助读者理解累积投票制度的运作原理。

小股东可以联合起来把自己的选票投给某一位或几位候选人。即使大股东的总票数比小股东们的总票数多(即大股东绝对控股时)，大股东也只能把这些选票分配给他们看重的几位候选人，从而出现小股东们选举的某一位或几位候选人的得票数多于大股东们选举的某几位候选人的。

累积投票制度有一点田忌赛马的思想在其中，田忌用自己较好的马(小股东集中选票与之相似)与齐威王较差的马(大股东分散的选票与之相似)比赛，确保自己能赢得一回或两回。

这样，从理论上讲，中小股东也能确保自己看重的某几位候选人当选(人数可能比绝对控股股东选中的人数少)，而不是像普通的投票方法出现的那种结果——当选者都是绝对控股股东选择的。不过这一有利于小股东的局面的出现有一些前提条件，例如，小股东的股权比例不能太小，小股东能够保持行动一致，另外小股东的股权不能太分散(太分散则导致人数太多，每位小股东的持股比例又很低)，否则也难以保证他们的行动一致。

在这种投票体系中，需要用动态博弈思想计算如何投票(例如确定己方的候选人数[①])，才能确保己方基本的胜局，即当选人数——不一定是绝对的胜利，

① 对中小股东而言，欲选举的候选人越多则中小股东的选票越分散，其候选人获得的选票往往越少，胜算也越小。大股东当然也会有这种情况，只是中小股东尤甚。

可能是一定程度的胜利，尤其对中小股东而言。中小股东一般不要指望像田忌那样以两胜一负最终胜过齐威王。

股权制衡与股权集中控制往往是此消彼长的关系，较难兼顾，所以更需要研究者和经营实践者不断探索更有效的制度和方法，以缓解它们之间的矛盾，完善公司的治理。

保护中小股东的权益，包括决策权，有利于推进混合所有制改革，否则非国有资本持有者（其资本规模常常小于实施混改的国企的国有资本规模）会有不少顾虑，参与混合所有制改革的积极性就不高，已参与者治理公司的积极性也不高。此目的就需要股权制衡。参见 5.3.3 小节第(1)部分第三段。从另一个角度看，需进一步利用混合所有制改革解决国有公司股权结构不合理、一股独大的问题，保障现代国有企业体制发挥优势，并减少国资国企的其他改革措施遭遇的瓶颈。

本小节主要论述国有公司的控股权与股权制衡，从另一个角度看，国有公司和国有投资机构也可以相对控股或参股的形式对效益好、前景好的民营和外资公司投资，这样形成的股权结构也是比较平衡的。

(3)通过出让国有股份、降低国有股比例实现股权制衡

第(2)部分确立了不可偏废股权制衡的观念并论述了一些实现方法，本部分和第(4)部分将论述其他实现方法。政策允许、国有公司生存发展需要时出让国有股份，变控股为参股（乃至退出某经营领域）是实现国企股权制衡的另一重要方法。

可根据行业特点与公司的具体情况，在可以放弃国企控股权时，把更多股份向资本市场开放，有助于国有企业调整业务结构、适当收缩战线，也可能增加国有资本的带动作用和影响面，并通过混合所有制、股权多元化与股权制衡，优化治理结构、完善经营机制。出让国有股份既可能是国有公司转型、实现业务增长的契机，也可能是救急的办法，如同出售一些资产一样。从宏观层面看，股权流动有利于证券市场的健康发展，减少对国有控股权流动的限制，有助于在证券市场或所谓的控股权市场形成有益的竞争。

(控)股权流动有利于强化资本市场对公司经营管理者的约束，促使其搞好经营管理。非国有性质的投资者或其他国有性质的投资者争夺某国有公司的

控股权——这暗指现有控股股东不愿放弃控股权；而在有的情况中，例如公司经营、盈利状况糟糕，现有控股股东愿意出让控股权。这两种情况都将对该公司当前的经营管理者造成压力，促使他们尽心工作，因为控股股东一旦更换，经营管理者（包括董监高）都将面临洗牌，甚至普通员工也受到鞭策和激励。对国有股份控制权的竞争，也有利于控股权的优化配置。

出让国有股权主要有五种方法。第一种是股票交易市场交易，适用于上市公司出让国有股权。第二种是产权交易市场交易，适用于已公开发行股票但尚未上市（未进入主板市场）的股份公司出让国有股权。参见 3.2 节开头、3.2.1 小节之前的“产权市场类型”部分。第三种是协议转让，这是在特殊情况中才可使用的场外交易。第四种是无偿转让即无偿划拨，发生在国资体系内，受让方必须是国有独资公司。第五种是委托经营或授权管理，由国有股东将持有的国有股权在一定条件和期限内委托给国有资产管理公司代为行使表决、管理权。

国有股份合理、有效地流动与转让，对解决国企困境（出售股份，获得资金）、激发国企活力（例如经营转型、开展新业务）、使国有资产保值（从前景不好的领域尽快退出）增值、优化社会资源配置（例如让购买国有股份的股东参与盘活存量资产）、促进国民经济发展是有利的。

（4）其他实现国企股权制衡的方法

实现国企股权制衡的方法还有引入非国有性质的战略或财务投资者（仍属于出让国有股份、降低国有股比例的方法）、引入国有法人股东、跨行政区或部门参股等，其中既有新股东进行增量投资（因而稀释了原国有股），也有原国有股东出让股份[第（3）部分头两段论述的]。引入其他国有性质的战略或财务投资者形成股权多元化，也能实现股权制衡。

战略投资者通常有善意的参与动机和较强的议事与决策能力，期望实质性地参与（国有）公司治理和管理，因此他们一般都会要求获得较大份额的股票，这样就能对其投资的（国有）公司施加一定的影响。与财务投资者相比，战略投资者常常具有同行业的重要战略资源，与被投资公司的业务有一定的关联性，且与被投资公司的（原）控股股东具有长期的共同战略利益，也就是说合作期或投资期可能比较长，合作也更紧密。

引入非国有性质的投资者的增量投资能降低国有股比例，但在有的情况中国有公司并不缺资本,因此增量投资并非最佳方案;有的情况中,政府需要从某些领域撤离国有资本,转让存量国有股份才是正确的方法。政府可把转让产权或股权获得的大笔资金投入到更需要、更合适的领域。

国有法人股东是一个组织,具有法人资格的国有公司、事业或社会团体以依法占有的法人财产向独立于自己的股份公司出资形成股份,作为依法设立的实体,其权利义务的行使承担需通过自然人的行为完成,方式为派出股权代表。

引入国有法人大股东是既可以保持国有控股权又可以平衡股权的一个方法。一般而言,在国有公司监管方面,国有法人股东比国资监管机构股东甚至国资投资经营公司股东更有动力、更积极,因为前者受到的激励与约束更强。不过相对于非国有性质的股东,国有法人股东更容易与(原)国有控股股东合谋。

跨行政区或部门的参股除了整合资本、实现股权制衡,还能整合不同地区和部门的资源。合资铁路项目及伴生的合资公司就是一种有效的应用,涉及不同的地方政府、地方国有公司、非国有公司、铁路部门、其他部门的合资与合作。合资铁路项目促进了我国铁路事业的发展,缓解了中央政府的投资、管理压力。

(5)出让国有股权、实现国企股权制衡的案例

2019 年年初新疆生产建设兵团就打算转让三家国有公司的控股权,以摆脱它们的经营困境。同年年底格力集团为摆脱困境,出售 15%的股权,使珠海明骏成为格力电器的第一大股东。参见 1.3.1 小节第(2)部分,尤其最后的案例。

案例

格力集团出让国有控股权

在经历引入财务投资、引入战略投资者、引入经销商持股三个改革阶段后,为更有效地改善公司的治理结构,进一步完善激励机制,促进珠海格力电器股份有限公司国际化、多元化战略的有效实施,格力集团选择出让国有控股权,继续深化混合所有制改革。2019 年 4 月格力集团第四阶段的混改之路拉开了序幕,格力集团通过公开征集的方式,将其持有的 15%的格力电器股份以大约每股 46 元的价格出让给非国有投资者珠海明骏投资合伙企业,共计 9 亿余股。

同时该集团还将给予格力电器高层管理团队不超过 4%的股权激励。

格力集团对格力电器基本上不再持股，但前者并不会因此变成空壳集团而需要被撤销[参见 5.3.2 小节第(1)部分第①项第一段]，它是珠海首家国有资本投资运营平台，旗下还有其他诸多全资子公司和控股公司，涵盖房地产和化工业务、格力商标、罗西尼商标(罗西尼手表)和 MMC 商标。格力集团通过出让国有控股权使格力电器管理团队和该公司的利益关系更加紧密。格力电器公司自此形成新的股权结构(除股票市场中的投资者，新进大股东、高级经理团队与核心经销商共同集中持股)、治理机制和利益格局。

2016～2019 年，深圳证券交易市场共有 14 家国有上市公司让渡了控制权，企业也从国有企业变成了民营企业。表 10－1 是近年深市国有上市公司控制权的让渡情况，各年让渡的国有资本其盈利情况不同，让渡目的也不同。2016 年，让渡的都是亏损的国有资本，让渡是为了增值；2017 年，让渡的都是盈利的国有资本，让渡目的是保值；2018 年，让渡的既有亏损的国有资本也有盈利的国有资本，但盈利的多于亏损的，因此基本上也是为了保值。①

表 10－1　　深圳证券交易所国有上市公司控制权让渡情况

证券代码	证券简称	年份	控制权变更前实际控制人	控制权变更后实际控制人	控制权变更前一年扣非利润(亿元)
000813	德展健康	2016	新疆国资委	张湧	－0.05
000913	钱江摩托	2016	温岭市财政局	李书福	－1.53
000510	金路集团	2016	德阳市国资委	刘江东	－1.46
000953	＊ST 河化	2016	国务院国资委	熊续强	－1.11
000918	嘉凯城	2016	浙江省国资委	许家印	－25.88
000751	锌业股份	2017	国务院国资委	于洪	1.53
000538	云南白药	2017	云南省国资委	无实际控制人	27.00
002033	丽江旅游	2017	丽江玉龙雪山管委会	张松山	2.19

① 郑嘉义. 深市公司国资国企改革情况与问题分析[J]. 证券市场导报，2019(11).

续表

证券代码	证券简称	年份	控制权变更前实际控制人	控制权变更后实际控制人	控制权变更前一年扣非利润(亿元)
000601	韶能股份	2017	韶关市国资委	无实际控制人	4.37
000597	东北制药	2018	沈阳市国资委	方威	1.15
000678	襄阳轴承	2018	湖北省国资委	贾志宏	−0.06
000301	东方盛虹	2018	苏州市吴江区国资委	缪汉根、朱红梅	1.57
300291	华录百纳	2018	国务院国资委	何剑锋	1.00
000715	中兴商业	2019	沈阳市国资委	方威	0.95

但转让国有控股权、改制为非国有企业绝非易事,会遇到许多阻力。民营公司河北建龙集团成为吉林通化钢铁集团股份有限公司的第二大股东有三年历史,其间并未遭遇通钢集团职工的巨大阻力,因为没有改变职工的“国有身份”。一旦建龙集团想重组通钢集团并控股,就遭遇通钢集团职工强烈反对的大型群体事件,甚至就是严重的暴力事件。所以对涉及国有控股权转让的改革一定要慎重,制定周详的、兼顾各方利益的方案,包括各种应急预案。

案例

2009 年广汽集团跨区收购湖南长丰汽车股份有限公司 29% 的股权,收购资金约 12 亿元,未触及原第一大股东的绝对控股权。长丰汽车公司的短板是只集中于 SUV 业务,缺少主流轿车产品,产能利用率较低,遇到了发展瓶颈。而广汽参股后,长丰汽车能及时获得发展的资金,如愿获得新车型的产品线,从而打开盈利空间。

不过股权制衡也非完美之物。股权集中度降低可能导致决策效率降低;股东间冲突的增加可能导致弱化监管经营管理者,给内部人控制创造了机会;非国有股份比例的增加可能加强了资本的逐利性。

(6)正确认识控股权与控制权

在公司所有制性质或股权控制方面须认识到，第一机构大股东（即使它是控股股东）与公司终极控制者并不一定等价。通过追溯复杂的股权控制链（法人、自然人之间的控制链），有时候这种控制链是多条并行的，我们可能发现某公司的终极控制者，并且可能会对该公司的所有制性质（国有或民营、外资）有不同于从该公司股权比例的表面现象获得的认识，通过追溯获得的认识可能更全面、深刻。举一个较简单的例子（见图 10－1）。

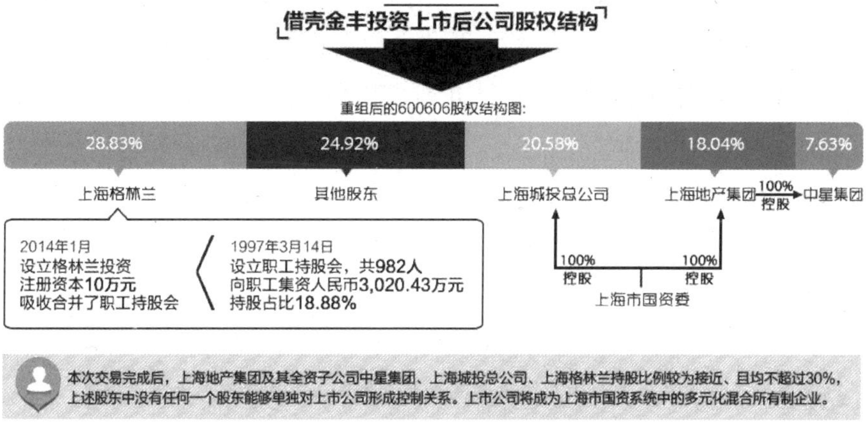

图 10－1　绿地集团的股权结构

由图 10－1 中的数据可知，绿地集团的实际控制者是上海市国资委。不过如不追溯股权控制链、写清图 10－1 中下半部分的数据，仅看上半部分表面的股份结构，就容易错误认定控股者或控制者。

在推进混合所有制改革中，尽量避免复杂的合资、参股、交叉持股，否则容易混淆股权所有制性质，并使公司最终控制人不清晰。尤其在国有股持有者到位不充分的情况中较容易使国有股权益受损。

在股权分散或者大股东相对控股的公司中，控股权与控制权亦不一定等价，因为小股东可通过征集委托投票权、联合投票取得控制权。为促进非国有资本有效进入国有公司，促进各类资本在资金链、产业链、价值链的融合，当前混合所有制改革的思路已从重视控股权向控制权转变。

10.4.4 国企高管薪酬认知与管理

本小节论述了以下五方面的内容。把我国的国企高管的薪酬与国外私营企业的情况对标并不合适；不宜把我国国企高管的薪酬与民营企业家的收入对标；注意适当区分管理人员的个人成果与部门或组织成果；一味限制国企高管的薪酬也会抑制他们的积极性和创造性；国企高管的薪酬管理策略与制度。

当前国企高管的薪酬问题实际上是国企改革不到位的表现，是不完善的国企体制在国企人力资源价格方面的反映。政府部门任命的国企高管往往并非来自人力资源市场，他们到底“身价”几何，在较大程度上并非由市场判断而是由上级说了算。另外国有企业享受优惠政策乃至享有垄断地位，基于此产生的经济效益可能被说成国企高管的绩效，成为他们获取或索取高薪的理由。

(1)把我国的国企高管的薪酬与国外私营企业的情况对标并不合适

把我国的国企高管的薪酬与国外私营企业(主要指西方资本主义发达国家的企业)的情况对标并不合适，国情不一样，国家的发展阶段不一样，市场不一样，怎能要求我国国企高管的薪酬与国外私营企业的高管的薪酬水平对标呢?

案例

美国高管的高薪

乔布斯1997年重返苹果公司后近6年内主动拒绝任何工资(其时他通过皮克斯公司等途径已积累了大量个人财富)。但在2003年，由于苹果公司的辉煌业绩他还是获得了7 480万美元的酬金，即时薪近3万美元。而当年美国时薪最高的首席执行官是高露洁棕榄的鲁本·马克，是56 440美元/小时。

2003年美国前20位薪酬最高首席执行官的平均时薪是18 619美元，而2002年美国家庭年均收入是42 409美元，这意味着这20位首席执行官中的每一位只要工作2小时17分钟，就可获得美国一个一般家庭的全年收入。

案例评析

在西方资本主义国家情境中，不能说高管高薪是一种错误的安排。因为现代企业体制强调成本收益原则，如果股东们赚得盆满钵满，他们乐意为职业经理也提供高薪。没有这样的激励，谁还会继续尽心尽力地为他们赚钱呢？这种安排符合西方国家的客观情况。

但也不能说这种安排是绝对正确的，因为它可能会导致职业经理过度重视经营绩效（从而经理个人能获得高额奖励，股东们当下也能获得高额回报），并且常常是短期绩效，而不重视所在公司的长期发展、长期绩效与社会效益。有时，这种高薪安排还会导致严重的问题，例如，英国巴林银行的倒闭、美国雷曼兄弟投资公司的倒闭，以及 2008 年国际金融危机的发生。

而且从另一个角度看，这种高薪符合社会伦理吗？见本案例第二段中的对比。股东们的收益就更大了，这真实地反映了这些国家贫富两极分化之剧烈。

基于社会公平的视角，各国公众对收入差距的看法与接受程度不同。例如，相对而言，美国公众个人观念较强，强调个人奋斗甚至个人英雄主义，因此更能接受收入差距悬殊；而中外很多学者都认为中国属于集体主义观念较强的国家，这也是我国公众对国企高管与普通员工之间的收入差距比较敏感的原因。更何况我国是社会主义国家，人民的价值观、人生观与资本主义国家人民的迥异，因此我国不能盲目与资本主义发达国家的高管薪酬水平对标。一些国企高管也能感受到，拿了过高的薪水，就不容易带队伍，因为下属不服气——为什么上司的薪水比我多那么多！这就影响公司的经营效率了。

另一方面，在大多数经合组织成员国[①]中，国企董事的薪酬远少于可比较的私营企业的，国企负责人的薪酬低于市场水平。政府委派的国家董事（兼职）不领取与此职位相关的报酬。但近年来，一些经合组织成员国开始提高国企董事

① 成立于 1961 年的经合组织目前共有 36 个成员国。它们是：美国、英国、法国、德国、意大利、加拿大、爱尔兰、荷兰、比利时、卢森堡、奥地利、瑞士、挪威、冰岛、丹麦、瑞典、西班牙、葡萄牙、希腊、土耳其，以上是创始成员国；以下是后来加入的成员，日本、芬兰、澳大利亚、新西兰、墨西哥、捷克、匈牙利、波兰、韩国、斯洛伐克、智利、斯洛文尼亚、爱沙尼亚、以色列、拉脱维亚、立陶宛（2018 年加入）。

的薪酬，以吸引、留住人才和提高董事会的专业化水平。

经合组织国家倾向于干预国企负责人的薪酬水平，主要基于政治方面的考虑，因为公众和国企员工难以接受国企负责人的薪酬水平与社会平均薪酬水平的差距过大。例如在 2012 年法国总统奥朗德刚执政时推出法令要求：国有企业里代表国家利益的高管的薪酬，不能超过收入排名末 10%的员工的平均工资的 20 倍，年薪最高不超过 45 万欧元。

(2)不宜把我国国企高管的薪酬与民营企业家的收入对标

虽然把我国国企高管（主要指职业经理）的薪酬与国内民营企业的高管薪酬比较是合适的，但是不宜与民营企业家的收入对标。虽然优秀的国企高管（例如张瑞敏）也常常被称作企业家，但本质上国企高管还是经理，并且可能还是有行政级别的经理，并非像民营企业的老板那样。而民企老板，哪怕只是一个小企业的老板，他们却往往是企业创始人，虽然不一定都够得上企业家的称谓，一般都是企业资本或股份的主要拥有者。所以这两者收入的可比性不强。

杜雯翠(2016)指出，薪酬机制与监督机制相互有替代效应。① 有人认为国企高管的薪酬相对于非国企的偏低，其实在一定程度上，这也是国企薪酬制度与监督机制平衡的结果，进一步讲，也是市场选择的结果。国有企业受国资委、政府其他机构和证券市场多重监督，所以其经营绩效不必过度依赖给予高管高薪。

尽管有些国有企业、民营企业的薪酬及待遇的差距悬殊，为什么大多数国企高管并未选择去民营企业呢？这是权衡诸多因素的结果。当然，权衡范围并不限于个人利益，也包括社会责任感等。很多高端人才更愿意在国有企业奉献他们的才华，因为他们觉得这样能更充分地回报社会、回报祖国，同时也能更大程度地实现自己的人生价值。

案例

肖家祥进中国建材集团前，有几家股份公司也向他发出要约，一家香港上

① 杜雯翠. 国有垄断企业改革与高管薪酬[M]. 上海：东方出版中心，2016.

市公司开出三倍于中国建材提供的年薪。中国建材下辖的南方水泥公司虽然也是股份制公司，但毕竟是国有控股公司，难以提供完全市场化的薪酬。中国建材董事长宋志平发了一条短信给肖家祥：我们给不了那么高的薪酬，但加入中国建材会使你拥有荣誉感和归属感。肖家祥愉快地接受了中国建材的聘请。[①]

(3)适当注意把管理人员的个人成果与部门或组织成果区分开

在考评管理人员的工作成果并基于此向其提供薪酬时，适当注意将其个人成果与部门或组织成果区分开，这样才比较公平。例如，一般而言，在公司上升期，部门或团队精干有力时，集体的成果自然较好；公司的整体业绩处于下降期，部门的成果难免较差。此时部门绩效与管理人员的贡献或成果不一定有必然联系。[②] 还有国家与地区的经济、政治、自然环境等宏观、中观因素对部门或组织成果的影响。

反面的例子如，美国电子港湾(eBay)公司的股东获得了高达 292%的投资回报，但其首席执行官的薪酬“仅有”340 万美元(其实已经不少了)；而在美国甲骨文公司的股东遭受 54%的投资损失时，其首席执行官仍享有高达 7.467 亿美元的薪酬，并且这种情况并非个案。

上述考评原则尤其适用于国企高管绩效考核，除了上述原因，还有：仍有许多高管是政府任命的，基本上不用担心因经营业绩差强人意而被解聘；相对于其他所有制企业，国有企业能获得一些额外的资源、机会、政策扶持——尽管我国正在逐渐消除不合理的政策倾向。所以不宜在比较国有企业与其他所有制企业的绩效的基础上，把国企高管的薪酬与其他所有制企业高管的薪酬相提并论。

(4)一味限制国企高管的薪酬，也会抑制他们的积极性和创造性

不过一味限制国企高管的薪酬也会抑制他们的积极性和创造性，甚至再因此冒出像红塔集团褚某某和伊利集团董事长郑某某这样的不好情况。本部分

① 宋志平. 经营心得[M]. 北京：中信出版集团，2018.

② 黄炜. 管理原理与实践精要(第二版)[M]. 上海：上海财经大学出版社，2019.

的观点在一定程度上与前文的相反。企业竞争归根到底是人才的竞争，国企薪酬体系必须能吸引一流的经营人才。经合组织《国企治理指引》指出：国家股东的一个重要责任是，确保国企薪酬与国企发展和吸引合适的人才保持一致。

华为近几年多次以 201 万年薪实施"天才少年"(国内名校博士生)计划，说明特殊人才确实有其特殊价值，华为是国际性的成功企业，他们的眼光和人才战略值得国有公司思考、借鉴。华为一直以来也不吝把利润与广大员工分享，几乎实现全员持股，工资水平完全可媲美其他国际大公司的，高管们的工资水平自不必说，所以能在全球招揽顶尖科学家、职业经理以及其他专业人士。华为国内外公司人才济济，蔚为壮观。这些也值得国有公司借鉴。

案例

淡马锡的高管薪酬制度

新加坡淡马锡集团的薪酬制度吸引着高级人才，使他们把个人利益与股东利益相联系。高管们的薪酬分为基本薪酬，基本薪酬不高；年度现金，属短期激励；财富增值奖金储备，属中期激励；共有长效激励，属长期激励。在财富增值奖金储备中，高级管理人员 2/3 的奖金、中层管理人员 1/2 的奖金、后勤人员 1/3 的奖金是根据公司的未来业绩递延发放的，并面临召回风险。高级管理人员的此项比例大于中层管理人员与后勤人员的，表明他们这部分奖金的风险更大。长效激励累积奖金的派发递延可长达 12 年，目的是使股东获得可持续的回报。①

(5)国企高管的薪酬管理策略与制度

对国企高管的薪酬应对标市场化薪酬制度与水平，但前提是这些高管是国有公司从经理市场聘请来的。如果"体制内"干部转型成职业经理，为他们设定薪资福利，可参照市场化薪酬制度与水平。不过若略低于市场水平也无可厚非，因为他们毕竟不是从外部市场化选聘来的。类似的情况在私营、外资公司

① 刘继鹏.凤凰涅槃——刘继鹏论国资改革[M].北京：东方出版社，2016.

也很常见，即内部晋升干部的工资低于甚至明显低于对外招聘的同级别干部的。后者是“过五关斩六将”才胜出的，而且能力可能确实更强，薪资水平不高吸引不来“凤凰”。

对具有行政干部身份的国企负责人，可参照公务员薪酬管理制度，并根据岗位能力要求和工作难度给予一定补贴，但其薪酬水平不宜与同级别公务员的有过大差距。可把这一类负责人安排在董事会、监事会（建议安排他们以非执行董事、监事的身份进入，以便遵循政企分开原则）和党委等部门，人员应少而精干。

总之，在国有企业，如果负责人享受了行政体系中的级别待遇，例如代表政府的董事享受的待遇，就不能再享受市场化薪酬；如果享受了市场化薪酬，就不能再享受行政级别待遇。

2015 年 1 月实施的《中央管理企业主要负责人薪酬制度改革方案》规定，中央管理企业主要负责人的薪酬由基本年薪、绩效年薪和任期激励收入三部分组成。年度综合考核评价为不胜任的，不得领取绩效年薪；任期综合考核评价为不胜任的，不得领取任期激励收入。任期激励收入激励经营者注重企业短期利益与长期利益的协调统一。任期激励收入不超过企业负责人任期内年薪总水平的 30%。上述规定有利于消除央企高管坐享高薪的弊端。

《国有企业负责人薪酬管理办法》规定，国企高管薪酬包括基本年薪、绩效年薪和中长期激励三部分。该办法规定：

企业法定代表人的本年度基薪＝上年度全国国有企业职工平均工资水平的 5 倍×（12%总资产规模系数＋18%主营业务收入规模系数＋18%净资产规模系数＋12%利润总额规模系数＋12%地区工资系数＋12%行业工资系数＋16%企业工资系数）×基薪调节系数

央企负责人的绩效薪金与年度考核结果挂钩，绩效薪金最高在基薪的 2 倍到 3 倍之间。

混合所有制改革是国企高管薪酬管理改革的契机。非国家投资者在混合所有制企业参股甚至控股后，其原有高管中的一部分将在混合所有制企业担任管理职务。这些管理者无论在该企业有无股份，都会根据自身的工作付出，例如智力资本、行业经验，与该企业达成薪酬协议。这些管理者的薪酬标准可作为调整原国企管理者薪酬的参考，在同一家公司内，这是符合公平合理的准则的。所以说混合所有制改革对国企高管的薪酬管理改革是一个契机也是一个促进。①

结　语

董事对高层经理团队的监督作用主要体现在事前监督——通过参与决策、投票实现；而监事的监督作用主要体现在事中和事后监督，监事一般不参与决策。董事也有事中、事后监督作用。

关于监事会的作用，应认识到，在许多公司，监事会受董事长的制约，难以发挥有效的监督作用，看似与董事会平行的监事会有虚设成分。所以有这样的质疑：为什么国企腐败、不法经营等方面的诸多大案是由媒体曝光的，而不是该企业的监事会曝光的？其实这种情况在国内民营企业和国外企业也大量存在，例如，国内的德隆集团、郑州百文股份有限公司，美国的安然公司的问题集中显露之前，其监事会并未发挥应有的作用。

这就要求增强监事会的独立性、权威性和责任考核。例如改革监事会的产生办法，避免或减少政府有关机构委派、采取股东大会选举的方式。国有控股公司监事会中的国有股东代表的半数以上应该由不在该企业任其他职务的人担任，以强化非执行监事的作用，保障监事会的独立性，还要加强外部监督。强化监督权力集中、资金密集的部门和岗位，实行分事行权、定期轮岗等措施，强化内部流程控制，防止滥用权力。②

10.5　企业集团财务公司的管理办法

企业集团指依法登记，以资本为联结纽带、以母子公司为主体、以集团章程为共同行为规范，由母公司、子公司、参股公司及其他成员企业或机构组成的企

① 黄炜.国企高管薪酬认知与管理[J].人才资源开发，2021(3上)：77－79.

② 黄炜.中国特色现代国有公司体制的四个关键事项分析[J].上海市经济管理干部学院学报，2021，19(4)：33－43.

业联合体。企业集团是在经济方面通过股权优势实行统一控制，而在法律方面各成员企业又保持独立的多法人联合体。

企业集团财务公司是以加强集团的资金集中管理和提高集团的资金使用效率为目的，为集团的成员单位提供财务管理服务的非银行金融机构。外资投资公司设立财务公司以便为其在中国境内的投资企业提供财务管理服务，适用本节的相关规定。

财务公司的名称应当经工商登记机关核准。另外，未经中国银行保险监督管理委员会批准，任何单位不得在其名称中使用“财务公司”字样。

设立财务公司的注册资本金最少为 1 亿元人民币。财务公司的注册资本金应当是实缴的人民币或者等值的、可自由兑换的货币。对财务公司的注册资本金应当主要向成员单位募集，也可以吸收成员单位以外的合格的机构投资者的资金。由母公司向中国银行保险监督管理委员会申请筹建财务公司。

申请人还须向中国银监会提出开业申请。财务公司的开业申请经银监会核准后，由银监会颁发《金融许可证》并予以公告。财务公司凭《金融许可证》到工商行政管理机关注册登记，领取《企业法人营业执照》后方可开业。

财务公司根据业务需要，经银保监会审查批准，可以在本企业集团的成员单位集中且业务量较大的地区设立分公司。财务公司的分公司不具有法人资格。财务公司根据业务、管理需要，可以在成员单位比较集中的地区设立代表处，并报银监会备案。财务公司的代表处不得经营业务，只可从事业务推介、客户服务、债权催收以及信息收集、反馈等工作。

财务公司可以经营下列业务：

①为成员单位提供财务和融资咨询、办理信用鉴证[①]及相关咨询、代理业务。

②协助成员单位收、付交易款。

③保险代理业务。

④为成员单位提供担保。

⑤办理成员单位之间的委托贷款及委托投资。[②]

⑥为成员单位办理票据承兑与贴现。[③]

⑦办理成员单位之间的转折结算及设计相应的结算、清算[④]方案。

⑧吸收成员单位的存款。

⑨为成员单位办理贷款及融资租赁。[⑤]

⑩从事同业拆借。[⑥]

⑪银监会批准的其他业务。

符合条件的财务公司可以向银监会申请从事下列业务：

①发行财务公司债券。

②承销成员单位的企业债券。

③对金融机构进行股权投资。

---

① 信用鉴证——证明成员单位的信用，例如资金存款证明，指成员企业为了立项、招投标等用途，委托财务公司确认其在财务公司的存款账户的状况。

② 委托贷款指委托人提供资金，委托金融机构根据委托人确定的贷款对象、用途、金额、期限、利率等，代为放款、监督使用并协助收款的贷款业务。一般的委托贷款中，委托人包括政府部门、企事业单位及个人等。委托投资指信托机构受委托人委托，以委托人交存的资金对指定的单位、项目投资，并负责监督资金使用和利润分配。一些成员单位没有精力开展这些业务，因而委托财务公司办理。

③ 承兑指执票人在票据到期之前，要求付款人在该票据上作到期付款的记载。发票人开了票不等于就必须付款，执票人为使票据到期得以支付，就必须拿票据向付款人提示承兑。付款人签字承兑后，才对付款负法律责任。贴现指票据持有人在票据尚未到期前转让票据，受让人扣除贴现息后将票款付给出让人。

④ 结算指根据交易结果和交易所的有关规定，对成员单位或会员交易的保证金、盈亏、手续费、交割货款和其他有关款项计算、划拨。清算指为了终结组织现存的法律关系、处理其剩余财产、使之归于消灭而进行的一个程序，包括计算、核实等。

⑤ 融资租赁是在分期付款的基础上，引入所有权和使用权分离的特性（可保护卖方利益），租赁结束后将设备所有权转移给承租人的一种现代营销方式。此方法与房产业的“以租代售”的原理相同。

⑥ 金融机构相互调剂短期头寸。

④投资有价证券。[①]

⑤第五，成员单位产品的消费信贷、买方信贷[②]及融资租赁。

财务公司不得从事离岸金融业务[③]，除协助成员单位收付交易款外，不得从事任何形式的跨境资金业务，不得办理实业投资、贸易等非金融业务。财务公司的分公司不得办理担保、同业拆借及发行财务公司债券、承销成员单位的企业债券、对金融机构进行股权投资、投资有价证券、成员单位产品的消费信贷、买方信贷及融资租赁的业务。

10.6　关于国企改革的一些较新的政策

对国有资产监管机构如何从以管企业为主向以管资本为主转变，2015 年 8 月党中央和国务院印发的《关于深化国有企业改革的指导意见》(简称“22 号文”)，对改革目标和原则、分类推进国企改革、发展混合所有制经济、完善国资监管体制等提出了明确的意见。

“22 号文”指出：“该管的要科学管理、决不缺位，重点管好国有资本布局、规范资本运作、提高资本回报、维护资本安全；不该管的要依法放权、决不越位，将依法应由企业自主经营决策的事项归位于企业，将延伸到子企业的管理事项原则上归位于一级企业，将国有资产监管机构配合承担的公共管理职能归位于相关政府和单位。”可见许多职能需从国资监管机构剥离。

管好国有资本布局、提高资本回报率，需要国资监管机构向企业提出总体目标要求。企业依据总体目标提出细化目标，实现途径和方式等是企业决策范围内的事项。规范资本运作、维护资本安全是底线管理，例如国资监管机构把

---

① 有价证券指标有票面金额的一种凭证，持有人有权按期取得一定收入并可买卖该凭证，有三类：商品证券、货币证券和资本证券(股票、债券、基金等)。通常指资本证券(狭义的有价证券)。

② 买方信贷指出口国银行向外国的进口厂商或进口方银行提供的贷款，其附带条件是贷款必须被用于购买债权国的商品，因而起到促销作用。

③ 离岸的意思是不在本国。离岸金融业务(Off—Shore Banking Business)指银行吸收非居民的资金、服务非居民的金融活动。在我国，非居民指中国大陆以外(包括港、澳、台地区)的自然人、法人(包括在境外注册的中国企业)、政府机构、国际组织及其他经济组织，以及中资金融机构的海外分支机构，但不包括境内机构的境外代表机构和办事机构。

风险程度作为审批企业发债的依据就是底线监管。也可以从另一个角度阐释“22号文”的要求:以管资本为主,需要管好国有资本配置,在宏观、微观层面提高配置效率;还要管好国有资本的股权,彻底改变股东代表虚置的情况,提高资本回报率。

2017年5月,《国务院国资委以管资本为主推进职能转变的方案》正式公布。该方案提出要强化3项管资本职能;精简43项监管事项,其中取消事项26个,下放事项9个,分权事项8个。分权事项包括五年发展战略规划和年度投资计划、经理选聘、业绩考核及薪酬管理等重要内容,同时要整合相关的职能。

这些不仅明确了国资委接下来的具体职能定位,也明确了监管机构的责任和权利清单,给予企业更多的经营自主权,体现放权决心。以管资本为主的职能转变方案以分权为特征,强化管资本的职能,落实保值增值的责任,精简监管的事项,增强企业的活力。分权的另一面是注重和改善监督与管理,加强国有资产的监管,防止国有资产的流失。

国企改革本质上是企业行为,而不是政府行为,即使在国资管理领域,政府作为资本的所有者,也应更多地表现出市场行为而非行政行为。政府过多地直接参与和干预国企改革,可能导致市场行为扭曲;对国有企业兼并重组中存在的简单地以强带弱、“拉郎配”等现象必须纠正。政府在国资国企改革中主要发挥引导(例如国资委引导国企兼并重组)、维持秩序、创造条件、政策扶持等作用。

第 11 章　国内一些省市的国有资产管理情况

11.1　吉林、深圳、上海的管理模式及国资经营特色

11.1.1　吉林

在其境内的党政机关与其下属企业、子公司脱钩后，吉林省采用非政府机关管理模式。其中的主要特点是“两级出资”，第一级是国有资本运营决策会议，第二级是资本运营机构。决策会议对资本运营机构行使出资人职能，运营机构则对其投资的企业行使资本所有者职能。

决策会议由副省长、行业专家、学者及有关厅局官员组成。① 决策会议的主要职责是研究和决定其旗下的资本运营机构的投资方向，实现资本的保值、增值，但不得参与运营机构的具体经营活动。决策会议中政府官员比较多，在下一步的改革中，可增加专家、学者的比例，推进政企分开。

决策会议代表省政府依法行使出资人的职权，对省政府负责。它不被纳入行政机构序列，不承担行政管理职能。吉林省的决策会议模式与后文的几个地方的管理模式都不同。

① 类似的，德国国有企业监事会的国有股东代表由联邦财务部部长确定，他们主要来自私人公司的董事或经理、政府官员、银行家和大学教授。

11.1.2 深圳

作为改革开放的前沿阵地，深圳在国有资产改革探索中一直走在前列。早在1984年就组建了全国第一家专门的国有资产管理机构——投资管理公司；1992年，深圳市成立国有资产管理委员会，在全国开了先河；1995年，颁布了《深圳经济特区国有资产管理条例》；1996年，组建投资管理公司党委，由其负责管理下属企业的领导层，开始了资产管理和人员管理相结合的实践；1996年，设定投资管理公司负责公共事业、基础设施等国有资产的管理，建设投资公司主要负责建筑、安装和施工领域的国有资产管理，商贸投资公司主要负责商业、贸易和旅游等行业的国有资产管理。

国有独资企业和国有控股、参股企业按产权关系分别隶属于这三家资产经营公司，形成了以产权管理为主线的“国有资产管理委员会－国有资产经营公司－企业”三个层次的国有资产管理体制。

在全国国资系统中，深圳率先创建了分工明确、协同运作、产融结合的市场化国资基金群。目前，深圳市国资机构和市管国企主导或参与设立的各类基金共210支，总规模超过4 200亿元。此基金群放大了国有资本功能，撬动了社会资本，并积极支持民营企业等多种所有制企业发展。

11.1.3 上海

作为国资重镇、仅次于中管企业的国资系统，上海的国有资产管理制度在地方国资管理领域，也一直起标杆作用。一些好的、创新的做法甚至被中央吸收、借鉴；国资国企改革创新的许多试点工作也放在上海开展。

1993年，上海市成立市、区县两级国有资产管理委员会。上海市市管国资系统有三个层次。第一个层次是市国有资产管理委员会，作为上海市政府管理国有资产的最高机构。上海相继把19个行业主管局或行政性公司改制为政府授权经营的39家国有控股公司或集团公司，构成第二个层次，代表上海市政府对下属企业行使国有股东的权利，参见下节第二段。第三个层次是第二个层次控股和持股的一万余家企业。

11.2　国内六地国有资产管理模式比较

李琳与崔学刚(2014)对比研究了国内六地的国有资产管理模式，如表 11—1 所示。

表 11—1　　国内六地国有资产管理模式比较

地区	模式	具体框架
北京	中间层公司	市国资委 —授权产权管理→，中间层公司 —母子公司、国有资本运作→ 国有企业
上海	三位一体	市国资委 —授权→ 中间层公司 —持股、控股→ 市属企业 区政府管理模式与市政府基本相同
重庆	国资运营公司	市国资委 —出资人、委托人→ 国有资产运营公司 —代理人→ 国有投资企业
深圳	三个层次	市国资委 —授权→ 中间层公司 —持股、控股→ 市属企业
武汉	管理运营分离	市国资委 —授权→ 中间层公司 —出资人→ 被投资企业
吉林	决策会议	省国资委 —设置→ 国有资本运营决策会议 —出资人→ 资本营运机构 —出资人→ 营运机构下属的企业

北京、上海、重庆、深圳和武汉五地的国有资产管理模式总体上均属于“国资委—中间层公司—国有企业”的三层次模式，但是这五地国有资产管理的侧重点不同。例如，上海第二层次的企业数量比深圳的多一些，达数十家。上海国有资产管理的第二层次主要包括在原主管局(例如电力局)基础上组建的国有控股公司、被授权经营国有资产的企业集团公司，以及区县国有资产管理部门。上海市在国有资产经营机构(二级机构)中设立了监事会。吉林则多出一个层次。

完善地方国有资产管理体制，要充分考虑地方经济发展水平、市场发展程度、国有经济布局、国有企业类型、政府管理特征与文化传统等政治、经济和文化因素，在统一体制模式下允许因地制宜，鼓励和支持根据当地的具体情况适当创新（总是跟在国务院国资委后面，亦步亦趋并非好事），同时做好评估与监管工作，保证我国地方国有资产的管理体制健康发展。①

中央政府及各地方政府都组建了投资公司，这些投资公司主要呈现三种形态。

第一，承担产业投资功能的国有投资公司。这些投资公司比具有鲜明产业特征的国有企业集团或国有控股公司更具有多元化特征，不局限于单一产业，注重资本经营。

第二，承担国资运营功能的投资公司，主要管理、经营存量国有资产，但也逐渐具备了增量投资的特性。当然，第一种形态的投资公司也能接管、经营其他国有企业的存量资产，例如国家开发投资公司就托管、重组了若干家公司。

第三，服务城市经济发展的投资公司。由于这类公司主要投资于城市开发和基础设施建设，因此常被称为“城投公司”或“平台公司”，②例如上海城投（集团）有限公司、武汉市城市建设投资开发集团、杭州市城市建设投资集团有限公司。

11.3 上海市国资国企改革的创新实践与发展状况

11.3.1 上海国资国企改革创新政策与措施

2013 年 12 月上海出台“上海国资国企改革 20 条”（简称“20 条”），率先响应中央会议精神；2014 年，发布《关于推进本市国有企业积极发展混合所有制经济的若干意见（试行）》，出台 24 项配套政策，对分类监管、混合所有制、高管任期等方面进行指引和说明；2015 年，出台国资改革配套政策 14 项，涵盖薪酬分配、境外监管、科技创新等领域；2016 年 3 月，发布《关于印发〈本市国有企业混合所有制改制操作指引（试行）〉的通知》，细化了此前发布的若干意见并进一步使之落地。

① 李琳，崔学刚．我国地方国有资产管理体制特征研究——基于北京、上海、重庆、深圳、武汉、吉林六地的对比[J]．北京工商大学学报（社会科学版），2014，29（1）．

② 刘建丽．国有企业跨国投资与政府监管问题研究[M]．北京：经济管理出版社，2018．

从"20 条"意见中的顶层设计，到《若干意见》中的实现途径，再到《指引》中的具体细则，上海的混合所有制改革相关的政策文件不断细化，使国有企业能根据这些原则，更有效率地制定改革方案。在地方国资系统中，上海的混合所有制改革实施的方案最详细。[①]

上海坚持"立改废"，出台 90 条与"20 条"意见配套的实施意见或操作指引，修改 10 项制度规定，清理废止 93 件规范性文件；加强"放管服"，下放 28 项审批权限，制定并严格履行管好资本、服务企业[②]、加强事中事后监管"两张清单"。

2017 年 1 月，上海市国资委、财政局、金融办、证监局联合印发《关于本市地方国有控股混合所有制企业员工持股首批试点工作实施方案》。市管一级企业原则上暂不开展员工持股试点。试点企业应满足的条件包括：主业应处于充分竞争行业和领域；股权结构合理，非公有资本股东所持股份原则上不低于 10%，且公司董事会中有非公资本股东推荐的董事；企业"三会一层"健全，董事会运作规范高效；企业营业收入和利润 90%以上来源于其所在出资监管机构一级企业的外部市场。[③]

此外，人才资本和技术要素贡献占比较高的转制科研院所、高新技术企业及科技服务型企业将被优先支持开展员工持股试点。截至 2017 年 11 月上海实行员工持股的国有企业累计 338 家。支持员工持股，除加强激励的目的，更是为了加强员工的主人翁精神，也使企业的重大决策不再只由少数人掌握。这样的思路是正确的，例如公司的一些重大决策须通过股东会表决就体现了此思

① 李锦. 国企供给侧改革难点与对策[M]. 北京：研究出版社，2016.

② 上海国资委的监管理念。

③ 也就是说需要充分市场化。如果与国有股东的关联交易占其主营业务的比例很大，岂不是把国家的利益在一定程度上奉送给员工了？强调高度市场化，也是为了激励企业的管理人员和职工通过自身的努力提高企业绩效，此时员工持股即可成为一种奖励。反之，如果企业绩效主要来自体制因素，来自关联企业的交易，岂不是在向员工输送国家利益？

路。上述推进混合所有制改革、整体上市和员工持股,再加上改革国有资本授权经营体制,仍是上海未来国资国企改革的重点。

11.3.2 上海国有企业的分类管理(兼论全国的情况)

因为经营目标与发展路径不同,对不同企业的考核也不同。

第一,对商业类企业重点考核股东价值、主业发展等。商业类国有公司不承担国家特定公共政策和战略保障功能,主要承担商业功能并追求盈利性经营目标,兼顾社会效益,我国众多的中小型国有企业都属于这一类型。

第二,对特定功能类企业,以完成战略任务或重大专项任务为主要目标,兼顾经济效益,使之努力成为城市功能区域投资开发、重大项目建设中富有效率的投资和运营公司;运用市场机制,促进公共资源配置市场化。监管方面,通过引入政府主管部门评价机制,重点考核功能作用、运营能力。

特定功能类、公共服务类企业所在行业或领域也有竞争——这些领域内竞争不激烈,除了行业性质所致(例如,投资大、技术要求高、利润率低、回报周期长,因而进入这些行业的企业相对较少),还有政策限制。

2015年8月中共中央、国务院印发《关于深化国有企业改革的指导意见》(中发〔2015〕22号)提出:"根据国有资本的战略定位和发展目标,结合不同国有企业在经济社会发展中的作用、现状和发展需要,将国有企业分为商业类(也可把这里的商业类看作上述两类的合集,即包括一般商业类与特定功能类)和公益类。"在此基础上实行分类改革、分类发展、分类监管、分类定责、分类考核。

第三,对公共服务类(又称公益基础①类、公共政策类②——实现公共政策目

---

① 指基础设施、基础服务等。

② 也有人把公共服务类国企称为公益性国企(从事公益事业),例如央企中储粮总公司、中储棉总公司,以及地方国企中的供水、供气(天然气、煤气)、供热、公交、地铁、市政、环保等企业。这一类别/定位是依据国企的政治目标、责任和功能定位得到的,对推进国有企业的分类管理与改革而言,比较有实践价值。其他许多国家也采用这种分类方法。国家核电、中广核、六大电力(含两个电网公司)、三大电信公司、"三桶油"、军工(含商飞)、铁路、邮政、航运(中远、中国海运、中外运长航)、三大航空、重大基础设施、重要矿产资源开发、基础共性技术研究类国企属特定功能类国企。按产权性质可分为国有独资公司、国有控股公司和国家参股公司。参见2.1.4小节第(1)部分的分类论述。

标)企业,以确保城市正常运行和稳定、实现社会效益为主要目标,使之努力成为实现社会效益与经济效益有机统一的、服务质量领先的公司。进一步理顺它们与政府的关系,探索"政府购买服务＋特许经营"等市场化运营模式,使公共服务效率不断提高。日常监管方面,引入政府主管部门和社会第三方评价机制,重点考核服务水平、成本控制、持续发展能力。

公共服务类企业一般是垄断企业并采取国有独资,国情和产业政策决定其所在行业暂时不能放开,如何提高这些企业的经营效率和社会效率?国外的成熟办法是采用社会监督,设专门的监管机构。管价格,管服务标准,管成本,管收入分配,管资源配置,管产业限制,防止这些企业利用垄断地位为自身牟利。

《中共中央、国务院关于深化国有企业改革的指导意见》要求:对公益类国有企业,重点考核成本控制、产品质量、服务质量、运营效率和保障能力,根据企业不同的特点,有区别地考核经营业绩指标和国有资产保值增值的情况,考核中需引入社会评价。

公共服务领域是国有经济必须维持存在的领域,政府还得增加投入。不过能引入竞争机制、实行混合所有制改革的也应尽可能引入。注意,即使公共服务类国有企业中的国有资产主要也是经营性的,否则就不能称企业了。

2014 年 9 月财政部下发了《关于推广运用政府和社会资本合作模式有关问题的通知》,强调为贯彻落实党的十八届三中全会关于"允许社会资本通过特许经营等方式参与城市基础设施投资和运营"的精神,要尽快形成有利于促进政府和社会资本合作模式(Public-Private Partnership,PPP)发展的制度体系。

PPP 是在基础设施及公共服务领域建立的一种长期合作关系,是在国际范围得到广泛应用的产业运作模式。在该模式中:社会投资者承担设计、建设、运营、维护基础设施的大部分工作,并通过使用者付费及必要的政府付费,获得合理投资回报;政府部门负责基础设施与公共服务的质量监管和价格监管,以保证公共利益的最大化。

在一定程度上,PPP 模式改变了公益基础类国有企业只应国有独资、只追求社会效益而不考虑经济效益的传统发展观念,PPP 模式为这类国有企业通过混合所有制改革或向其他组织授予特许经营权,在追求经济效益和提供优质服务的前提下实现[①]公共利益最大化，探索[②]出一条可行之路。

第四，对混合型企业，重点做好跨类业务的认定、分业核算和分类考核。

功能分类在国企改革、发展、考核、监管中发挥了重要的基础作用。截至2019年9月，中管企业集团层面和子企业的功能界定与分类工作全部完成，32个省级（含建设兵团）国资委出资的一级企业也完成功能界定与分类工作（新华网，http://www.xinhuanet.com//fortune/2019－09/19/c_1210286128.htm）。

11.3.3 上海国资国企近几年的发展成绩

经过近几年的改革发展，上海国有企业的核心竞争力明显增强，国有经济的活力、控制力、影响力和抗风险能力都明显提升。上海地方国有企业连续多年保持生产总值占全市GDP总量的1/4，新增固定资产投资占全市总量的1/4，缴纳税金占全市企业税费总量的1/3，每年新增就业人数近9万人。

2016年，上海地方国有企业实现营业收入3.05万亿元、利润总额3 232亿元、资产总额17.5万亿元，约占全国地方国资委监管企业总量的1/6、1/4和1/5，均排名全国省市、计划单列市之首，2018年也达到上述比例。上海国资涉足的产业类型也比较齐全，第三产业和新兴产业发达。

2017年，上海地方国有企业实现营业收入3.2万亿元，同比增长7.8%；利润总额3 430亿元，同比增长10.2%；已交税费总额2 633亿元，同比增长7.7%。截至2017年年底，国有企业资产总额超18万亿元（接近全国地方国资总额的1/5），同比增长7.2%。上汽集团、浦发银行、中国太保、绿地集团4家企业进入2017年《财富》世界500强；上港集团、申通集团、机场集团、锦江国际集团4家企业进入全球行业前五；18家企业（与前述两个名单有重叠）进入2017年中国企业500强。

① “实现”的主语是这类国有企业。

② “探索”的主语是PPP模式。

截至 2017 年年底，上海国资委系统中整体或核心业务资产上市的国有企业已占商业类国企总数的 2/3。上海国有企业在 A 股市场也是重量级选手，2017 年 2 月 21 日的收盘数据显示，上海上市国有企业的总市值接近 1.8 万亿元，企业总数达 69 家，不论资产规模还是企业数量均稳居地方国资系统第一。

2018 年，上海地方国有企业(不含金融)12 941 户(市国资委直接监管的企业集团及下属子企业共 7 610 户)，实现营业收入 3.52 万亿元、利润总额 3 438.93 亿元，同比增长 8.2%和 1.4%；资产总额 19.27 万亿元，同比增长 6.2%。2018 年，上海国资在战略新兴产业、先进制造业、现代服务业、基础设施和民生保障四大领域的集中度达 85%。

2018 年，上海地方国有企业排名全球行业前 10 位的企业集团达到 6 家。上汽集团、浦发银行、太保集团、绿地集团连续多年进入《财富》世界 500 强(2020 年，总部在上海的世界 500 强中国企业达 9 家，其中上海地方国企 6 家)，上海建工等 24 家企业进入《财富》中国 500 强(《第一财经》，2019－3－14)。市国资委直接监管的企业共有 44 家，其中竞争类(/商业类)30 家，功能类 9 家，公共服务类 3 家，委管企业 2 家。截至 2018 年 6 月，全市共有 83 家地方国有控股境内外上市公司。

上海市国资委的统计数据显示，2019 年，上海地方国有企业实现营业收入 3.7 万亿元，利润总额 3 486.6 亿元，资产总额 21 万亿元；85 家国有控股上市公司市值 2.7 万亿元，同比增长 19%。

上海国资国企改革和党建工作得到了中央和社会各界的肯定，并被国务院国有企业改革领导小组列为全国新一轮国有企业改革 12 样本之首。因此，上海市国资国企改革创新的实践对其他地方的国资系统具有示范意义。

2020 年，上海市地方国有企业实现营业收入 3.71 万亿元，利润总额 3 208 亿元，已交税费总额 2 839 亿元；12 月末资产总额 24.03 万亿元，同比增长 11.3%。上海建工、上海医药等 6 家地方国有企业入围 2020 年《财富》杂志世界 500 强；全年地方国资系统企业研发费用同比增长 9%，73 个项目获国家和该市科学技术奖；6 家企业实现科创板上市；9 家“双百企业”落实 119 项先行先试改革任务。

11.3.4 上海市国资国企改革创新之路怎么走?

以下是一些要点。激发基层国企改革创新的积极性,对一些关键国有企业需增加其创新发展的压力;建立以管资本为主的国有资产管理体制;以激励性增量持股为主要模式(可降低国有资产流失的风险),推进混合所有制改革中员工持股[①]和期权、期股等方式;选择通过制度创新解决国有企业的社会负担和历史遗留问题;大力完善资本市场、经理市场和社会监督的作用。

例如,上海沪东中华造船厂尽管在长三角其他地区并无强有力的竞争对手,但上海市政府还是给予其较大的创新压力,以确保上海船舶制造、维修的竞争力,保障国际航运中心建设。上海周围的沿海城市(例如浙江的城市)具有深水港优势,如果上海不在其他方面保持优势,就难以确保自身的发展。

上海原常务副市长、时任市经委主任蒋以任回忆说:20 世纪 80 年代,时任上海市委书记江泽民同志要求举办一个“对比展览会”,希望上海企业把自己的产品与发达国家企业的产品对标、找差距。许多企业都不愿参加,市经委再三做工作,逼着它们找差距。经过逐个点名做工作,这个展览会终于举办成功。通过展示、对比,参展企业找到了差距,转变了思想,树立了市场观念,为 90 年代的大调整、大发展起到承前启后、解放思想的准备作用。[②]

原上海市委书记韩正认为:上海的根本目的是管好国有资本、放活国企,让国资更好地体现国家战略定位,使国企走向市场,通过国资管理的创新带动国企改革的发展。

通过上市或进入全国中小企业股份转让系统(又称新三板

① 目前的限制是个人持股不超过 1%,员工持股总数不超过 30%,但这一限制未来可能在一定范围内被突破。

② 上海市党史研究室. 口述上海国资国企改革[M]. 上海:上海教育出版社,2017.

市场)，助力国企投融资，增强企业活力。而在非公开发行股票过程中，上海多借重上海国盛集团、上海国际集团这样的国资流动平台。上海组建国有资本投资运营公司也是落实从管资产向管资本转变的政策的关键之举。上海引入社会资本参与市政基础设施投资，通过行业内的适度竞争，不断提高公共服务质量和效率。[①]

11.4　其他省市深化国资国企改革的创新经验与国资发展状况

11.4.1　重庆市

重庆市加强市场化选人用人探索，按照“党组织推荐、董事会选择、市场化选聘、契约化管理”的原则，积极开展市场化选聘职业经理试点；全面下放市管国有重点企业的工资总额管理权。

11.4.2　广东省

广东省向具有规范的法人治理结构的国有企业的董事会下放高级管理人员任免权，以及下放监管企业有关部门和二级企业正职任免、负责人经营业绩考核和任期奖惩、领导班子和非执行董事的综合考核评价等管理事项。从 2012 年开始，对省管企业新选任的经理班子成员均实行聘任制和任期制。2018 年，广东省管企业资产总额达 1.69 万亿元，同比增长 8.9%；实现利润总额 332.68 亿元，同比增长 6.8%；实交税金 238.63 亿元，同比增长 6.6%。

11.4.3　山东省

山东省政府授权国企董事会按程序市场化选聘、契约化管理国企高管。对新建和改建的国有资本投资运营公司的高管集体摘掉“官帽”，使他们成为合同制的经理，不再是省管或者国资委管理的干部。山东省建立多个省管国有资本投资、运营平台的主要目的是给国有企业松绑、放权，实现市场化。

① 黄炜. 上海国资国企创新改革、国企党建与治理融合研究[M]. 长春：吉林大学出版社，2020.

11.4.4 云南省

2018年11月，云南省深化国企改革三年行动方案"1+1+X"面世，打响了2019年国资国企改革2.0的"第一枪"。该方案中，第一个"1"是组建云南省国有股权运营管理有限公司，即打造具有云南特色的"类淡马锡"模式。

针对国有金融资本管理职责分散、授权不清、布局不优、制度不健全等问题，组建云南省国有金融资本控股集团有限公司，这是第二个"1"。将省级部门管理的金融资产划转给该公司，并逐步整合省管企业及州市相关金融资源，构建国有金融资本集中运营管理专业平台。

"X"指改组设立若干国有资本投资公司和产业集团公司。通过投资融资、产业培育和资本运作，达到产业集聚、转型升级，服务重大战略、优化国有资本布局、提升产业竞争力，增强国有资本控制力和影响力。

原则上不再保留区县国有企业，目的之一就是解决区县国资长久以来"小散杂乱差"问题。[①] 但这一做法如果过度了，就出现一些地级市管理的国有企业也很少，这也是一个事实。出现的原因是，国有企业盈利少，市政府有关部门的管理难度大，等等，所以就把这些国有企业"改革"掉了，例如出售给民营或外资企业。

表11—1是2017年全国产分省、自治区、直辖市属国有企业经营状况。

表11—2　　2017年全国部分省、自治区、直辖市属国有企业经营状况　　单位：亿元

省份	营收	增幅	利润	增幅
安徽	7 426.4	14.1%	478.3	57.3%
福建	2 992	24%	255	96%
广东	3 957.96	—	268.37	15.6%
广西	5 352.26	19.24%	172.92	70.54%
贵州	3 428.5	21.4%	439.1	56.4%
湖南	4 200	—	127	—

① 华彩咨询. 地市国资国企改革五大问题的六大解决路径[OL]. 搜狐财经，2018—12，http://m.sohu.com/a/279930693_99917855.

续表

省份	营收	增幅	利润	增幅
吉林	726.3	29.2%	20.1	57.2%
江苏	3 027	4.68%	386.81	15.28%
江西	4 434.6	12.9%	182.2	85.8%
内蒙古	1 545.9	39%	15.8	—
宁夏	835.15	18%	70.94	100%
陕西	10 132.1	17.0%	331.8	81.8%
四川	2 677	13.8%	71	10.5%
新疆	1 523.33	59.3%	65.02	35.2%
云南	6 791	16%	206.22	265%
浙江	7 730	—	322	—
甘肃	5 504.61	13.11%	70.55	100.13%
河南	4 268.4	14.9%	134.9	—
重庆	—	—	282	4.4%
海南	—	—	16.25	100.6%

（根据公开数据整理）

数据表来源：王倩倩. 2017 地方国资国企改革分析报告[J]. 国资报告，2018(4).

2018 年，福建全省国有企业资产总额 47 614 亿元，营业收入 14 274 亿元，利润总额 591 亿元，上缴税费 621 亿元。其中，省管企业资产总额 17 551 亿元，营业收入 3 206 亿元，利润总额 238 亿元，上缴税费 180.35 亿元。

参考文献

书籍部分

[1]白英姿，马正武. 国有资产经营公司研究与案例[M]. 北京：中国财富出版社，2013.

[2]戴锦. 国有企业的性质[M]. 北京：经济科学出版社，2016.

[3]方艳. 国有企业改革新路[M]. 北京：中国财政经济出版社，2017.

[4]高明华. 公司治理与国有企业改革[M]. 上海：东方出版中心，2017.

[5]国务院国有资产监督管理委员会研究局. 探索与研究——国有资产监管和国有企业改革研究报告(2012).

[6]国务院国有资产监督管理委员会研究中心. 做强做优世界一流百题问答[M]. 北京：中国经济出版社，2013.

[7]黄炜. 国有资产经营与管理案例及专题分析[M]. 郑州：郑州大学出版社，2017.

[8]黄炜. 上海国资国企创新改革、国企党建与治理融合研究[M]. 长春：吉林大学出版社，2020.

[9]黄炜. 上海国企党建与现代(国有)企业体制研究[M]. 合肥：合肥工业大学出版社，2021.

[10]李锦. 国企供给侧改革难点与对策[M]. 北京：研究出版社，2016.

[11]李松森，孙晓峰. 国有资产管理(第二版)[M]. 大连：东北财经大学出版社，2013.

[12]刘继鹏. 凤凰涅槃——刘继鹏论国资改革[M]. 北京：东方出版社，2016.

[13]刘玉平. 国有资产管理(第二版)[M]. 北京：中国人民大学出版社，2012.

[14]刘玉平. 国有资产管理[M]. 北京：高等教育出版社，2015.

[15]刘玉平. 国有资产管理(第三版)[M]. 北京：中国人民大学出版社，2016.

[16]马俊，张文魁，张永伟，袁东明，等. 国企改革路线图探析[M]. 北京：中国发展出版社，2016.

[17]马正武. 公司治理与国有资产经营[M]. 北京：中国财富出版社，2014.

[18]年志远. 国有资产流失及其治理机制研究[M]. 北京：经济科学出版社，2012.

[19]谭静.行政事业性国有资产管理绩效评价研究[M].北京:经济科学出版社,2013.
[20]徐志坚,汪丽.资本经营与公司治理[M].北京:清华大学出版社,2018.
[21]周煊.境外国有资产监管问题研究[M].北京:对外经济贸易大学出版社,2012.
[22]朱珍.国有资本财政:历史考察与未来走向[M].北京:经济科学出版社,2017.

论文部分

[1]黄炜.关于国有资产经营与管理的思辨[J].山东国资,2017(10):8—10.

[2]黄炜.上海国资国企创新发展路径探析[J].山东国资,2018(1):4,5.

[3]黄炜.概论国有资产经营与监管中的热点问题[J].决策探索,2018(5):28—30.

[4]黄炜,周莉叶.概论上海推进国有企业创新发展[J].上海企业,2018(8):68—71.

[5]黄炜.上海推进国资国企改革中的管资本与管人解析[J].企业改革与管理,2018(9):7—9,11.

[6]黄炜.国企党建与我国现代企业制度的融合[J].改革与开放,2018(9):156—160.

[7]黄炜,李龙杰.上海国企现代企业制度的发展现状与趋势[J].上海企业,2019(8):64—67.

[8]石胜贵,黄炜.党组织参与治理与审计质量关系研究——基于内部控制的中介效应[J].生产力研究,2019(11):144—147.

[9]黄炜,邓兴浩.上海国企内部监督分析及完善对策[J].管理观察,2019(10):47—50.

[10]黄炜.上海国企党建与现代国有企业制度的融合[J].山东国资,2019(10):36—38.

[11]黄炜,杜兴华.浅析上海国企党建工作的经验与不足[J].决策探索,2019(11):37—40.

[12]黄炜.融合和平衡国企党组织与法人治理体系的权力[J].上海市经济管理干部学院学报,2020(3):29—35.

[13]黄炜.新形势下关于深化上海国资国企改革的思考[J].上海市经济管理干部学院学报,2020(6):19—24.

[14]黄炜,刘玉玉.国企党建对于完善我国现代国有企业制度的必要性[J].发展,2020(6):19—21.

[15]黄炜.规范国有公司治理的六项重要工作[J].企业管理,2021(2):115—117.

[16]黄炜,许梦晗.上海国企党建与现代企业体制融合评述[J].现代企业文化,2021(3):88—90.

[17]黄炜.融合和平衡国企党组织职权与“三会一层”职权的问题和对策[J].企业研究,

2021(3):30－35.

[18]黄炜,谭添翼.新形势下的上海国资国企综合改革[J].当代经济,2021(4):105－109.

[19]黄炜.国企高管薪酬认知与管理[J].人才资源开发,2021(5):77－79.

[20]黄炜.关于国企独立董事的正确认知与管理[J].河北企业,2021(6):58－60.

[21]黄炜.中国特色现代国有企业制度的四个关键问题分析[J].上海市经济管理干部学院学报,2021,19(4):33－43.

[22]Wei HUANG. Current Situation of Chinese State-Owned Assets Management [J]. International Journal of Trade,Economics and Finance,2021,12(4):104－108.

[23]黄炜.国企党建对我国现代国有企业体制的影响[J].河北企业,2021(12):140－142.

[24]黄炜.基于国资管理八个方面的新认识[J].产业与科技论坛,2022(2).

[25]黄炜.央企的垄断问题、解决措施及其辩证认识[J].河北企业,2022(3).

[26]孔伟艳.制度、体制、机制辨析[J].重庆社会科学,2010(2):96－98.

[27]廖红伟,张楠.论新型国有资产的监管体制转型——基于“管资产”转向“管资本”的视角[J].江汉论坛,2016(3):11－16.

[28]罗虎.健全中国特色的现代国有企业资产监管制度[J].学术评论,2015(5):28－39.

[29]魏敏.转型期地方国有资产管理体制创新对策思考[J].三江论坛,2014(6):27－30.

[30]许保利.关于完善国有资产管理体制的构想[J].中国经济周刊,2017(11):79－81.

[31]叶劲松.管资本与出资人财务监管的新定位[J].上海国资,2016:80－82.

[32]中国产权协会秘书处.推进产权交易资本市场建设服务国企国资改革创新——产权交易市场服务国企改革创新论坛在成都举行[J].产权导刊,2016(12):22.

附录：国资国企管理领域常见的不当称呼与概念

一、有的作者可能是疏忽，在他们的著述中错误地使用了一些概念，例如还提“一把手”的概念，未正确理解公司治理中相互制衡的理念，误把董事长看作是总经理等高管的上级。（总）经理由董事会任免，向董事会负责，并非向董事长负责，董事长并非（总）经理的上级，参见现行《公司法》（2018 年版）的第四十九条。有决策权的是董事会集体而非董事长，而决策权与执行权是分离的，董事长也非其他经理的上级，董事会对高级经理团队行使监督权，而非行政命令权。参见 10.4.1 小节第（4）部分。

二、其他不准确的说法还包括“省属国企”“市属国企”等，应写“省管”“市管”，否则便暗含政企不分的意味。在经济范畴，作为出资者，政府与国有企业并无上下级行政隶属关系，它们是平等的市场主体，其间是资本联结关系及监督与被监督关系，由私法调节、规范。而且“省属”“市属”这样的说法不符合我国国有资产统一属于国家、地方政府只是分级行使出资者权利的体制定义。

现在有的文献把中央企业称为“中管企业”，这是一个好的转变，因为给企业设级别不太妥当，也不公平，即使只是在名称上设级别。而且从地理位置看，中央企业并不都在北京，还大量分布在地方。中央企业这个概念正式产生于国务院国资委成立后，也就是由中央政府代表国家履行出资者职责的企业，或者说是国务院国资委监管的“中央下属”企业，不含金融类企业。

同理，“国资委下辖企业”应改成“国资委出资（的）企业”——“下辖”会导致“上下级行政隶属关系”的错误认识。

三、“国有参股公司”应写成“国家参股公司”，因为一般而言，说“参股”，表明公司的属性已非国有（否则为何不说“控股”），名称中岂能有“国有”二字？起码得国家控股方能称“国有”，参见 1.2.1 小节第（2）部分。

四、“外部董事”这个称呼也不合适，参见 10.4.1 小节最后的“重要概念解析”。因此本书尽量不用此称呼，而用“非执行董事”这个更合适的称呼。另外，太多的作者把董事、监事写成董事会成员和监事会成员，非要化简为繁。

五、现代企业制度是一个制度体系，主要包括现代企业产权制度、现代企业治理制度、现代企业监管制度、现代企业组织制度、现代企业领导制度、现代企业管理制度、现代企业上市制度等，以及在这些制度规范下处理企业与各方关系的行为规范和准则。

制度一般被理解为成文规范，即纸上的东西，而人们一般说的“现代企业制度”并非仅指纸上的规范，实际上常指“现代企业体制/公司体制”——这一名称更准确。读者审视一下“现代企业制度”的常用语境可能就明白了，它的常用短语是“建设/完善现代企业制度”。不是“制定制度”“设计制度”这样的动宾搭配吗？为何写“建设”？因为在人们的思想里，“现代企业制度”常指“现代企业体制”——包含一系列制度、组织结构、运行机制等，就像“国有资产行政管理体制”“市场经济体制”一类名称一样。

制度的内涵远远小于体制的。制度是静态概念，而体制包含制度、机制、组织架构，含动态概念。不过，作者未在其他文献中看到“现代企业体制”这个术语，“现代公司体制”也很少见。而现代企业制度的英文名称“modern enterprise system”就比较恰当，“system”有系统、制度、体系、体制之意。“一国两制”的“制”也被翻译成 system；作者认为，在中文中，这个“制”也应该被理解成体制更恰当（而不仅是制度），更符合“一国两制”的内涵。

六、资本不是具备主观能动性的主体，既非人也非机构，在绝大多数场景中只能作为被运作、管理的对象。但太多的人把它与投资者、持股者和企业混淆，使它成为行动（持股、控股、引领等，资本、资金怎能控股？①）的主体，参见 5.3.1 小节第三段。而且这种现象暗含着一种倾向，即像西方国家的人那样把资本看得至高无上，这恰恰是西方资本主义国家各种问题的病根。

① 类似以前“小肥羊”火锅店的招牌：一只小肥羊拿着刀叉。小肥羊难道要吃同类的肉吗？类似这样的招牌和广告还挺多，设计者、使用者都犯了一定的概念错误。